CW01659338

Aspekte | neu

Mittelstufe Deutsch

Lehrbuch 3

von
Ute Koithan
Helen Schmitz
Tanja Sieber
Ralf Sonntag

Filmseiten von Ralf-Peter Lösche und den Aspekte-Autoren

Ernst Klett Sprachen
Stuttgart

Von: Ute Koithan, Helen Schmitz, Tanja Sieber, Ralf Sonntag
Filmseiten von: Ralf-Peter Lösche und den Aspekte-Autoren

Redaktion: Annerose Remus in Zusammenarbeit mit Cornelia Rademacher
Layout: Andrea Pfeifer
Zeichnungen: Daniela Kohl
Umschlaggestaltung: Studio Schübel, München (Foto Birnbaum: dp@pic – Fotolia.com; Foto Glühbirne: chones – Fotolia.com)

Verlag und Autoren danken Harald Bluhm, Ulrike Moritz und Margret Rodi für die Begutachtung sowie allen Kolleginnen und Kollegen, die *Aspekte | neu* erprobt und mit wertvollen Anregungen zur Entwicklung des Lehrwerks beigetragen haben.

Aspekte | neu 3 – Materialien

Lehrbuch mit DVD	605034
Lehrbuch	605035
Audio-CDs zum Lehrbuch	605039
Arbeitsbuch mit Audio-CD	605036
Lehr- und Arbeitsbuch 3 mit Audio-CD, Teil 1	605037
Lehr- und Arbeitsbuch 3 mit Audio-CD, Teil 2	605038
Unterrichtshandbuch inkl. Digitalem Unterrichtspaket	605246
Intensivtrainer mit Prüfungstraining	605041

www.aspekte.biz
www.klett-sprachen.de/aspekte-neu

Symbole im Lehrbuch

1.2 Hören Sie auf der CD 1 zum Lehrbuch Track 2.

▶ Ü 1 Hierzu gibt es eine Übung im gleichen Modul im Arbeitsbuch.

P TELC → www Hier gibt es ein Arbeitsblatt zur Prüfung unter www.aspekte.biz

Rechercheaufgabe

Die Audios zum Lehrbuch finden Sie auch als mp3-Download unter www.aspekte.biz im Bereich „Medien". Der Zugangscode lautet: Asp&N3

In einigen Ländern ist es nicht erlaubt, in das Kursbuch hineinzuschreiben. Wir weisen darauf hin, dass die in den Arbeitsanweisungen formulierten Schreibaufforderungen immer auch im separaten Schulheft erledigt werden können.

1. Auflage 1 10 9 8 | 2024 23 22

Erstausgabe erschienen 2016 bei Klett-Langenscheidt GmbH, München

Satz und Repro: Satzkasten, Stuttgart
Druck und Bindung: Elanders GmbH, Waiblingen

ISBN 978-3-12-605035-7

9 783126 050357

MIX
Papier aus verantwortungsvollen Quellen
FSC® C016368

Alltägliches 1

Hast du Worte? 2

Inhalt

Inhalt

Die schöne Welt der Künste 9

Erinnerungen 10

Alltägliches

2 Ein Traumtag
Ich stand zeitig auf, trank zusammen mit meiner Mutter Kaffee und erzählte ihr die Träume, die ich in der Nacht gehabt hatte. Darüber wurde es Abend.
Kurz nach 22 Uhr hatte ich alle meine Träume erzählt: Mutter gab mir einen Gutenachtkuss und sagte, sie freue sich schon sehr auf die Träume, die ich ihr am nächsten Tag erzählen würde.
Christian Futscher

1 Scheidungsgrund
Ein Ehepaar, das sich nach vierundfünfzig Jahren Ehe und drei Kindern einvernehmlich scheiden ließ, gab vor dem Richter als Begründung an, sie hätten herausgefunden, dass sie nicht zueinander passen.
Jakob Arjouni

Sie lernen

Modul 1 | Wichtige Aussagen zu einem Interview über das Thema „Zeitempfinden" zusammenfassen
Modul 2 | Aussagen über das Engagement in Vereinen verstehen und andere von einem Verein überzeugen
Modul 3 | Notizen zu einem Artikel über Handynutzung machen und eigene Erfahrungen austauschen
Modul 4 | Über Probleme in Wohngemeinschaften diskutieren und gemeinsam Lösungen finden
Modul 4 | Einen Beschwerdebrief zu Mängeln in der Wohnung schreiben

Grammatik

Modul 1 | Konnektoren *(andernfalls, folglich, außer wenn …)*
Modul 3 | trennbare und untrennbare Verben

▶ AB Wortschatz

4 Verabschiedung
Und vor Freude darüber, dass die Gäste endlich gingen, sagte die Frau des Hauses: „Bleiben Sie doch noch ein wenig.“
Anton Čechov

3 Eine kurze Geschichte
Kommst du den Kindern noch gute Nacht sagen?, rief die Frau ihrem Mann zu, als sie um acht Uhr aus dem Kinderzimmer kam. Ja, rief der Mann aus seinem Arbeitszimmer, ich muss nur noch den Brief zu Ende schreiben.
Er kommt gleich, sagte die Mutter zu den Kindern, die beide noch aufgerichtet in ihren Betten saßen, weil sie dem Vater zeigen wollten, wie sie die Stofftiere angeordnet hatten.
Als der Vater mit dem Brief fertig war und ins Kinderzimmer trat, schliefen die Kinder schon.
Franz Hohler

1a **Lesen Sie die kurzen Geschichten und sehen Sie die Bilder an. Was passt zusammen?**

b **Welche Geschichte beschreibt etwas Alltägliches, welche etwas Besonderes? Begründen Sie Ihre Entscheidung.**

2 **Wählen Sie eine Geschichte und schreiben Sie zu zweit einen Dialog oder einen Tagebucheintrag dazu. Spielen Sie Ihren Dialog oder lesen Sie Ihren Tagebucheintrag im Kurs vor.**

Zeitgefühl

SPRACHE IM ALLTAG

Ausdrücke zum Thema „Zeit"

Die Zeit rast.
Mir läuft die Zeit davon.
Die Zeit vergeht wie im Flug.
Es ist höchste Zeit!
Lass uns keine Zeit verlieren.

1a Wählen Sie ein Wort und erklären Sie es im Kurs.

Zeitgeist zeitweise Zeitverschwendung Zeitdruck Zeitpunkt
zeitraubend zeitaufwendig zeitgemäß Zeitunterschied
zeitgleich Zeitraum zeitsparend zeitlos Zeitalter zeitig

▶ Ü 1

b Lesen Sie das Interview. Was wird zu den folgenden Themen gesagt? Machen Sie Notizen.

A Zeit und Routine
B Zeit und Gedächtnis
C Zeit und Konzentration
D Entschleunigung
E Zeit und Alter
F Zeit und Planung

Kann man Zeit empfinden?

Haben Sie schon einmal darüber nachgedacht, warum die Zeit gefühlt im Urlaub schneller vergeht als im Alltag, warum ältere Menschen den Lauf der Zeit als schneller empfinden als jüngere? Im Interview erklärt Zeitforscher Marc Wittmann die Gründe dafür und rät, auch mal nichts zu tun.

Viele Menschen sagen: „Schon wieder ein Jahr vorbei. Das geht ja immer schneller." Woran liegt das?

Der Hauptfaktor für das Empfinden von längerer Zeitdauer ist das Gedächtnis. Je mehr emotionale Erinnerungen und Gedächtnisinhalte ich an einen bestimmten Zeitraum habe, desto länger kommt mir die Zeitdauer vor. Wer wenig erlebt, hat den Eindruck, die Zeit ist schnell vergangen, weil er sich kaum etwas gemerkt hat.

Ist das der Grund dafür, dass man die erste Hälfte eines Urlaubs als länger empfindet als die zweite?

Genau. In den ersten Tagen sieht man viel Neues, einen anderen Ort, neue Eindrücke – das speichert sich in unserem Gedächtnis ab. Das kommt uns dann unheimlich lang vor. Die späteren Tage vergehen gefühlt schneller, weil man alles kennt und die Neuartigkeit fehlt.

Leben wir zu wenig in der Gegenwart?

Ja. Gerade wir Mitteleuropäer sind sehr zukunftsorientiert. Wir planen alles. Wir leben nicht in der Gegenwart, weil wir in Gedanken schon wieder bei der nächsten Aktion, dem nächsten Termin sind. Deshalb erleben wir die Dinge nicht so intensiv, das Gedächtnis speichert sie nicht so tief ab.

Empfinden ältere Menschen eher, dass die Zeit schnell vergeht, als jüngere?

Ja. Wir werden grundsätzlich immer routinierter in unserem Leben. Am Anfang des Lebens hat alles den Charakter der Neuartigkeit. Im Kinder- und Jugendalter passiert alles zum ersten Mal, ist unheimlich wichtig und wird emotional erlebt. Vergleichen Sie mal die Lebensspanne zwischen 12 und 16 Jahren mit der zwischen 52 und 56 Jahren. Im ersten Fall ist das ein dramatischer Wandel. Im zweiten passiert nicht mehr viel. Viele Menschen gehen morgens ins Büro, kommen dann nach Hause und sehen fern. Der nächste Tag ist genauso. Wenn man nach ein paar Wochen zurückblickt, ist überhaupt nichts passiert, aber die Zeit ist vergangen.

Was kann man tun, um seine Zeit sinnvoller zu empfinden?

Der Alltag darf keine Routine sein, andernfalls vergeht die Zeit immer schneller. Man muss versuchen, eine Neuartigkeit in sein Leben zu holen, sich anders zu positionieren. Nicht immer mit denselben Leuten zusammen sein, sondern versuchen, andere kennenzulernen, eine Fremdsprache lernen, ein anderes Urlaubsziel auswählen.

Nun ist jede Stunde definitiv 60 Minuten lang. Warum empfinde ich eine Stunde beim Zahnarzt länger, als wenn ich im selben Zeitraum ein spannendes Buch lese?

Man empfindet die Zeit nicht, außer wenn man sich auf sie konzentriert. Wenn ich einen spannenden Krimi lese, achte ich nicht auf die Zeit. Das ist beim Zahnarzt, von dem ich schnell wieder weg will, anders.

Sollte man sein Leben entschleunigen, einfach mal nichts tun?

Ja. Ich sollte mich nicht immer ablenken, sonst erfahre ich mich nicht selbst. Man sollte einfach einmal nichts tun, dann kommen auch viele wichtige Gedanken zum eigenen Leben oder auch zu wichtigen Projekten.

c Arbeiten Sie zu zweit: Vergleichen Sie Ihre Notizen aus 1b und formulieren Sie zu jedem Thema eine Aussage. Vergleichen Sie dann in Gruppen.

d Wie sind Ihre Erfahrungen zu den Themen im Interview? Tauschen Sie sich in Gruppen aus.

Ich finde, Marc Wittmann hat recht. In Prüfungen vergeht die Zeit immer viel zu schnell, weil …
Ich glaube nicht, dass das stimmt. Im Urlaub unternehme ich jeden Tag was Neues. Trotzdem …

▶ Ü 2

2a Aussagen zum Zeitempfinden. Ergänzen Sie die Satzanfänge.

kommt man seltener auf neue Ideen — wird ihm langweilig — empfindet es die Zeit sehr intensiv — sollten wir sie vermeiden — spüren sie die Gegenwart kaum

1. Im Alltag denken viele heute schon an morgen, *folglich* ____________.
2. Ein Kind erlebt täglich etwas Neues, *somit* ____________.
3. Der Mensch braucht Abwechslung im Leben, *sonst* ____________.
4. Routinen lassen die Zeit schneller vergehen, *demnach* ____________.
5. Auch mal nichts zu tun ist wichtig, *andernfalls* ____________.

b Welche Konnektoren in 2a drücken eine Folge aus, welche eine negative Folge? Ergänzen Sie die Regel.

G

Konnektoren *andernfalls, demnach, folglich, somit* und *sonst*	
Folge	*folglich,*
negative Folge	
Diese Konnektoren verbinden immer zwei ____________sätze.	

▶ Ü 3–4

c Konditionale Konnektoren. Markieren Sie die Verben im Beispiel und ergänzen Sie die Regel.

Die Zeit vergeht sehr schnell, … *außer wenn* man jung ist.
es sei denn, man ist jung.

G

Die Konnektoren *außer wenn* und *es sei denn* …

… leiten eine Bedingung ein und schränken die vorangehende Aussage ein.

____________ verbindet zwei Hauptsätze, ____________ leitet einen Nebensatz ein.

▶ Ü 5

d Ergänzen Sie die Satzanfänge.

1. Als Kind habe ich die Zeit als lang empfunden, außer wenn …
2. Komm pünktlich, andernfalls …
3. Du musst mal Urlaub machen, demnach …
4. Ich habe wenig Freizeit, es sei denn, …
5. Wir haben keine Zeit mehr, folglich …
6. Ich mache endlich mal was Neues, somit …
7. Ihr solltet Routinen vermeiden, sonst …

▶ Ü 6

3 Arbeiten Sie zu dritt: Schreiben Sie Karten mit den Konnektoren aus 2d. Dann schreibt jede/r drei Karten mit einem Satzanfang. Die Karten werden gemischt. A beginnt und liest einen Satzanfang vor, B zieht einen Konnektor und ergänzt den Satz. Dann liest B einen Satzanfang vor usw.

Vereine heute

1a Lesen Sie den kurzen Infotext und geben Sie den Inhalt in ein bis zwei Sätzen wieder.

„Treffen sich drei Deutsche, gründen sie einen Verein." – Ganz so ist es natürlich nicht, aber Tatsache ist, dass es in Deutschland viele Vereine gibt, und es werden immer mehr. Im Moment sind es ca. 600.000 Vereine – fünf Mal mehr als vor 40 Jahren. Und das, obwohl die Anzahl der Vereinsmitglieder abnimmt. Die Vereine werben also eifrig um Mitglieder. Im Moment sind ca. 45 % der Deutschen in einem Verein aktiv. Am beliebtesten sind Sportvereine. Hier hat man die Möglichkeit, zu relativ günstigen Preisen die unterschiedlichsten Sportarten zu praktizieren und Gleichgesinnte zu treffen.

b Was bedeuten die Ausdrücke? Ordnen Sie zu.

____ 1. Mitglied in einem Verein werden
____ 2. der/die Vorsitzende eines Vereins sein
____ 3. etw. bewirken
____ 4. etw. ehrenamtlich machen
____ 5. das Vereinsleben gestalten
____ 6. der Vereinsgeist
____ 7. die Vereinsmeierei

a eine Aufgabe übernehmen, ohne dafür Geld zu bekommen
b die Einstellung von Menschen, die im Verein sehr engagiert sind und fast kein anderes Thema kennen
c einen Verein leiten
d aktiv in einem Verein mitwirken
e das Zusammengehörigkeitsgefühl der Vereinsmitglieder
f etw. erreichen
g einem Verein beitreten

c Was machen Sie in Ihrer Freizeit? Gibt es bei Ihnen Vereine oder ähnliche Organisationen? Sprechen Sie im Kurs.

1.2-9

2a Sie hören jetzt Aussagen von acht Personen. Entscheiden Sie beim Hören, welche Aussage (a, b oder c) zu welcher Person passt. Lesen Sie zuerst die Aussagen.

Gründe für das Engagement im Verein

Die Person …

a möchte vor allem Leute kennenlernen.
b möchte anderen helfen oder ihnen etwas beibringen.
c möchte Dinge lernen und erfahren.

Sprecher/in 1	a	b	c
Sprecher/in 2	a	b	c
Sprecher/in 3	a	b	c
Sprecher/in 4	a	b	c
Sprecher/in 5	a	b	c
Sprecher/in 6	a	b	c
Sprecher/in 7	a	b	c
Sprecher/in 8	a	b	c

P TELC 1.10

b Sie hören die acht Personen jetzt ein zweites Mal. Entscheiden Sie beim Hören, welche der Aussagen a–j zu welcher Person passt. Zwei Aussagen bleiben übrig. Lesen Sie zuerst die Aussagen.

STRATEGIE

Gemeinsamkeiten in Äußerungen und Aussagen erkennen

In der Prüfung passen nur Aussagen, die das Gesagte umschreiben. Achten Sie also auf Synonyme und ähnliche Formulierungen. Es ist nicht wichtig, welche Vermutungen Sie über die Personen haben; wichtig ist nur, was die Personen tatsächlich sagen.

a Ich habe im Verein die Chance, Dinge zu lernen, die man auch im Berufsleben braucht. ______

b Ich hoffe, zusammen mit anderen im Verein Menschen in Notlagen helfen zu können. ______

c Ich finde besonders positiv, dass ich im Verein fast alle Leute kenne und wir zusammenhalten. ______

d Zum Glück bin ich durch den Verein versichert, wenn mal etwas kaputtgeht. ______

e Ich hatte schon als kleiner Junge Interesse an meinem jetzigen Hobby. ______

f Auslöser für meine Mitgliedschaft im Verein waren eigentlich die günstigen Gebühren. ______

g Die Vereinsarbeit kostet viel Zeit, aber mir ist soziales Engagement in einem Verein sehr wichtig. ______

h Ich bin im Verein aktiv, um die Langeweile aus meinem Alltag zu vertreiben. ______

i Nur wenige Menschen wissen, dass wir in unserem Verein sehr wissenschaftlich arbeiten. ______

j Ich bin froh, dass ich jetzt keine Angst mehr habe, laut zu sagen, was ich denke. ______

c Tauschen Sie sich über die Vereine aus der Umfrage aus. Welche würden Sie interessieren, welche nicht? Begründen Sie Ihre Meinung.

3 Überlegen Sie sich in Gruppen einen Verein. Es kann auch ein Fantasieverein sein. Stellen Sie ihn vor und überzeugen Sie die anderen im Kurs von der Mitgliedschaft. Welcher Verein bekommt die meisten Mitglieder?

JEMANDEN ÜBERREDEN	ARGUMENTE ANFÜHREN
Ich würde vorschlagen, dass du …	Das Besondere daran ist, dass man …
Wie wäre es, wenn du mal …?	Beim/Im … kannst du viele interessante/lustige/… Dinge lernen/machen.
Du könntest doch einfach mal zu … mitkommen.	Im Gegensatz zu anderen Organisationen kannst du hier …
Spring doch einfach über deinen Schatten und komm mit zu …!	Wichtig für uns ist, dass …
Hättest du nicht mal Lust, …?	Für uns spricht …

Freunde der Zahl Pi

Freizeit mit Menschen mit Behinderung

Stand-up-paddling

▶ Ü 1

Zuletzt online ...

1 **Wie oft haben Sie heute auf Ihr Handy geschaut? Wann ist es unhöflich, auf das Handy zu schauen? Wann legen Sie es weg? Wann ist es nützlich? Diskutieren Sie im Kurs.**

2a **Ordnen Sie die Ausdrücke ihrem Gegenteil zu.**

1. achtsam sein
2. das Handy entsperren
3. klammheimlich
4. der Klickgarant
5. eine Runde zocken
6. überrannt werden

A das Handy sperren
B stundenlang spielen
C das erfolglose Internetangebot
D nicht aufpassen
E nicht beachtet werden
F offensichtlich, nicht versteckt

b **Lesen Sie den Artikel. Um welche Themen geht es? Kreuzen Sie an.**

☐ 1. zu früher Handybesitz bei Jugendlichen
☐ 2. Bedeutung von Phasen des Nichtstuns
☐ 3. Hinweise auf Spielsucht
☐ 4. Studie zur Verbreitung und Nutzung von Computerspielen
☐ 5. Auswirkungen häufigen Spielens auf mobilen Geräten

Die Zeit-Raffer

Von Patrick Bauer

Kann es sein, dass Mobiltelefone ihre Besitzer klammheimlich spielsüchtig machen?

Computerspiele sind plötzlich überall. Selbst auf seriösen Nachrichtenseiten sind sie Klickgaranten. Und auf Facebook schickt mir meine Großtante stündlich Einladungen für »FarmVille«, wo sie eine ausgezeichnete Schweinezüchterin sein soll. »Früher war das Computerspielen für wenige eine Pause vom Alltag, heute ist es für viele Teil des Alltags geworden.« So sagt es der Psychologe Florian Rehbein vom Kriminologischen Forschungsinstitut Niedersachsen, ein Experte für Computerspiel- und Internetsucht.

Fast die Hälfte der Deutschen über 14 Jahren zockt regelmäßig, das sind 29 Millionen Menschen. 41 Prozent der Nutzer sind über 39 Jahre alt. Die mobilen Geräte haben das Computerspielen in die Mitte der Gesellschaft gebracht. Der Playstation-Chef Jack Tretton sagte kürzlich: »In Zukunft wird es schwer sein, Menschen zu finden, die noch nie ein Videospiel gespielt haben. Es wird bald so normal sein wie Fernsehgucken.«

Mal dramatisch gefragt: Sind wir dabei, zu einer Gesellschaft der Spielsüchtigen zu werden?

Florian Rehbein ist keiner, der voreilig Alarm schlägt. Bis er von einer Sucht spricht, müssen fünf von neun Kriterien erfüllt sein. Nur etwa ein Prozent der Gesamtbevölkerung, meistens junge Männer, sei demnach computerspielsüchtig, sagt er, halte sich also so viel in virtuellen Welten auf, dass Privat- und Berufsleben scheitern. »Aber je mehr Menschen spielen, desto mehr werden es auch exzessiv tun«, sagt Rehbein. »Durch die Handy-Games entstehen neue Vorstufen der Spielsucht. Wer mehrfach am Tag an ein Spiel denkt oder sich vielleicht schämt, es schon wieder zu spielen, und dafür auf die Toilette geht, der ist im wissenschaftlichen Sinne nicht süchtig, aber es passiert etwas mit ihm.«

»Wir wissen, dass sich manche Hirnareale durch übermäßiges Spielen verändern, wir wissen aber noch nichts über die Langzeitfolgen«, sagt Rehbein. »Wir befinden uns mitten in einem gesamtgesellschaftlichen Experiment mit offenem Ausgang.«

Alexander Markowetz ist Juniorprofessor für Informatik an der Universität Bonn. Er sagt: »Wir wollen uns mit diesen kleinen Spielen ständig maximal zerstreuen. Aber das zwischenzeitliche Nichtstun ist ja für etwas gut.« In der Verhaltenstherapie unterscheidet man zwischen dem »doing mode« und dem »being mode« unseres Gehirns: Im »being mode« sind wir einfach nur da, »achtsam für unsere Umgebung, aber unbeschäftigt«, wie Markowetz sagt, »das sind Erholungsphasen, die wegbrechen. Sie denken, eine Runde Zocken in der S-Bahn entspannt Sie. Aber Ihr Gehirn wird dabei gestresst.«

Mit einem Team aus Computerwissenschaftlern und Psychologen erforscht Markowetz gerade unsere Smartphone-Nutzung – und ihre Folgen. Der Anfang ist eine App namens »Menthal«, die aufzeichnet, wie oft und wofür das Handy benutzt wird. 150 000 Probanden haben »Menthal« freiwillig installiert. »Wir wurden überrannt«, sagt Markowetz. »Das zeigt, dass die Leute über ihren Umgang mit diesen Geräten verunsichert sind.«
Im Schnitt nutzen die Teilnehmer ihr Smartphone drei Stunden pro Tag, der bisherige Topwert beträgt neun Stunden – und 25 Minuten für Spiele. »Wir sollten endlich aufhören, von Mobiltelefonen zu sprechen«, sagt Markowetz, »denn telefoniert wird im Schnitt unter zehn Minuten am Tag. Das sind tragbare Onlinecomputer, die wir leider viel zu oft wie einen Glücksspielautomaten nutzen.«
Was Markowetz aber vor allem nachdenklich gemacht hat: Im Schnitt entsperren die Probanden das Telefon 60 Mal am Tag. Zwölf Prozent sogar 96 Mal, das bedeutet: Alle zehn Minuten gucken sie auf ihr Handy. »Das müssen wir erforschen«, sagt Alexander Markowetz: »Wozu führt eine solch reduzierte Aufmerksamkeit? Wie soll man sich dabei noch konzentrieren? Ich weiß nicht, ob es so etwas Extremes wie Handysucht gibt. Mich interessiert viel mehr die breite Masse, die diese Geräte bereits in einem zunehmend ungesunden Maß nutzt.«
Die Zukunft der Smartphones muss Reduktion heißen. Wir brauchen gesellschaftliche Regeln für unsere Kommunikation, die verhindern, dass wir uns permanent unterbrechen. Und die Geräte müssen uns dabei unterstützen, sie auch mal liegen zu lassen. »Ein allererster Schritt«, sagt Markowetz, »wäre eine App, die alle fünf Minuten daran erinnert, dass schon wieder fünf Minuten vergangen sind.« Eine Art Stoppuhr, die das Spielcasinoprinzip von Las Vegas umkehren würde. Dort gibt es keine Uhren: damit man sich im Spiel verliert.

c Notieren Sie zu den Aussagen Informationen und Beispiele aus dem Artikel.

1. Früher haben die Menschen ihre Tätigkeiten nicht so häufig unterbrochen wie heute.
2. Heute umgehen viele Menschen echte Ruhepausen.
3. Forscher haben ein Experiment mit einer App durchgeführt.
4. Wir sollten den Umgang mit unseren Handys überdenken.
5. Wir müssen dem Wunsch, ständig das Handy zu checken, öfter widerstehen.

d Tauschen Sie sich zu zweit über Ihre Notizen aus. Was fanden Sie besonders interessant? ▶ Ü 1

3a Markieren Sie die Verben in den Hauptsätzen 1–5 und in 2c und ordnen Sie sie in eine Tabelle. Nutzen Sie auch ein Wörterbuch.

1. Der häufige Blick auf das Handy spiegelt die Hektik unserer Zeit wider.
2. Wir sollten dazu übergehen, unser Nutzungsverhalten stärker zu kontrollieren.
3. Viele haben noch nicht durchschaut, wie viel Zeit sie mit ihrem Handy verspielen.
4. Eine Stoppuhr soll den Effekt umkehren, dass wir beim Spielen die Zeit vergessen.
5. Manche Leute ordnen ihr Verhalten dem Handy regelrecht unter.

trennbar	untrennbar
	unterbrechen

b Sehen Sie sich die Vorsilben der Verben in Ihrer Tabelle an. Was fällt Ihnen auf? Ergänzen Sie die Regel.

G

Trennbare und untrennbare Verben

Die Vorsilben ____________, ____________, ____________, ____________ und ____________ können trennbar oder untrennbar sein. Die Betonung der Vorsilbe kann eine Verstehenshilfe sein:
Vorsilbe betont → Verb trennbar; Vorsilbe nicht betont → Verb untrennbar

c Arbeiten Sie zu zweit mit dem Wörterbuch. Suchen Sie zu den Vorsilben aus 3b Beispiele für trennbare und untrennbare Verben. Bilden Sie je einen Satz. ▶ Ü 2–4

Unser Zuhause

1a Leben in der Wohngemeinschaft (WG). Welche Eigenschaften sollte ein neuer Mitbewohner / eine neue Mitbewohnerin haben? Sammeln Sie.

Für mich ist nichts schlimmer als …
Ein WG-Mitglied sollte deshalb …

b Was möchte man bei einem WG-Casting von den Bewerbern/Bewerberinnen erfahren? Sammeln Sie Fragen.

▶ Ü 1

1.11

2a Hören Sie den ersten Teil aus einem Radiobeitrag zum Thema „Leben in WGs". Ergänzen Sie die Informationen zu Jonas und Arne.

Hörer Jonas Bahr fragt, ______________________________

Studiogast Arne Wissmann arbeitet im ______________________________

als ______________________________; seine Aufgabe: ______________________________

____

b Lesen Sie die WG-Regeln und klären Sie unbekannte Wörter.

Regel	Beispiele/Vorschläge
____ Gleich und gleich gesellt sich gern	
____ Gehen, wenn's noch schön ist	
____ Putzplan einhalten	
____ Nicht meckern, sondern anpacken	*keine Mahnungen, sondern*
____ Dein WG-Tag ist heilig	
_1_ Ehrlich bleiben	
____ Lerne teilen	*gemeinsam zahlen, was alle brauchen*
____ Meins ist nicht deins	
____ Pflege deine Freundschaften	
____ Partylöwe ja – Nervensäge nein	*Rücksicht nehmen:*

1.12

c Hören Sie jetzt die Top Ten der WG-Regeln. Nummerieren Sie die Regeln in der richtigen Reihenfolge und ergänzen Sie Beispiele oder Vorschläge.

d Welche Regeln finden Sie am wichtigsten? Welche Regel würden Sie noch ergänzen? Welche Regel finden Sie überflüssig?

3 Spielen Sie zu dritt Casting-Gespräche. Verwenden Sie Ihre Fragen aus 1b.

4a Zoff in der Wohngemeinschaft. Lesen Sie die Rollenkarten. Welche Probleme gibt es in der WG?

Carina (22), Architekturstudentin, hat das Zimmer mit Balkon. Sie jobbt in einem Büro und finanziert ihr Studium selbst. Jedes zweite Wochenende kommt ihr Freund Fritz zu Besuch. Dann gehen sie gerne lange aus. Sie mag es, wenn es in der WG ordentlich ist. Gestern hat sie wieder für Nele geputzt, heute ist aber schon wieder alles dreckig. Jetzt will sie endlich mal was sagen!

Timo (21), macht eine Ausbildung zum Mechaniker, wohnt im kleinsten Zimmer. Er steht morgens meistens als Erster auf und fährt am Wochenende nach Hause. Von seinen Eltern bekommt er Pakete mit Lebensmitteln, die er mit allen teilt. Er hört zwar gerne Musik, aber in der WG ist sie ihm oft zu laut. Überhaupt gehen ihm die vielen Gäste auf die Nerven. Kann denn keiner verstehen, dass er mal seine Ruhe haben will?

Konstantin (23), Hauptmieter der Wohnung, wohnt im größten Zimmer. Seine Eltern finanzieren die Wohnung und das Architekturstudium. Seine Freundin Sina ist Dauergast in der Wohnung, beteiligt sich im Gegensatz zu Konstantin aber weder am Putzplan noch an den Kosten. Konstantin findet das okay, weil er ja auch am meisten zahlt und öfter Partys in der WG organisiert und finanziert.

Nele (24), studiert Maschinenbau, ist viel in der Uni, isst in der Mensa und arbeitet als studentische Hilfskraft. Sie ist nicht so oft zu Hause und die nächsten zwei Monate macht sie ein Praktikum in Paris. Das Putzen hat Carina schon mehrfach für sie übernommen. Ihre Katze macht auch Arbeit. Wenn sie zu Hause ist, entspannt sie bei lauter Musik oder kocht mit Freunden in der WG-Küche. Sie findet, die anderen könnten ruhig lockerer sein.

b Bereiten Sie zu viert das WG-Gespräch vor. Wählen Sie eine Rolle und sammeln Sie Argumente, die Sie in der Diskussion anbringen möchten. ▶ Ü 2

c Spielen Sie die Diskussion in der WG. Versuchen Sie, die Probleme gemeinsam zu lösen.

EIN PROBLEM ANSPRECHEN	WIDERSPRECHEN
Ich finde es nicht gut, wenn …	Es stimmt, dass … Trotzdem finde ich …
Es gefällt mir nicht, dass …	Aus meiner Sicht ist es aber wichtig, dass …
Ich habe ein Problem mit …	Ich sehe das anders: …
Es ist nicht fair / in Ordnung, wenn …	Ich kann verstehen, dass du/ihr …, aber ich …
Ich ärgere mich immer, wenn …	Das ist deine/eure Meinung. Ich bin aber der Ansicht, dass …
Es ist doch ungerecht, wenn …	Aus deiner Sicht ist das vielleicht richtig. Trotzdem …
EINE LÖSUNG VORSCHLAGEN	Ich sehe ein, dass … Dennoch …
Vielleicht könnten wir das Problem lösen, indem …	
Ich schlage vor, dass wir …	
Könnten wir uns darauf einigen, dass …?	
Wie wäre es, wenn …?	

d Welche Vereinbarungen haben Sie in „Ihrer" WG getroffen? Vergleichen Sie mit den anderen „Wohngemeinschaften" im Kurs. ▶ Ü 3

5a Neue Formen der WG: Lesen Sie den Artikel. Welche drei Arten von Wohngemeinschaften werden genannt? Was ist typisch dafür? Notieren Sie Stichworte.

Wohnen in der Gemeinschaft?

Hört man das Kürzel „WG“, dann denken viele Menschen an die wilden, jungen Jahre mit wenig Geld und viel Spaß. Die Wohnform ist nach wie vor beliebt – und inzwischen nicht nur bei den Jüngeren. Wohngemeinschaften entstehen heute aus den unterschiedlichsten Motiven. Wir stellen Ihnen drei Varianten mit Zukunftsperspektive vor.

1 Feste Arbeitsverträge und Arbeitszeiten finden Berufstätige zwischen 20 und 40 heute immer seltener. Flexibilität, Belastbarkeit und Mobilität werden in vielen Branchen von den Mitarbeitern verlangt. Und so ziehen sie von Job zu Job, von München nach Hamburg und von dort nach Berlin. Vielen gefällt diese Vielfalt und Auswahl im neuen Arbeitsleben. Nur das Wohnen wird oft ein Problem, wenn man nicht lange am gleichen Ort bleibt. Viele haben keine Lust mehr auf anonyme Hotelzimmer oder Apartments. Die Lösung für so manchen heißt: Business-WG. Große Wohnungen auf kompletten Hausetagen bieten bis zu 20 Bewohnern große Vorteile: Einerseits sind die modern und komfortabel eingerichteten Zimmer viel billiger als im Hotel. Zudem bekommt man für das Geld in einigen WGs noch so manches Extra wie Sauna oder Arbeitsräume. Die Zimmer sind außerdem nicht nur günstiger, sondern auch leichter und schneller wieder kündbar. Andererseits ist nicht zu unterschätzen, dass man hier private und berufliche Netzwerke knüpfen kann. Es ist also nicht verwunderlich, dass sich in teuren deutschen Großstädten wie Hamburg oder Düsseldorf immer mehr Business-WGs finden.

2 Ein bewährtes Prinzip von Wohngemeinschaften ist, sich vieles zu teilen: den Wohnraum, den Einkauf, die Hausarbeit. Aber alles zu teilen: Geld, Arbeit, Eigentum und Entscheidungen? Das können sich nur wenige Menschen vorstellen. Und trotzdem haben es sich manche Gemeinschaften zu ihrem Lebensprinzip gemacht, beispielsweise die nordhessische Kommune Niederkaufungen in der Nähe von Kassel. Sie lebt mit ca. 60 Erwachsenen und 20 Kindern dieses soziale Experiment bereits mehrere Jahrzehnte mit großem Erfolg. Alle leben und arbeiten zusammen auf dem Hof mit Kühen und Schweinen, bauen Obst und Gemüse an, stellen Käse her und betreiben eine Holzwerkstatt. Was die Bewohner an Geld verdienen, fließt direkt in die Gemeinschaftskasse. Wer Geld braucht, nimmt es sich aus der gemeinsamen Kasse. Ab 150 Euro werden Ausgaben gemeinsam besprochen. Die Bewohner führen sicher kein Leben im finanziellen Überfluss, aber mit dem Luxus, überall mitentscheiden und mitgestalten zu können; ein Prinzip, das allen wichtig ist, in der realen Umsetzung erfolgreich alle Mitglieder versorgt und sich finanziell rechnet.

3 Was Jung kann, kann Alt schon lange: Vera Pauli wollte nach dem Tod ihres Mannes nicht alleine leben. Mit einer Freundin überlegte sie, wie man das alte, aber große Haus umbauen könnte, um mehrere Zimmer mit eigenem Bad sowie freundliche Gemeinschaftsräume für Senioren zu gestalten. „Wichtig war uns, dass alle ihre eigenen vier Wände haben und man trotzdem weiß, dass jemand da ist, der hilft.“ Nach zwei Jahren Umbau zogen die ersten Mitbewohner ein. Die WG kocht gemeinsam und verbringt die Freizeit zusammen, aber jeder kann sich auch zurückziehen, wenn ihm danach ist. Gemeinsam teilt man sich die Kosten für Einkäufe und die Unterstützung durch professionelle Kräfte wie eine Haushälterin, einen Physiotherapeuten und einen Techniker. „Ich bin sehr zufrieden mit meiner Entscheidung. Und unser WG-Leben klappt besser, als ich dachte“, ist Vera Paulis Fazit nach vier Jahren.

b Vergleichen Sie Ihre Notizen. Welche Informationen finden Sie am wichtigsten?

c Entscheiden Sie, zu welcher WG die Ausdrücke am besten passen.

1. sich in die eigenen vier Wände zurückziehen können
2. anonymen Hotelzimmern entkommen
3. Geld für die Gemeinschaftskasse verdienen
4. sich gegenseitig helfen
5. ein gemeinsames Lebensprinzip teilen
6. soziale und berufliche Netzwerke knüpfen
7. über alles gemeinsam entscheiden
8. flexibel ein Zimmer mieten und kündigen
9. Kosten für professionelle Kräfte teilen

d In welche WG würden Sie gerne, in welche gar nicht ziehen?

▶ Ü 4

6a Welche Mängel kann es in einer Wohnung geben, die man dem Vermieter mitteilen sollte? Sammeln Sie.

▶ Ü 5

1.13

b Hören Sie das WG-Gespräch und lesen Sie die beiden Beschwerdebriefe. Welcher Brief trifft am besten auf die Situation in der Wohngemeinschaft zu? Warum?

Sehr geehrter Herr Schrauber,

leider mussten wir feststellen, dass in unserer Wohnung, Laubenweg 17, 3. OG links, seit mehreren Wochen einige Mängel aufgetreten sind. Hierbei handelt es sich um folgende Probleme:
a) defekte Heizung / Warmwasser: Die Zimmer können nicht ausreichend beheizt werden und das Wasser aus der Leitung ist nur kalt oder lauwarm.
b) Undichte Fenster und Wohnungstür: Einige Fenster schließen nicht richtig, ebenso die Wohnungstür. Es zieht in der Wohnung und es wird zu schnell kalt.
Unseres Erachtens wäre es dringend notwendig, die Mängel umgehend zu beseitigen, denn wir frieren und brauchen warmes Wasser. Den Hausmeister haben wir bereits mehrfach auf die Mängel hingewiesen. Passiert ist jedoch leider bisher nichts.
Wir möchten Sie deshalb bitten, die Mängel zu beheben, und hoffen auf deren Beseitigung bis zum 15. Januar.

Mit freundlichen Grüßen

Sehr geehrter Herr Schrauber,

heute möchten wir Sie mit diesem Schreiben bitten, folgende Mängel in unserer Wohnung, Laubenweg 17, 3. OG links, zu beseitigen.
Schon vor einigen Wochen ist uns aufgefallen, dass die Heizung nicht einwandfrei funktioniert.
Alle Zimmer werden nicht richtig warm.
Außerdem sind die Fenster nicht dicht. Dies führt zu einem zusätzlichen unnötigen Verlust von Wärme im gesamten Wohnbereich.
Dem Hausmeister haben wir bereits von diesen Mängeln berichtet. Zu unserer Enttäuschung wurde trotzdem nichts unternommen.
Daher müssen wir Sie heute auffordern, die Mängel bis zum 15. Januar zu beheben.
Bitte kommen Sie unserer Aufforderung innerhalb der Frist nach, sonst müssen wir die Angelegenheit an den Mieterschutzbund übergeben.

Mit freundlichen Grüßen

c Sammeln Sie weitere Redemittel aus den Texten.

PROBLEME SCHILDERN	FORDERUNGEN STELLEN
Wir müssen Sie darüber informieren, dass …	Bitte kümmern Sie sich darum, dass …
Es ist nicht in Ordnung, dass …	Wir erwarten, dass …
Wir sind enttäuscht, dass …	Eine Behebung der Mängel sollte …
Wir möchten uns darüber beschweren, dass …	

▶ Ü 6

d Schreiben Sie zu zweit einen Beschwerdebrief an die Hausverwaltung / den Vermieter / die Vermieterin / … Wählen Sie zwei Mängel aus Ihrer Sammlung in 6a.

e Vergleichen Sie Ihre Briefe im Kurs. Wer hat über ähnliche Mängel geklagt? Welche Beschwerde könnte Erfolg haben? Warum (Argumente, Klarheit …)?

Porträt

Dinge des Alltags – Made in DACH

Kaffeefilter

Mitte des 17. Jahrhunderts begann der Kaffee, Europa zu erobern. 1673 eröffnete in Bremen das erste Kaffeehaus Deutschlands. Die Methode, das Kaffeepulver mit brühendem Wasser aufzugießen oder die Wasser-Kaffee-Mischung zusammen aufzukochen, fand schon bald bei vielen Menschen großen Gefallen. Dennoch trübte der Kaffeesatz oft die Freude am Getränk. Eine findige Hausfrau in Dresden hatte 1908 die zündende Idee: Melitta Bentz erfand den Kaffeefilter. Ein Löschblatt ihres Sohnes, ein alter Messingtopf, der kurzerhand mit Nagel und Hammer perforiert wurde, und schon war der erste Melitta-Filter geboren.

Klettverschluss

Der Schweizer Ingenieur Georges de Mestral war viel mit seinen Hunden in der Natur unterwegs. Immer wieder kamen einige Früchte der Großen Klette mit dem Fell der Hunde in Kontakt und blieben darin hängen. Er legte die Früchte unter sein Mikroskop und entdeckte, dass sie winzige elastische Häkchen haben, die auch bei gewaltsamem Entfernen aus Haaren oder Kleidern nicht abbrechen. Die Beschaffenheit der Früchte gab ihm die Vorlage für einen neuen textilen Verschluss.1951 meldete de Mestral seine Idee zum Patent an.

Schmerzmittel Aspirin

Schmerz, lass nach! Schon seit Urzeiten war bekannt, dass ein Sud aus Weidenrinde gegen Fieber und Schmerzen hilft. Dem deutschen Chemiker Felix Hoffmann gelang es 1897, den Wirkstoff der Weidenrinde künstlich herzustellen: die Acetylsalicylsäure, kurz ASS. Er nannte sein Schmerzmittel „Aspirin" und es wurde schnell zu einem der erfolgreichsten und meistverkauften Arzneimittel der Welt.

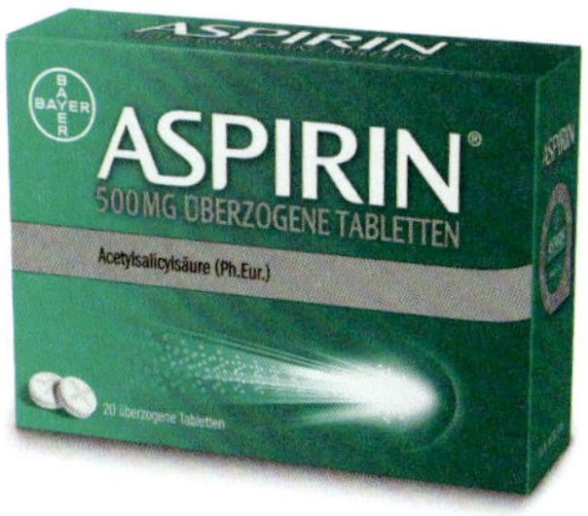

Strandkorb

Das Markenzeichen deutscher Strände ist der Strandkorb. Elfriede Maltzahn aus dem Ostseebad Kühlungsborn hatte 1882 die Idee, sich einen schützenden Korbstuhl für den Strand bauen zu lassen. Sie liebte den Strand, litt aber unter Rheuma. Mit ihrer Idee ging sie zum Rostocker Hof-Korbmacher Wilhelm Bartelmann, der für sie den Ur-Strandkorb aus Weide, spanischem Rohr und Markisenstoff baute. Nur ein Jahr später ging die Strandkorbproduktion in Serie und Wilhelm Bartelmann wurde der erste Strandkorbvermieter der Welt.

Schnuller

Der „Wonnesauger", mit dem sich Kinder so wunderbar ruhigstellen lassen, ist eigentlich eine alte Erfindung. Harte Sauger führten früher aber oft zu Missbildungen des Gaumens und zu Fehlstellungen der Zähne. Zwei deutsche Zahnmediziner, Dr. Adolf Müller und Professor Wilhelm Balters, machten sich daran, einen gaumenfreundlichen Schnuller zu entwickeln. 1949 gelang ihnen der Durchbruch: Sie hatten den zahn- und kiefergerechten Beruhigungssauger aus Gummi erfunden.

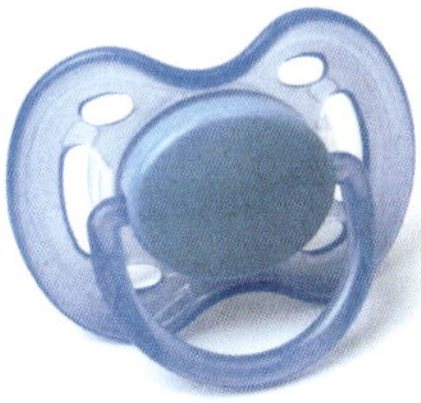

Nähmaschine

Von 1807 bis 1839 arbeitete der Kufsteiner Joseph Madersperger an der Herstellung und Verbesserung seiner Nähmaschine. Die Nadel wurde mit einer Spitze mit einem integrierten Nadelöhr ausgestattet. Vor allem erfand er aber eine Möglichkeit, mit der Maschine einen Doppelstich auszuführen. Leider gelang es ihm damals nicht, die Öffentlichkeit zu überzeugen, und er starb 1850 in einem Wiener Armenhaus.

www Mehr Informationen zu „Dingen des Alltags".

Sammeln Sie Informationen über Dinge des Alltags, die in Deutschland, Österreich oder der Schweiz erfunden wurden, und stellen Sie sie im Kurs vor.

Beispiele aus dem deutschsprachigen Bereich: MP3 – Homöopathie – Scanner – Airbag – Dübel – Bobby-Car – Currywurst – Würfelzucker – Fahrradkette

1 Konnektoren

Konnektor	leitet ein	Bedeutung	Beispiel
wenn, falls	Nebensatz	Bedingung	*Ich achte nicht auf die Zeit, wenn ein spannender Krimi im Fernsehen läuft.*
außer wenn	Nebensatz	Bedingung, die die vorangehende Aussage einschränkt (= *wenn … nicht*)	*Die Zeit vergeht schnell, außer wenn man jung ist.*
es sei denn	Hauptsatz		*Die Zeit vergeht schnell, es sei denn, man ist jung.*
dann	Hauptsatz	meist positive Folge	*Man muss auch mal nichts tun, dann kommen viele neue Gedanken.*
folglich, demnach, somit, infolgedessen	Hauptsatz	Folge	*Ein Kind erlebt täglich etwas Neues, somit empfindet es die Zeit sehr intensiv.*
sonst, andernfalls	Hauptsatz	negative Folge	*Der Mensch braucht Abwechslung im Leben, sonst wird ihm langweilig.*

2 trennbare und untrennbare Verben

Die Vorsilben *durch-*, *über-*, *um-*, *unter-*, *wider-* und *wieder-* können trennbar oder untrennbar sein.
Die Betonung der Vorsilbe kann eine Verstehenshilfe sein:

- Vorsilbe betont → Verb trennbar
- Vorsilbe nicht betont → Verb untrennbar

	trennbar	untrennbar	trennbar und untrennbar
durch-	*durchfallen, durchführen, durchhalten, durchkommen, durchmachen, durchsehen*	*durchleben, durchqueren*	*durchbrechen, durchdenken, durchdringen, durchfahren, durchlaufen, durchschauen, durchsetzen*
über-	*überlaufen, übersiedeln, überkochen*	*(sich) überarbeiten, überblicken, überdenken, überfordern, übergeben, überraschen, überreden, überrennen, übertreiben*	*übergehen, übersetzen, überstehen, übertreten, überziehen*
um-	*umbauen, umdenken, umfallen, umkehren, umladen, umsteigen, umstoßen, umtauschen, umziehen*	*umarmen, umgeben, umkreisen, umzäunen*	*umfahren, umfliegen, umgehen, umschreiben, umstellen*
unter-	*unterbringen, untergehen, unterordnen*	*unterbrechen, unterdrücken, unterschätzen, unterscheiden, unterschreiben*	*unterhalten, unterstellen, unterziehen*
wider-	*widerhallen, widerspiegeln*	*widerfahren, widerlegen, sich widersetzen, widersprechen, widerstehen*	
wieder-	*wiederfinden, wiederkommen, wiedersehen*		*wiederholen*

Nachhaltig leben

1a Wie kann man im Alltag nachhaltig und ökologisch leben? Sammeln Sie im Kurs.

Weniger Müll produzieren, indem man … *Regionale Lebensmittel …*

b Welche Ideen aus 1a sind leicht umzusetzen, welche schwer? Diskutieren Sie.

2 Sieben Linden – Dorf der Nachhaltigkeit. Sehen Sie den Film ohne Ton. Notieren Sie die Aktivitäten der Dorfbewohner.

3a Arbeiten Sie in Gruppen und sehen Sie den Film noch einmal mit Ton. Jede Gruppe notiert die wichtigsten Informationen zu einem Thema und präsentiert sie anschließend.

A Fakten zu Sieben Linden

B Hausbau

C Gemeinschaft

b Was bedeuten die Wörter? Wählen Sie eines und erklären Sie.

ökonomisch	Bürgermeister	Probezeit
dauerhaft	Verpflegung	energieeffizient
laufende Unkosten	Küchendienst	Acker

4a Warum entscheiden sich Menschen für ein Leben in einem Dorf wie Sieben Linden? Sammeln Sie Gründe.

b Was kann gegen ein solches Leben sprechen? Diskutieren Sie.

c Lesen Sie den Ausschnitt aus einem Interview mit dem Filmemacher Michael Würfel. Warum hat er sich für ein Leben in Sieben Linden entschieden und was findet er dort besonders gut?

Frage: Herr Würfel, Sie sind vor fünf Jahren ins Ökodorf Sieben Linden gezogen. Sie mussten einiges dafür tun: einen Gemeinschaftskurs absolvieren, eine Abstimmung der Bewohner gewinnen, ein Probejahr vor Ort leben und schließlich 12.000 Euro für Genossenschaftsanteile zahlen. Warum wollten Sie unbedingt in die ökologisch-soziale Modellsiedlung?

Würfel: Ich war einfach genervt von der Stadt. In Hannover wohnte ich wegen meiner damaligen Freundin, obwohl ich nie dort leben wollte. Ich fand die ganze Werbung, den dichten Verkehr unerträglich. Ich habe mich permanent genötigt gefühlt, dieses oder jenes cool zu finden und zu kaufen. Der Bewerbungsprozess in Sieben Linden war zwar langwierig, aber ich konnte in Ruhe prüfen, ob ich mit den Menschen dort auch leben will.

Frage: Was gefällt Ihnen in Sieben Linden?

Würfel: Ich fühle mich integriert. Die Mischung hier ist sehr bunt: von jungen hippen Menschen über Selbstversorger bis zu Eltern, die für ihre Kinder ein anderes Umfeld suchen. Ich zahle monatlich einen Betrag in die Essenskasse und kann mir in der Küche nehmen, was ich möchte. Ich habe aber auch ein Privatleben. Ob ich abends im Haupthaus mit den anderen esse oder mich mit einer Stulle in meinen Bauwagen zurückziehe, ist meine Sache.

Frage: Was könnte sich unsere Gesellschaft von Sieben Linden abgucken?

Würfel: Gemeinschaftlicher zu leben! In Sieben Linden sitzen längst nicht mehr die Einzigen, die sich für Nachhaltigkeit interessieren. Nur: In der großen Gesellschaft sucht jeder nach individuellen Lösungen. Nachhaltigkeit und Gemeinschaft gehen aber miteinander einher. Hier im Ort teilen wir Autos und Rasenmäher, kümmern uns zusammen um Gemüsebeete oder den Hausbau. Nur weil jede Arbeit allen Bewohnern zugute kommt, haben wir eine gute Ökobilanz. Allein ist das kaum zu schaffen.

5 Wählen Sie eine Aufgabe und bearbeiten Sie sie.

A

1. Arbeiten Sie in Gruppen und gestalten Sie einen Informations- und Werbeflyer für das Dorf.
2. Wählen Sie im Kurs den besten Flyer aus.

B

1. Auch in einer Gemeinschaft wie dem Dorf Sieben Linden können unter den Bewohnern Konflikte entstehen. Sammeln Sie mögliche Konfliktsituationen.
2. Spielen Sie die Situationen vor. Am Ende sollten Sie zu einem Kompromiss kommen.

Hast du Worte?

Sie lernen

Modul 1 | Vor- und Nachteile moderner Medien aus einem Artikel herausarbeiten und Meinungen wiedergeben

Modul 2 | Strategien aus einem Interview zum Thema „Schlagfertigkeit" zusammenfassen

Modul 3 | Einen Fachtext über „Sprachen lernen und erwerben" kommentieren

Modul 4 | Aussagen von Personen mit dialektalen Färbungen verstehen und über die Verwendung von Dialekten sprechen

Modul 4 | Einen Leserbrief zum Thema „Dialekt" schreiben

Grammatik

Modul 1 | Möglichkeiten der Redewiedergabe

Modul 3 | Nominal- und Verbalstil

▶ AB Wortschatz

D

E

F

1a Was ist witzig? Sehen Sie sich die Cartoons an. Worüber können Sie am meisten lachen? Vergeben Sie Platz 1–3. Welcher Cartoon steht am häufigsten auf Platz 1?

Platz 1: ______________ Platz 2: ______________ Platz 3: ______________

b Was sind typische Witze in Ihrer Heimat? Welche Komiker und welche Themen sind sehr beliebt?

1.14 **2a** Hören Sie, wie jemand einen Witz erzählt. Was könnte er besser machen?

1.15 **b** Hören Sie den gleichen Witz noch einmal von einer anderen Person. Was hat der Mann beim Erzählen gut/besser gemacht?

3 Recherchieren Sie nach einem Witz, der Ihnen gut gefällt. Üben Sie zuerst zu zweit, erzählen Sie den Witz dann im Kurs.

Immer erreichbar

▶ Ü 1 **1** **Sind Sie immer erreichbar? Wann sind Sie für wen erreichbar?**

2a **Arbeiten Sie zu zweit. Jeder liest einen Text und ergänzt die Tabelle mit Stichwörtern.**

Müssen wir immer erreichbar sein?

Ja, denn das bringt Vorteile im Beruf

Dr. Kerstin Cuhls
Zukunftsforscherin,
Fraunhofer-Institut

Die technischen Möglichkeiten, durch die man immer und überall erreichbar ist, schätze ich sehr. Sie geben mir die Chance, meinen Beruf, so wie er sich entwickelt hat, überhaupt ausüben zu können. Ich kann von zu Hause aus arbeiten, und das nicht nur zu den klassischen Arbeitszeiten. Ohne mein mobiles Büro wäre für mich die Vereinbarkeit von Beruf und Familie gar nicht möglich oder würde ich meine Kinder fast nur am Wochenende sehen. Ein weiterer Vorteil ist es, überall und zu jeder Zeit Zugriff auf meine eigenen Daten und anderweitige Informationen zu haben. Das ist für mich als Innovationsforscherin – und sicher auch für viele andere Menschen – enorm wichtig und angenehm. Ich kann mit Personen kommunizieren und gemeinsam Projekte bearbeiten, ohne mich allzu oft mit ihnen zu treffen. Ich muss auch nicht mehr ganz so viele Dienstreisen machen. Trotzdem manage ich derzeit ein relativ großes Forschungsprojekt mit vielen Beteiligten.

Kommunikation braucht Sendepausen

Prof. Miriam Meckel
Professorin für Kommunikations-management

Nein, wir müssen auch abschalten dürfen. Niemand ist verpflichtet, auf die umfassenden Ansprüche der modernen Kommunikationskultur einzugehen. Natürlich wollen wir per Handy vernetzt sein, aber eben dabei nicht den Überblick verlieren und ständig in der Pflicht zur Kommunikation stehen. Ein erster Schritt kann es sein, Zeiten für die eigene Erreichbarkeit zu definieren. Denn: Wenn ich immer für alle erreichbar bin, bin ich in Wahrheit nie voll und ganz für jemanden da. Schalte ich hingegen beim Treffen mit Freunden das Handy einmal bewusst aus, erreicht mich derjenige wirklich, der diesen Moment mit mir teilt. Es bedarf der gelegentlichen Sendepause, um auf Information Kommunikation folgen zu lassen. Schließlich muss der Mensch verarbeiten können, was auf ihn zukommt. Hat er dazu im Dauerfeuer der Botschaften keine Zeit, fällt die Information ins Nichts. Es ist daher wichtig, Platz im Kopf und Zeit zum Denken zu schaffen.

Pro	**Contra**

b Redewiedergabe in wissenschaftlichen Texten, Zeitungen und Nachrichten. Lesen Sie die Regeln und formulieren Sie die Meinungen und Argumente aus Ihrem Text in 2a mithilfe der folgenden Möglichkeiten.

G

Möglichkeiten zur Redewiedergabe

Präpositionale Ausdrücke mit Dativ

laut	***Laut*** *der Professorin Miriam Meckel …*
nach	***Nach*** *Kerstin Cuhls … / Miriam Meckels Meinung* ***nach*** *…*
zufolge	*Dem zweiten Text* ***zufolge*** *…*

Nebensätze mit *wie*

Wie Kerstin Cuhls berichtet/erklärt/…, …
Wie im linken/rechten Text beschrieben wird, …
Wie es im Text heißt, …

Konjunktiv I

Gegenwart	Infinitivstamm + Endung (*-e, -est, -e, -en, -et, -en*) Ausnahme *sein*: *ich sei, du sei(e)st, er sei …* Sind die Formen von Konjunktiv I und Indikativ identisch, verwendet man den Konjunktiv II (z. B. *ich habe* → *ich hätte*).
Vergangenheit	*sei/habe* + Partizip II

Kerstin Cuhls sagt, sie schätze es sehr, immer erreichbar zu sein. So könne sie …

c Informieren Sie jetzt Ihren Partner / Ihre Partnerin über Ihren Text. Lesen Sie Ihre Sätze aus 2b vor, der/die andere ergänzt die fehlenden Informationen in der Tabelle in 2a. ▶ Ü 2–5

3 Immer erreichbar. Was denken Sie? Diskutieren Sie die folgenden Fragen.

1 Sind 50 bis 100 E-Mails pro Tag normal?

2 Sollte man das Handy am Abend oder am Wochenende ausschalten?

3 Muss man alle Menschen immer gleich zurückrufen?

4 Muss man auch am Wochenende für Kollegen und Chefs erreichbar sein?

4a Lesen Sie die Meldung und geben Sie sie mit den Möglichkeiten der Redewiedergabe wieder. Was ist Ihre Meinung zum Thema?

Komme später!

Hat man sich früher verabredet, kam man normalerweise auch zur geplanten Zeit an den geplanten Ort. Und heute? Schnell eine Nachricht zu senden, dass man es leider doch nicht schafft oder sich um eine Stunde verspätet, ist ganz normal. Man muss sich dann auch nicht der Enttäuschung des anderen stellen. Da die meisten Menschen ständig erreichbar sind, fallen Verabredungen heutzutage unverbindlicher aus. Selten gelingen Verabredungen auf Anhieb, sondern meistens werden mehrere Anläufe benötigt. Zusagen bleiben oft vage. Jeder hat schon mal ein „Ich melde mich" oder „Lass uns telefonieren" gehört.

b Spielen Sie Nachrichtensprecher/in. Recherchieren Sie einen interessanten Artikel und geben Sie den Inhalt wieder. Verwenden Sie die verschiedenen Möglichkeiten der Redewiedergabe.

Laut einem Bericht der Bundesregierung wird es im nächsten Jahr … ▶ Ü 6

Gib Contra!

1a Was bedeuten die Aussagen? Ordnen Sie zu.

____ 1. Der neue Kollege nimmt den Mund aber ganz schön voll. Er sollte sich mehr zurückhalten.

____ 2. Ihr Verhalten war so unverschämt. Er war vollkommen sprachlos.

____ 3. Herr Bockelberg kann wirklich gut Contra geben.

____ 4. Mein Bruder weiß viel und ist nicht auf den Mund gefallen.

a Er kann sich gut ausdrücken.

b Er kann schnell auf eine Provokation reagieren.

c Er ist ein Angeber.

d Ihm fiel nichts ein, was er hätte sagen können.

b Sehen Sie sich die Zeichnung an. Welche Antwort der Frau finden Sie am schlagfertigsten?

▶ Ü 1

P GI/ TELC 1.16-19 → www

2 Sie hören ein Interview zum Thema „Schlagfertigkeit trainieren“. Kreuzen Sie die richtige Antwort (a, b oder c) an. Sie hören den Text zweimal.

1. Wer wird leichter Opfer von verbalen Angriffen?
   - [a] Jeder, der nicht gern Streitgespräche führt.
   - [b] Jeder, der nicht schnell verbal reagieren kann.
   - [c] Jeder, der negative Erfahrungen mit Spott gemacht hat.

2. Das LBS-Kinderbarometer stellt fest, dass …
   - [a] etwa ein Drittel der Befragten unter verbalen Angriffen leidet.
   - [b] sich 9- bis 14-Jährige besonders oft attackieren.
   - [c] sich Kinder seltener verbal angreifen als Erwachsene.

3. Laut Dr. Traber finden die verbalen Attacken Erwachsener …
   - [a] indirekter als bei Kindern statt.
   - [b] meist im Berufskontext statt.
   - [c] meist vor Publikum statt.

4. Dr. Traber zufolge ist ein häufiger Grund für verbale Attacken: …
   - [a] das Bedürfnis, Überlegenheit zu zeigen.
   - [b] das Gefühl, selbst angegriffen worden zu sein.
   - [c] die schwächere Position des Opfers.

5. Das passiert laut Dr. Traber, wenn sich das Opfer nicht wehrt:
   - [a] Das Opfer sieht keinen Ausweg mehr.
   - [b] Das Opfer wird auch von anderen angegriffen.
   - [c] Der Angreifer startet immer neue Attacken.

6. Wie reagieren Attackierte, wenn sie die „Strategie des Ironisierens“ anwenden?
   - [a] Sie geben eine Antwort aus einem anderen Kontext.
   - [b] Sie stimmen dem Angreifer zu und erweitern die Aussage.
   - [c] Sie tun so, als sei das Gesagte egal, und antworten desinteressiert.

7. Beim Schlagfertigkeitstraining ist am wesentlichsten, …
   - [a] die Defensive zu verlassen.
   - [b] mit Freunden oder der Familie zu trainieren.
   - [c] schnell einen Schritt weiter zu kommen.

8. Im persönlichen Trainingsbuch sollten laut Dr. Traber …
   - [a] alle Attacken, die man erlebt hat, notiert werden.
   - [b] Strategien und Äußerungen, die man ausprobiert hat, stehen.
   - [c] Strategien und Äußerungen für eventuelle Angriffe aufgeschrieben werden.

9. Die Seminare werden für verschiedene Situationen angeboten, weil …
   - [a] die Seminarlänge von Situation zu Situation unterschiedlich ist.
   - [b] sich die Kunden Seminare für unterschiedliche Situationen gewünscht haben.
   - [c] verschiedene Situationen unterschiedliche Reaktionen erfordern.

10. Was wird im Seminar neben der Sprache trainiert?
   - [a] Auf die Körperhaltung zu achten und gleichgültiger gegen Provokationen zu werden.
   - [b] Auf die Körperhaltung zu achten und Konfliktsituationen zu vermeiden.
   - [c] Auf die Körperhaltung zu achten und mit dem Körper auf Angriffe zu reagieren.

1.18

3a Welche Begriffe passen zu welcher Abwehrstrategie aus dem Interview? Hören Sie den zweiten Abschnitt noch einmal und ordnen Sie zu.

A dem Gegner das Gefühl geben, er hat etwas verpasst
B das Thema aufgreifen
C den Gegner zwingen, einen Moment zu überlegen
D dem Gegner zustimmen
E gelangweilt reagieren
F übertreiben
G den Gegner schlecht dastehen lassen
H mit einem anderen Thema reagieren
I das Thema für sich selbst nutzen
J gleichgültig tun

1. Überraschung	**2. Ironisierung**	**3. Kontern**

4. Verwirren	**5. Ins Leere laufen lassen**

▶ Ü 2

b Welche Strategie würden Sie in den Situationen nutzen? Überlegen Sie, was Sie sagen könnten.

Sprachen lernen

1 Wann, wie, wo, wozu und mit wem lernen wir Sprachen? Erstellen Sie eine Mindmap.

2a Lesen Sie den Artikel aus einer Fachzeitschrift. Welche Wege zur Sprache werden beschrieben?

1 Wie wir uns eine Sprache aneignen, untersuchen unterschiedliche wissenschaftliche Disziplinen, z. B. die Linguistik, die Entwicklungspsychologie, die Didaktik und andere. Die Forschung beobachtet dabei den Spracherwerb und das Sprachenlernen.

2 Wenn wir uns bei Kindern ansehen, über welches sprachliche Repertoire sie in der Muttersprache verfügen, dann können wir bemerken: Sie erwerben auch Sprachregeln, die in ihrer Alltagssprache nur selten vorkommen.

3 Kinder üben die Strukturen aber nur mit einer begrenzten Anzahl von Regeln. Es ist ein Bestandteil des Lernprozesses, dass sie dabei von den Normen der Muttersprache abweichen.

4 Selbst wenn Eltern Fehler nicht korrigieren, erwerben Kinder ihre Muttersprache dennoch vollständig.

5 Kinder erwerben eine Sprache mit dem Ziel, soziale Kontakte aufzubauen, und nicht, um Informationen weiterzugeben. Daher nimmt man an, dass sich das Sprachvermögen auch in der Schule verbessert, wenn man die Anzahl der Sprachkontakte erhöht.

6 Bei Erwachsenen kann man jedoch allgemein feststellen, dass sich ihre Fremdsprachenkenntnisse nicht allein durch Sprachkontakte verbessern.

Wege zur Sprache

Die Aneignung einer Sprache ist Forschungsgegenstand sowohl der Linguistik als auch der Entwicklungspsychologie, der Didaktik und anderer wissenschaftlicher Disziplinen. In der Forschung gibt es Beobachtungen zum Spracherwerb und zum Sprachenlernen:

Erwerb meint unbewusste und implizite Vorgänge in natürlicher Umgebung, etwa beim Einkaufen oder auf der Straße. Beispiel: Der Erwerb der Sprache bei Immigranten im Zielland. *Lernen* beschreibt bewusste und explizite Vorgänge mit einer klaren Steuerung. Beispiel: Lernen mithilfe einer Lehrperson.

Bei Kindern ist das Repertoire in der Muttersprache bemerkenswert: Ihr Erwerb umfasst auch Sprachregeln, deren Vorkommen in ihrer Alltagssprache selten ist. Und das, obwohl das Üben von Strukturen nur mit einer begrenzten Anzahl von Regeln erfolgt. Abweichungen von den Normen der Muttersprache sind dabei ein Bestandteil des Lernprozesses.

Selbst ohne Korrektur der Fehler durch die Eltern ist der Erwerb der Muttersprache durch die Kinder dennoch vollständig. Beim Lernen von Fremdsprachen in der Schule erfolgen Korrekturen durch die Lehrenden. Trotzdem ist der Erwerb der neuen Sprache am Ende unvollständig. Es gibt viele Gründe für dieses Phänomen – wie der Umfang an Trainingszeit, Möglichkeiten des Sprachkontakts, Maß der Motivation oder das Lernziel.

Das Ziel von Kindern beim Spracherwerb liegt im Aufbau von sozialen Kontakten und weniger in der Weitergabe von Informationen. Es besteht daher die Annahme, dass eine Verbesserung des Sprachvermögens in der Fremdsprache auch in der Schule mit Erhöhung der Anzahl von Sprachkontakten z. B. durch Korrespondenz, Schüleraustausch oder Klassenfahrten eintritt.

Bei Erwachsenen gibt es jedoch die allgemeine Feststellung, dass eine Verbesserung der Fremdsprachenkenntnisse im Gegensatz zu Kindern nicht unbedingt mit Sprachkontakten verbunden ist. Der Lebensmittelpunkt in Deutschland ist z. B. allein kein Garant für gute Sprachkenntnisse.

b Was wissen Sie jetzt über das Lernen bzw. den Erwerb von Sprache? Kommentieren Sie die Aussagen aus dem Artikel aufgrund Ihrer Erfahrungen schriftlich. Welchen stimmen Sie zu?

3a Vergleichen Sie die Aussagen in den Sprechblasen mit denen im Artikel. Was stellen Sie in Bezug auf Verständlichkeit, Länge und Verwendung von Nomen und Verben fest?

b Verbalstil und Nominalstil. Ergänzen Sie die Regel.

G

Der **Verbalstil** wird vor allem in erzählenden Texten und in der mündlichen Sprache verwendet. Nomen und Verben werden ungefähr gleich oft benutzt. Die Verben haben eine starke eigene Bedeutung. Texte im Verbalstil wirken lebendiger.

Der **Nominalstil** wird vor allem in Fachtexten und in wissenschaftlichen Texten verwendet. Es werden besonders viele Nomen benutzt. Die Nomen tragen die Hauptbedeutung. Texte im Nominalstil sind eher abstrakt.

▶ Ü 1

c Wie werden Nominalisierungen gebildet? Ergänzen Sie die Nominalformen aus dem Artikel in 2a.

G

Verbalform		**Nominalform**
1. Akkusativ-/Dativergänzung	→	**Präpositionalattribut**
Die Forschung beobachtet dabei den Spracherwerb und das Sprachenlernen.		In der Forschung gibt es Beobachtungen zum Spracherwerb und zum Sprachenlernen.
2. Personalpronomen	→	**Possessivartikel**
Sie erwerben auch Sprachregeln, die … nur selten vorkommen.		Ihr Erwerb umfasst auch Sprachregeln, deren Vorkommen … selten ist.
3. Präpositionalergänzung	→	**Präpositionalattribut**
…, dass sie dabei von den Normen der Muttersprache abweichen.		Abweichungen von den Normen der Muttersprache sind …
4. transitive Verben: → **Akkusativergänzung im Aktivsatz** → **Subjekt im Passivsatz** } → **handelnde „Person"**	→	**Genitiv** **oft *durch* + „Person"**
Selbst wenn Eltern Fehler nicht korrigieren, erwerben Kinder …		Selbst ohne Korrektur der Fehler durch die Eltern ist der Erwerb …
5. intransitive/reflexive Verben: Subjekt im Aktivsatz	→	**Genitiv**
Daher nimmt man an, dass sich das Sprachvermögen … verbessert, wenn …		Es besteht daher die Annahme, dass eine Verbesserung des Sprachvermögens … eintritt.
6. Adverb	→	**Adjektiv vor der Nominalisierung**
Bei Erwachsenen kann man jedoch allgemein feststellen, dass …		Bei Erwachsenen gibt es jedoch die allgemeine Festellung, dass …

▶ Ü 2–6

d Überlegen Sie im Kurs: Wie lauten die Nominalisierungen? Notieren Sie die passenden Regeln aus 3c und formen Sie um.

1. Wir interessieren uns für Kommunikation. → Ab der Geburt haben wir … ein Interesse für Kommunikation
2. Es ist ausreichend bewiesen, … → Es gibt …, dass Kinder Sprache schneller lernen. einen Ausreichenden Beweis
3. Kinder lernen Laute und Silben. → Kinder erweitern durch … ihren Wortschatz. das Lernen von L + S
4. Kinder entwickeln sich schnell. → Eltern beobachten … die schnelle Ent. ihrer Kinder
5. Kinder nehmen die Sprache wahr. → … ist meist spielerisch. Die Wahrnehmung der Sprache durch Kinder
6. Sie kommunizieren. → … wird vom Umfeld geprägt. Ihre Kommunikation

4 Welche Hinweise und Tipps zum Lernen von Sprachen finden Sie wichtig? Sammeln Sie zu zweit und vergleichen Sie im Kurs.

Sag mal was!

1a Werden in Ihrem Land Dialekte gesprochen? Unterscheiden sich diese sehr von der Hochsprache? Sprechen viele Menschen diese Dialekte? Nimmt die Zahl der Dialektsprecher zu oder eher ab?

b Welche deutschen Dialekte kennen Sie? Haben Sie sich schon einmal in einer deutschsprachigen Region aufgehalten, in der ein Dialekt gesprochen wird? Wie gut haben Sie diesen Dialekt verstanden?

1.20-27

c Hören Sie einige Dialektbeispiele. Wo werden diese Dialekte wohl gesprochen? Ergänzen Sie die Zahlen auf der Karte.

d Was sagen die Personen zu ihrem Dialekt? Hören Sie noch einmal und notieren Sie.

1. spricht Dialekt nur in der Familie

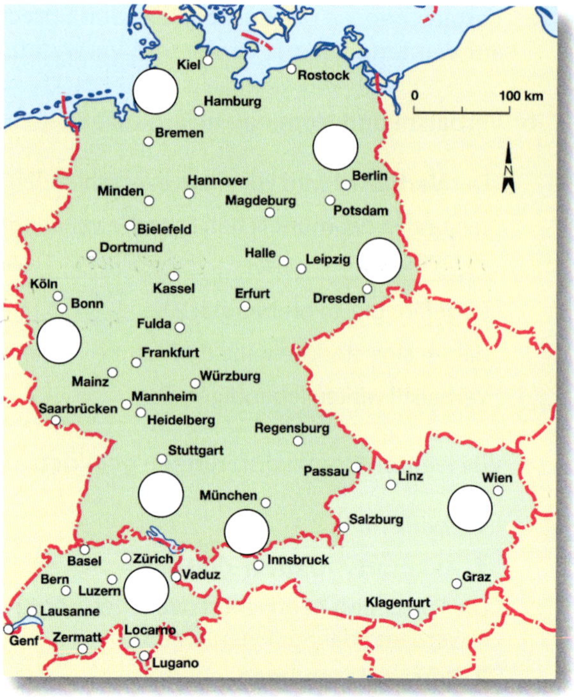

2a Lesen Sie den folgenden Text und die Aussagen 1–8 dazu. Markieren Sie bei jeder Aussage, ob
a) die Aussage mit dem Text übereinstimmt,
b) die Aussage nicht mit dem Text übereinstimmt,
c) zu dieser Aussage nichts im Text steht.
Es gibt jeweils nur eine richtige Lösung.

SPRACHE IM ALLTAG

***Ich liebe dich* im Dialekt**

Bairisch:	*I mog di.*
Saarländisch:	*Isch hann disch lieb.*
Platt:	*Ick heff di leev.*
Kölsch:	*Isch hann disch jään.*

Die neue Dialektik

Die allermeisten Menschen, die heute erwachsen sind und statt Hochdeutsch zuerst einmal einen Dialekt gelernt haben, dürften eine solche oder ähnliche Geschichte erlebt haben: Sie hatten sich verliebt, fragil noch war die Partnerschaft, und dann klingelte irgendwann das Telefon, und die Mutter war dran. Oder der Vater. Oder ein alter Freund von früher. Und zum allerersten Mal hörte einen der neue Partner Dialekt sprechen. Die Angerufenen fürchteten nach solchen Telefonaten, sofort wieder verlassen zu werden.

Bis vor wenigen Jahren galt, wer Dialekt spricht, als ungebildet, als ein bisschen minderbemittelt. Wer etwas auf sich hielt, legte seinen Dialekt ab, lernte Hochdeutsch und vermied, den Dialekt auch nur anklingen zu lassen. Seit einigen Jahren löst sich dieses Stigma langsam auf. In Niedersachsen bringen einige Schulen Kindern Platt bei. In Hamburg dürfen fortan Stadtteilschilder in dieser Sprache aufgestellt werden. In Bayern bilden Theaterleute junge Schauspieler im Bairischen aus. In ganz Deutschland sind Radio-Tatorte zu hören, in denen die Kommissare einen noch stärkeren Dialekt sprechen als die Kommissare im Fernsehen, und Asterix-Bände sind mittlerweile in 22 deutschen Dialekten erschienen, *Däm Asterix singe Jung* heißt *Der Sohn des Asterix* auf Kölsch. Dabei passt es besonders gut, dass die Geschichten des Galliers Asterix als Vorlage dienen. Mit ein bisschen Fantasie ist die Übermacht der Römer mit der der Hochsprache gleichzusetzen. Wer die Hefte liest, denkt sich: „Ganz Deutschland ist vom Hochdeutsch beherrscht … Ganz Deutschland? Nein!"

Jahrelang überlebte der Dialekt in Deutschland fast ausschließlich in zwei Formen: im Komödiantischen und in der Politik. Kabarettisten benutzten den Dialekt, um komischer zu wirken. Ein Satz auf Sächsisch, und das Publikum lachte. Und Politiker sprachen Dialekt, weil sie glaubten, damit den Menschen in ihrem Wahlkreis imponieren zu können. Jetzt vermehrt sich der Dialekt auch anderswo: im ernsthaften Theater, im Film, in der Musik, in der Werbung. Es gibt eine Renaissance der Dialekte.

Es gibt keine wissenschaftlichen Zahlen darüber, wie angesehen Dialekte zu welchen Zeiten waren und es heute sind. Alfred Lameli vom Forschungsinstitut für deutsche Sprache in Marburg sagt, dass zwar von Jahr zu Jahr weniger Menschen einen echten Dialekt sprechen, weil die Alten, die ihn noch beherrschen, sterben und weil es für die Jungen immer weniger Gelegenheiten gibt, ihn zu sprechen: Aus den Schulen, den Büros, den Ämtern wurde der Dialekt vertrieben. Allerdings scheint es so, als steige im gleichen Maße, wie die ursprünglichen Dialektsprecher verschwinden, die Liebe der Nachkommen zu diesen Dialekten. Vor ein paar Jahren ist es Lameli zum ersten Mal aufgefallen: Die Nachrichtensprecher im Privatradio sprechen kein Hochdeutsch, sondern eine Mischform aus Dialekt und Hochdeutsch, Regiolekt nennt er das. Die Menschen sollen Vertrautes zu hören bekommen, das Radio will ihre Gefühle erreichen, nicht nur ihren Verstand. Dann fiel Lameli auf, dass auch die Moderatoren der Fernsehnachrichten kein perfektes Hochdeutsch mehr sprechen, nicht die der privaten Sender und auch nicht die des ZDF. Im Grunde genommen, sagt Lameli, gebe es das Hochdeutsch in seiner Reinform nur noch in der *Tagesschau* und in den *Tagesthemen*.

Mitte der zwanziger Jahre haben viele Deutsche zum allerersten Mal Hochdeutsch gehört – weil es das Radio gab. Das Radio hat nicht nur Nachrichten verbreitet, sondern auch das Hochdeutsche im Land. Heute hören die meisten Menschen im Radio und im Fernsehen keine reine Hochsprache mehr. Es ist anzunehmen, dass sie diese Sprache so langsam wieder verlernen.

Lameli hat zwei seiner Studenten einen Versuch machen lassen. Sie spielten zwei Gruppen von Testpersonen verschiedene um die Stadt Kassel herum gesprochene Dialekte vor. In der ersten Gruppe waren Menschen zwischen 60 und 70 Jahren. Die zweite Gruppe bestand aus Schülern der neunten Klasse. Sie alle sollten die Himmelsrichtung angeben, von der sie glaubten, dass der jeweilige Dialekt, von Kassel aus betrachtet, gesprochen wird. Was Lameli und seine Studenten verblüfft hat: Die Jüngeren schnitten dabei besser ab als die Alten, obwohl doch früher mehr Dialekt gesprochen wurde. Die Jüngeren haben offenbar ein besseres Gehör, ein größeres Interesse für die Unterschiede.

Es kann sein, sagt Lameli, dass das „von den modernen Medien" kommt. Wenn Wissenschaftler sonst vermuten, dass etwas „von den modernen Medien" kommt, dann ist es für gewöhnlich so etwas wie Verdummung, Verrohung, wenn nicht der Untergang überhaupt. Die Dialekte scheinen zu profitieren: Es gibt Chats im Internet im Dialekt, Dialekt-Wörterbücher, und wer will, kann einen Plattkurs in 19 Lektionen herunterladen. Vor allem schreiben wir uns privat so viel wie nie, per E-Mail und per SMS, während vor nicht allzu langer Zeit noch eine Postkarte pro Jahr und Freund genügte. In ihren Mails und SMS schreiben viele Dialekt, um den Unterschied zu den beruflichen Nachrichten zu betonen. „Moin" zu schreiben ist kürzer als „Guten Morgen", und auch ein bisschen liebevoller.

Wenn der Dialekt gerade jetzt zurückkommt, dann hat das sicher mit der Globalisierung zu tun. Die Welt, in der wir leben, ist unüberschaubar groß geworden und arm an Unterschieden: Wir essen überall die gleichen Gerichte, trinken die gleichen Säfte. Der Mensch will sich aber unterscheiden und viele sehnen sich gleichzeitig nach einer kleineren Welt, in der sie sich zurechtfinden, die so etwas wie Heimat gibt.

1. Bis vor einigen Jahren noch wurde Dialektsprechenden Bildung und Intelligenz abgesprochen. a b c
2. Im Bundesland Niedersachsen können Schulkinder jetzt Dialekt im Unterricht lernen. a b c
3. Auch andere Bundesländer planen, die Dialekt-Vermittlung in der Schule einzuführen. a b c
4. Immer weniger Menschen sprechen echten Dialekt und immer weniger interessieren sich dafür. a b c
5. Radiosender versuchen, die Menschen durch die Verwendung von regional gefärbter Sprache auf einer emotionalen Ebene zu erreichen. a b c
6. Im Fernsehen erreichen Sendungen, in denen nicht Hochdeutsch gesprochen wird, hohe Einschaltquoten. a b c
7. Die neuen Medien tragen dazu bei, dass immer weniger Dialekt verwendet wird. a b c
8. Durch Dialekt kann man sich von anderen absetzen. a b c

b Was bedeuten die markierten Ausdrücke aus dem Text? Formulieren Sie die Sätze um und vergleichen Sie im Kurs.

einen Vorteil haben	erfolgreicher sein	überraschen	hervorheben
der Intellekt	auf seinen guten Ruf achten		

1. Wer etwas auf sich hielt, legte seinen Dialekt ab. (Z. 13–14)
2. Das Radio will ihre Gefühle erreichen, nicht nur ihren Verstand. (Z. 59–61)
3. Was Lameli und seine Studenten verblüfft hat: … (Z. 87–89)
4. Die Jüngeren schnitten dabei besser ab als die Alten. (Z. 89–91)
5. Die Dialekte scheinen zu profitieren: … (Z. 101)
6. In SMS schreiben viele Dialekt, um den Unterschied zu den beruflichen Nachrichten zu betonen. (Z. 107–109)

▶ Ü 1

c Arbeiten Sie zu dritt. Notieren Sie auf Karten wichtige Informationen aus dem Text. Tauschen Sie Ihre Karten mit einer anderen Gruppe. Sprechen Sie dann über die Notizen auf den Karten. Welche Informationen finden Sie interessant? Welche eigenen Erfahrungen können Sie ergänzen?

P TELC

3 Diskutieren Sie mit Ihrem Partner / Ihrer Partnerin das folgende Thema. Wie verstehen Sie diese Aussage? Sagen Sie, inwieweit Sie mit der Aussage übereinstimmen oder sie ablehnen. Geben Sie dazu Gründe und Beispiele an. Gehen Sie auch auf die Argumente Ihres Partners / Ihrer Partnerin ein.

Dialekte sind Teil der Kultur und müssen erhalten werden!

EIGENE MEINUNG AUSDRÜCKEN	GRÜNDE/BEISPIELE ANFÜHREN
Meiner Auffassung nach …	Das hat folgende Gründe: …
Ich bin der festen Überzeugung, dass …	Das kann man beispielsweise an … sehen.
Ich bin der Meinung, dass …	Dazu möchte ich folgende Beispiele/Gründe anführen: …
Meines Erachtens ist das …	Man kann das mit den folgenden Beispielen verdeutlichen: …
Ich vertrete die Ansicht, dass …	Man muss hierbei berücksichtigen, dass …
Für mich steht fest, dass …	

EINER AUSSAGE ZUSTIMMEN	EINE AUSSAGE ABLEHNEN
Ich bin der gleichen Ansicht, da …	Dieser Aussage muss ich widersprechen, denn …
Dem kann ich zustimmen, weil …	Dagegen kann man einwenden, dass …
Dem kann ich mich nur anschließen.	Gegen diese Behauptung spricht, dass …
Für mich klingt einleuchtend/überzeugend, wie …	Dem kann ich nicht / nur bedingt / nur teilweise zustimmen, da …
Dieses Argument leuchtet mir ein und ich finde auch, dass …	Ich kann nicht nachvollziehen, wie/warum …
Da kann ich dir/Ihnen nur völlig recht geben, denn …	Das überzeugt mich nicht, weil …
Das ist auch meine Meinung, da …	Dazu habe ich eine andere Meinung, und zwar …

▶ Ü 2

4a Lesen Sie die Texte und entscheiden Sie, auf welchen Sie in einem Leserbrief reagieren möchten.

Karrierebremse *Dialekt*

Die junge Bankangestellte Sabine F. hatte beste Arbeitsergebnisse und gute Manieren. Aber als sie im Unternehmen aufsteigen wollte, wurde ihr Wunsch von ihren Vorgesetzten beharrlich ignoriert, denn Sabine sprach starkes Sächsisch, lebte aber im feinen Hamburg. Die Bank war der Meinung, die reichen Kunden würden irritiert reagieren, wenn sie plötzlich von der Sächsin beraten werden würden. Der jungen Frau blieb nichts anderes übrig, als für ihren nächsten Karriereschritt wieder in ihre Heimat zurückzukehren.

Dialekt als Zweitsprache

Spricht ein Kind von klein auf Dialekt und Standardsprache, gilt das für die Hirnforschung als eine Variante der Mehrsprachigkeit und als enormer Vorteil für die geistige Entwicklung. Kinder, die mit einem Dialekt aufwachsen, haben in der Regel ein besseres Sprachgefühl und -verständnis. Außerdem lernen sie viel leichter Fremdsprachen, weil sie schon früh gelernt haben, mit verschiedenen Sprachgefügen, Aussprachen und unterschiedlichen grammatischen Strukturen umzugehen.

b Nummerieren Sie die Teile eines Leserbriefs in der richtigen Reihenfolge.

_1_ Absender	____ Schluss	____ Hauptteil
____ Anrede	____ Grußformel + Unterschrift	____ Anschrift
____ Betreff	____ Einleitung	____ Ort/Datum

c Welche Teile aus 4b passen zu den inhaltlichen Beschreibungen? Notieren Sie.

Betreff	Angabe des Artikels, auf den Sie reagieren
	Bezug zum Artikel: Warum schreiben Sie? Warum ist das Thema für Sie wichtig?
	Darstellung der eigenen Meinung, Argumente, Beispiele
	kurze Zusammenfassung, eventuell Ausblick/Forderung für die Zukunft

d Notieren Sie in Stichworten, was Sie im Hauptteil schreiben möchten. Formulieren Sie dann Ihren Leserbrief. Denken Sie an alle Teile aus 4b.

e Besprechen Sie Ihre Leserbriefe in Gruppen.

Kontrollieren Sie:
- Haben Sie ausreichend Konnektoren verwendet?
- Wurden auch schwierigere grammatische Strukturen verwendet?
- Ist der Wortschatz differenziert genug?

Markieren Sie, wo es Verbesserungsmöglichkeiten gibt, und schreiben Sie Ihren Brief noch einmal. ▶ Ü 3

Porträt

LaBrassBanda

Moderne Blasmusik aus Bayern

LaBrassBanda ist eine bayrische Band, deren moderne Blasmusik die Menschen einfach mitreißt. Die Musik der Band vom Chiemsee zählt zum Genre der „Neuen Volksmusik" und verbindet Blasmusik mit Reggae, Ska und anderen Musikstilen. Die Band selbst nennt ihre Musik auch ironisch „Bayrischen Gypsy Brass", „Funk Brass" oder „Alpen Jazz Techno".

LaBrassBanda

2007 wurde LaBrassBanda um Leadsänger und Trompeter Stefan Dettl gegründet. Dettl selbst wurde bei einem Aufenthalt in New York zu dieser in Deutschland neuen Musikart inspiriert, als er dort Konzerte von Bands besuchte, die Blasmusik mit Funk und Jazz verbanden.

Kennengelernt haben sich die Vollblutmusiker von LaBrass Banda am Musikkonservatorium in München. 2009 spielten sie auf Einladung des Goethe-Instituts mehrere Konzerte in Russland und traten auch auf Festivals in Simbabwe und Dänemark auf. Im gleichen Jahr entstanden zwei Filme über die mittlerweile sehr bekannte Band: ein Konzertfilm des Regisseurs Marcus H. Rosenmüller und ein Dokumentarfilm. Seitdem spielten sie mehrere hundert Konzerte und waren Gast auf zahlreichen nationalen und internationalen Festivals. 2011 spielten sie in der Münchner Olympiahalle vor 12.000 Leuten. Dieses Konzert wurde aufgezeichnet und 2012 als Livealbum veröffentlicht. Das Album „Kiah Royal" hat die Band 2014 in einem Kuhstall aufgenommen. Die Bandmitglieder verfolgen neben LaBrassBanda auch zahlreiche andere Projekte.

Die Band tritt immer in Lederhosen und barfuß auf – sowohl in großen Hallen als auch bei kleinen Clubkonzerten. Ihre Blasinstrumente spielen sie mit atemberaubender Geschwindigkeit in einem Rhythmus, zu dem man sich einfach bewegen muss. Obwohl sie ausschließlich auf Bairisch singen, gehören sie heute zu den populärsten Bands Deutschlands. In einem Interview mit der Münchner Abendzeitung sagte Sänger Stefan Dettl einmal: „Bayerisch, das bin einfach ich. Wenn ich Ansagen auf Hochdeutsch machen muss, bin ich unglaublich nervös und hab ein ganz schlechtes Körpergefühl. Sobald ich aber auf der Bühne so sein kann, wie ich eben bin, dann fließt es einfach aus mir heraus. Außerhalb von Bayern versteht man die Texte vielleicht nicht ganz, aber man versteht die Stimmfarbe oder die Gestik des Musikers. Das funktioniert in Karlsruhe genauso wie in Simbabwe."

Zu den bekanntesten Liedern von LaBrassBanda gehören „Autobahn" und „Nackert".

www Mehr Informationen zu LaBrassBanda.

Sammeln Sie Informationen über Persönlichkeiten aus dem In- und Ausland, die für das Thema „Kommunikation" interessant sind, und stellen Sie sie im Kurs vor. Sie können dazu die Vorlage „Porträt" im Anhang verwenden.

Beispiele aus dem deutschsprachigen Bereich: Ina Müller – Yared Dibaba – Stefan Eicher – Gölä – Badesalz – Hubert von Goisern – Kofelgschroa – Patent Ochsner – Wolfgang Niedecken und BAP – Marcus H. Rosenmüller

1 Möglichkeiten der Redewiedergabe

Präpositionale Ausdrücke mit Dativ

vorangestellt	nachgestellt	
laut		*Laut der Professorin Miriam Meckel …*
nach	*nach*	*Nach Angaben von Kerstin Cuhls …* *Ihrer Meinung nach …*
	zufolge	*Dem zweiten Text zufolge …*

Nebensätze mit *wie*

***Wie** Kerstin Cuhls berichtet, wird durch moderne Kommunikationsmittel vieles möglich.*
***Wie** im zweiten Text beschrieben wird, braucht der Mensch auch Auszeiten.*
***Wie** es im ersten Text heißt, ist der ständige Zugriff auf Daten ein großer Vorteil.*

Konjunktiv I
Gegenwart: Infinitivstamm + Endung

ich	sei	habe → hätte	könne	sehe → würde sehen
du*	sei(e)st	habest	könnest	sehest
er/es/sie	sei	habe	könne	sehe
wir	seien	haben → hätten	können → könnten	sehen → würden sehen
ihr*	sei(e)t	habet	könnet	sehet
sie/Sie	seien	haben → hätten	können → könnten	sehen → würden sehen

* Die Formen in der 2. Person sind sehr ungebräuchlich. Hier wird meist der Konjunktiv II verwendet.

Sind die Formen von Konjunktiv I und Indikativ identisch, verwendet man den Konjunktiv II.

Vergangenheit: Konjunktiv I von *haben/sein* + Partizip II: *sie habe erkannt, sie sei gewesen*

2 Nominal- und Verbalstil

Verbalform (gesprochene Sprache, erzählende Texte)		**Nominalform** (Fachtexte, wissenschaftliche Texte)
Akkusativ-/Dativergänzung	→	**Präpositionalattribut**
Die Forschung beobachtet dabei den Spracherwerb und das Sprachenlernen.		In der Forschung gibt es Beobachtungen zum Spracherwerb und zum Sprachenlernen.
Personalpronomen	→	**Possessivartikel**
Sie erwerben auch Sprachregeln, die … nur selten vorkommen.		Ihr Erwerb umfasst auch Sprachregeln, deren Vorkommen … selten ist.
Präpositionalergänzung	→	**Präpositionalattribut**
…, dass sie dabei von den Normen der Muttersprache abweichen.		Abweichungen von den Normen der Muttersprache sind …
transitive Verben: **→ Akkusativergänzung im Aktivsatz** **→ Subjekt im Passivsatz** } **→ handelnde „Person"**	→	**Genitiv** ***oft durch* + „Person"**
Selbst wenn Eltern Fehler nicht korrigieren, erwerben Kinder …		Selbst ohne Korrektur der Fehler durch die Eltern ist der Erwerb …
intransitive/reflexive Verben: **Subjekt im Aktivsatz**	→	**Genitiv**
Daher nimmt man an, dass sich das Sprachvermögen … verbessert, wenn …		Es besteht daher die Annahme, dass eine Verbesserung des Sprachvermögens … eintritt.
Adverb	→	**Adjektiv vor der Nominalisierung**
Bei Erwachsenen kann man jedoch allgemein feststellen, dass …		Bei Erwachsenen gibt es jedoch die allgemeine Feststellung, dass …

Mit den Händen sprechen

1a Lesen Sie die Aussage. Welche Sprache könnte gemeint sein? Für wen ist diese Sprache wichtig?

... mit den Augen hören
und mit den Händen sprechen ...

b Was ist ein Gebärdendolmetscher? In welchen Situationen braucht man ihn?

2a Welche Wörter passen zusammen? Bilden Sie Paare.

gehörlos – die Gebärdensprache – die Kommunikation – die Mimik – dolmetschen – die Verständigung – die Gestik – übersetzen – das Einfühlungsvermögen – die Lautsprache – schwerhörig – die Sensibilität

b Sehen Sie den Film. In welchen Arbeitssituationen wird Uwe Schönfeld gezeigt?

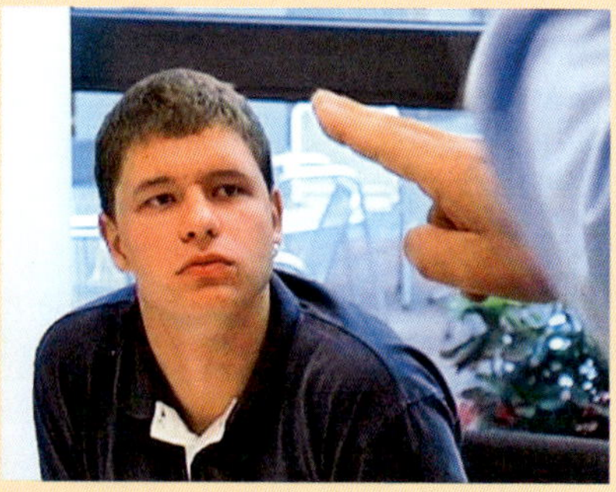

1

3 Sehen Sie die erste Filmsequenz und beantworten Sie die Fragen.

1. Wie beschreibt Herr Schönfeld seine Arbeit?
2. Welche Aspekte sind laut Herrn Schönfeld wichtig bei der Übersetzung in Gebärdensprache?

2

4a Sehen Sie die zweite Filmsequenz. Wann und wo hat Herr Schönfeld die Gebärdensprache gelernt? Wie beschreibt er seine Rolle den Eltern gegenüber?

b Was ist das Besondere an der Beziehung zwischen Herrn Schönfeld und seiner Partnerin? Welche Probleme haben beide befürchtet?

5a Was denken Sie: Was ist für Gehörlose im Alltag besonders schwierig? In welchen Situationen könnte ein fehlendes Gehör problematisch sein?

Durchsagen am Bahnhof …

b Sehen Sie die Fotos an. Wie helfen diese Gegenstände Gehörlosen in ihrem Alltag? Vermuten Sie.

A

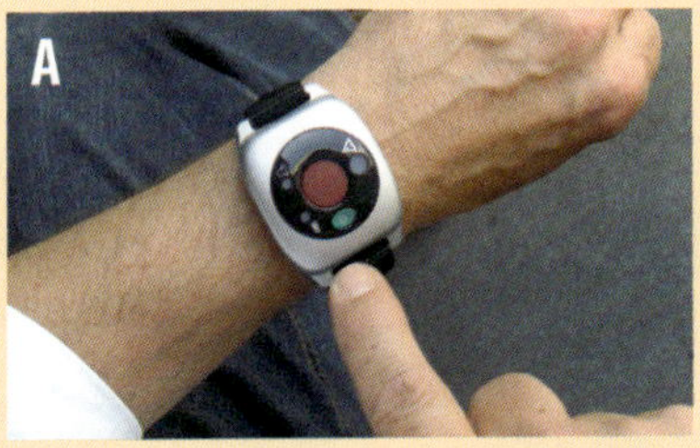

B

C

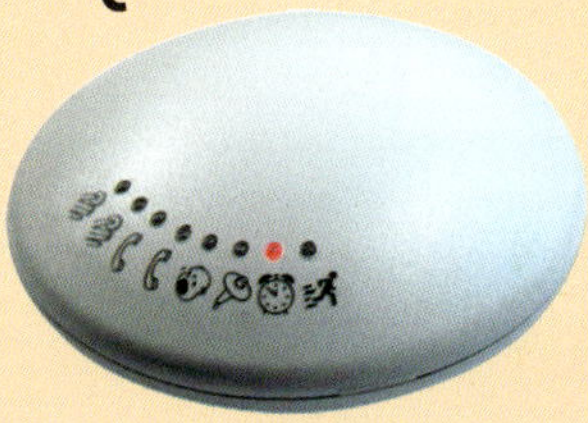

c Lesen Sie die Texte und ordnen Sie sie den Fotos in 5b zu. Waren Ihre Vermutungen richtig?

1 Wenn es an der Tür klingelt, wird Gehörlosen dies durch ein Lichtsignal gemeldet. Auch auf eingehende Anrufe werden sie so aufmerksam gemacht.

2 Alle akustischen Ereignisse, z. B. Telefon- und Türklingeln, das Weinen eines Babys usw. wird als Vibration auf das Armband übertragen. An der Art der Vibration kann man erkennen, welches Geräusch signalisiert wird.

3 Das Rüttelkissen wird mit dem Wecker verbunden und unter das Kopfkissen gelegt. Zum eingestellten Zeitpunkt vibriert es und weckt so den gehörlosen Menschen auf.

6 Wie wäre es mit einem kleinen Gebärdensprachkurs?

Recherchieren Sie einige einfache Gebärden für die Alltagskommunikation (z. B. Ja/Nein sagen, sich begrüßen/verabschieden, sich nach dem Befinden erkundigen, um etwas bitten, sich bedanken …). Versuchen Sie dann im Kurs, mit diesen Gebärden zu kommunizieren.

An die Arbeit!

A

Wir suchen Verstärkung in Hamburg

Unsere Firma ist eines der erfolgreichsten Technologieunternehmen in Deutschland. Mit mehr als 1.100 Mitarbeitern entwickeln wir am Standort Hamburg innovative Produkte, die von über 230 Millionen Menschen in über 200 Ländern und in 25 Sprachen weltweit gekauft werden.

Deine Qualifikation:

- *sehr genaue Arbeitsweise*
- ____________________
- ____________________
- ____________________

Deine Aufgaben:

- unsere Produkte testen und überprüfen
- Fehler analysieren und bewerten
- Fehler zusammenfassen und übertragen
- Kommunikation mit dem Entwicklerteam

B

Stelle frei!

**Suchen Sie einen abwechslungsreichen Beruf?
Sorgen Sie gern für Sicherheit?
Dann kommen Sie zu uns! Wir sind 8.000 Mitarbeiter in rund 100 Niederlassungen.**

Ihre Aufgaben:

- Aufsicht und Betreuung der Gäste
- Überwachung und Durchsetzung der Hausordnung
- Bedienung der technischen Anlagen
- Durchführung von Reinigungs- und Desinfektionsarbeiten

Ihre Qualifikation:

- ____________________
- ____________________
- ____________________
- ____________________
- ____________________

Sie lernen

Modul 1 | Einem Artikel Ratschläge für die Bewerbung mit „buntem" Lebenslauf entnehmen

Modul 2 | Über Studium und Ausbildung sprechen und Stichworte zu einem Beratungsgespräch notieren

Modul 3 | Einen Artikel zum Thema „Multitasking" zusammenfassen und darüber diskutieren

Modul 4 | Notizen zu einem Radiointerview über „Soft Skills" machen

Modul 4 | Kurze Vorträge zum Thema „flexibler Arbeitsplatz" oder „Sabbatical" halten

Grammatik

Modul 1 | Subjekt- und Objektsätze

Modul 3 | Weiterführende Nebensätze

▶ AB Wortschatz

C

Die feine kurfürstliche Lebensart – hier ist sie zu Hause. Jährlich über 160.000 Gäste lassen sich bei Führungen und Veranstaltungen in unserem Schloss von erlesenem Genuss begeistern. Unsere vielfach prämierten Speisen und Getränke genießen bei Experten ein hervorragendes Renommee und erfreuen sich bei den Verbrauchern einer großen Beliebtheit und stark steigender Nachfrage. Dafür suchen wir Verstärkung!

Ihre Aufgaben:

- Kalkulation, Vorbereitung und Durchführung unserer Veranstaltungen
- Betreuung unserer Gäste
- Empfehlung unserer Angebote

Ihre Qualifikation:

- ______________________
- ______________________
- ______________________
- ______________________
- ______________________

Willkommen im Reich der Sinne!

D

Kommen Sie zu uns!

Seit über 100 Jahren schlägt unser Herz für ein Ziel: Den Menschen ein wenig Freude zu schenken. Unsere Firmengruppe zählt heute zu den größten Unternehmen der Lebensmittelindustrie. Unsere Marken sind bereits in über 100 Ländern erfolgreich. Wir freuen uns auf neue Mitarbeiterinnen und Mitarbeiter, die sich mit uns und unseren Marken weiterentwickeln wollen.

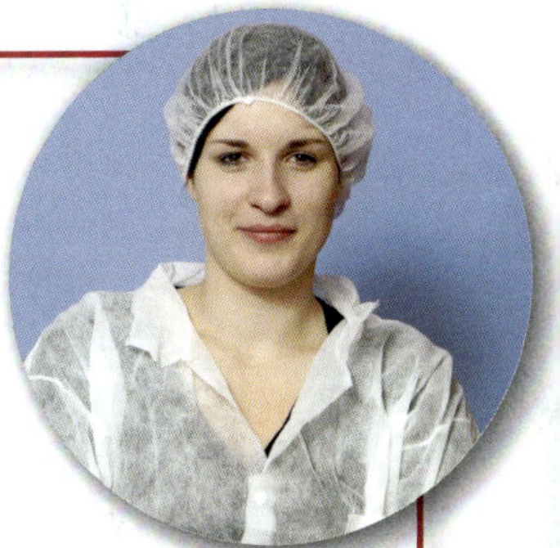

Ihre Aufgaben:

- Qualitäts- und Gewichtskontrollen unserer Fertigwaren
- Dokumentation von Daten
- Beurteilung von Roh- und Zusatzstoffen
- Herstellung, Verpackung und Lagerung

Ihre Qualifikation:

- ______________________
- ______________________
- ______________________
- ______________________

1a Lesen Sie zu zweit die Stellenanzeigen. Wer könnte hier wen suchen?

1.28-31 **b** Hören Sie vier Aussagen. Welche Person hat sich auf welche Stelle beworben?

c Hören Sie die vier Personen noch einmal. Ergänzen Sie in den Anzeigen, welche Qualifikationen man in diesen Berufen braucht.

d In welchem der Berufe würden Sie gern oder niemals arbeiten wollen? Begründen Sie.

Ein bunter Lebenslauf

1a **Was könnte ein „bunter" Lebenslauf sein?**

b **Lesen Sie den ersten Absatz des Artikels. Haben sich Ihre Vermutungen bestätigt?**

Bewerben mit „buntem" Lebenslauf

Ein abgebrochener Studiengang, verschiedene Jobs, die mit der angestrebten Berufslaufbahn nichts zu tun haben, und Lücken im Lebenslauf: Absolventen und Berufseinsteiger mit solch einer „bunten" Vita sind häufig verunsichert, wie sie diese im Bewerbungsgespräch plausibel erklären sollen. Dabei besteht eigentlich kein Grund zur Sorge, wie Dr. Frank Stefan Becker, Personalexperte der Siemens AG, weiß. Jedoch gilt es, einige Stolpersteine zu umgehen.

c **Worauf sollte Ihrer Meinung nach ein Bewerber / eine Bewerberin mit „buntem" Lebenslauf achten?**

d **Lesen Sie den Artikel weiter. Welche Ratschläge gibt Dr. Becker Bewerbern mit „buntem" Lebenslauf? Welche Tipps würden Sie noch ergänzen?**

Ein nur mäßig zielstrebiger Lebenslauf, der beispielsweise ein abgebrochenes Studium vor dem erfolgreich abgeschlossenen enthält, ist für viele Personaler eine Frage des Alters. „Zwischen 20 und 30 Jahren formt sich ein Mensch", so Frank Stefan Becker. „Hier sind thematische Richtungswechsel nichts Außergewöhnliches. Wichtig ist aber, dass der Bewerber die Um- bzw. Neuorientierung schlüssig darlegen kann. Ältere Bewerber hingegen tun sich in der Regel schwerer, zu erklären, warum sie die Richtung noch einmal komplett gewechselt haben."

Ebenso zentral wie selbstverständlich ist, dass die Begründung von Richtungswechseln oder zeitlichen Lücken im Lebenslauf auf Ehrlichkeit beruht. „Unabhängig davon, welche Auszeit der Bewerber genommen oder welchen Richtungswechsel er vollzogen hat, wird er sich dabei etwas gedacht und Erkenntnisse gewonnen haben. Genau das ist es, was den Personaler interessiert." Im Bewerbungsgespräch zu sagen, dass das zunächst begonnene Studium doch nicht das war, was man sich vorgestellt hatte, muss kein Nachteil sein. „Der Personaler sieht es so: Der Bewerber hat eine falsche Entscheidung getroffen und diese revidiert. So wird er später nicht irgendwann einmal feststellen müssen, dass er sich für den falschen Beruf entschieden hat. Fehler zu machen ist normal – der Umgang mit ihnen ist aufschlussreich", so der Personalexperte. Begründungen wie „das bewusst absolvierte Grundstudium meines abgebrochenen Studiengangs brachte mir wichtige Erfahrungen, die mein späteres Studium ergänzten" sind hingegen Verlegenheitsargumente bzw. haben etwas Phrasenhaftes, das vom Personaler schnell erkannt wird und dem Bewerber eher schadet.

Im Hinblick auf vorherige Tätigkeiten und Nebenjobs, die mit der angestrebten Stelle nichts gemein haben, raten viele Bewerbungsratgeber hingegen dazu, eine Brücke zum gewünschten Job zu schaffen.

Dabei ist aber Vorsicht geboten: „Der Bewerber sollte nicht auf Biegen und Brechen versuchen, seine vorherigen Tätigkeiten per se als wichtige Erfahrung für die gewünschte Stelle zu verargumentieren – beispielsweise seinen früheren Nebenjob als Briefträger, wenn in der Stellenanzeige eine hohe Mobilität gewünscht wird. Personaler hören solche Argumente täglich und können plausible durchaus von allzu fantasiereichen Konstrukten unterscheiden." Im Zweifel gilt daher: Im Lebenslauf sollte auch Berufserfahrung angegeben werden, die mit der gewünschten Stelle nichts gemein hat. Es ist jedoch davon abzuraten, diese um jeden Preis in einen Zusammenhang mit der Stelle bringen zu wollen.

▶ Ü 1

2 Wie wichtig ist ein lückenloser Lebenslauf in Ihrem Land?

3a Lesen Sie die Zusammenfassung des Artikels. Bestimmen Sie die unterstrichenen Satzteile und ordnen Sie sie in eine Tabelle.

1. Viele Bewerber fürchten die Kritik des Personalchefs an ihrem bunten Lebenslauf.
2. Personalchefs stört ein Berufs- oder Studienwechsel der Bewerber nicht so sehr.
3. Eine Um- bzw. Neuorientierung des Bewerbers ist in der Regel positiv.
4. Die Wahl eines passenden Berufs ist sehr wichtig.
5. Doch beim Vorstellungsgespräch wird vom Bewerber eine schlüssige Begründung für den Wechsel erwartet.
6. Dabei ist die Angabe erfundener Erklärungen nicht ratsam.
7. Die Personalchefs fordern Ehrlichkeit bei der Erläuterung von Lücken und Richtungswechseln.

Subjekt	Akkusativobjekt
2. ein Berufs- oder Studienwechsel der Bewerber	*1. die Kritik des Personalchefs an ihrem bunten Lebenslauf*

b Subjekte und Akkusativobjekte als dass-Satz. Lesen Sie die Beispiele und formen Sie die Sätze aus 3a um.

Personalchefs stört **ein Berufs- oder Studienwechsel** der Bewerber nicht so sehr.
Personalchefs stört nicht so sehr, *dass* die Bewerber ihren Beruf oder ihr Studienfach **gewechselt haben**.

Viele Bewerber fürchten **die Kritik** des Personalchefs an ihrem bunten Lebenslauf.
Viele Bewerber fürchten, *dass* der Personalchef ihren bunten Lebenslauf **kritisiert**.

c Anstelle eines dass-Satzes kann man manchmal einen Infinitivsatz mit *zu* bilden. Lesen Sie die Beispiele und ergänzen Sie die Regel mit *man, identisch* und *Infinitivsatz*.

Viele Bewerber fürchten, dass sie vom Personalchef für ihren bunten Lebenslauf **kritisiert werden**.
Viele Bewerber fürchten, vom Personalchef für ihren bunten Lebenslauf **kritisiert zu werden**.

Dabei ist es nicht ratsam, dass man erfundene Erklärungen **angibt**.
Dabei ist es nicht ratsam, erfundene Erklärungen **anzugeben**.

G

Subjekt- und Objektsätze

Subjekte und Akkusativobjekte können zu dass-Sätzen erweitert werden. Anstelle eines dass-Satzes kann auch ein ________________ benutzt werden, wenn das Subjekt des Nebensatzes mit einer Ergänzung im Hauptsatz ________________ ist oder das Subjekt des Nebensatzes ________________ ist. Manchmal muss man den dass-Satz ins Passiv setzen, um einen Infinitivsatz zu bilden.

▶ Ü 2–4

4 Was ist wichtig bei einer Bewerbung? Schreiben Sie Tipps.

Es ist wichtig, …
Es ist notwendig, …
Es ist erforderlich, …
Es ist nicht falsch, …

keine monotonen Formulierungen – Anwendung des Verbalstils – Auswahl eines sympathischen Fotos – ausführliche Darlegung seiner Motivation – genaue Beschreibung des beruflichen Werdegangs

▶ Ü 5

Probieren geht über Studieren?

1a **Welcher Schulabschluss (Berufsschulabschluss, Fachschulabschluss, Hochschulabschluss …) ist in Ihrem Heimatland besonders häufig? Warum?**

b **Studium oder Ausbildung? Sammeln Sie Vor- und Nachteile im Kurs.**

	Vorteile	Nachteile
Studium	– viele Berufe stehen offen	
Ausbildung		

2a **Lesen Sie die drei Aussagen. Wer ist für ein Studium, wer für eine Berufsausbildung?**

Studium oder Ausbildung?

Diese Frage stellen sich zurzeit viele Schulabgänger. Wir haben in unserer Rubrik „Ihre Meinung ist gefragt" nachgehakt. Lesen Sie selbst.

Ich habe lange überlegt, wie meine berufliche Zukunft aussehen soll. Ein Studium braucht viel Zeit und so lange verdient man nicht viel Geld. Aber bestimmte berufliche Ziele kann man nur mit einem Studium erreichen, z. B. wenn man wie ich Informatikerin werden möchte. Auch für andere berufliche Positionen wird häufig ein Hochschulstudium vorausgesetzt, manchmal sogar eine Promotion. Deswegen denke ich, dass man mit einem abgeschlossenen Hochschulstudium viel bessere Aufstiegschancen hat. Außerdem hat ein akademischer Titel wie Master oder Doktor gesellschaftlich einen hohen Stellenwert. Und nicht zu vergessen ist, dass Akademiker 30 bis 50 Prozent mehr als Nicht-Akademiker verdienen.

Maria, 23, Studentin

Oft hört man, dass ein Akademiker die Arbeitslosigkeit weniger fürchten muss als ein Nicht-Akademiker. Das war vielleicht früher so. Heute hängt die berufliche Sicherheit von vielen Faktoren ab. Eine Garantie auf einen Arbeitsplatz haben auch Akademiker nicht. Für mich kam ein Studium nicht in Frage, denn erst mit Mitte 20 ins Berufsleben einzutreten – das war mir viel zu spät. Aber eine Ausbildung erfolgreich zu absolvieren ist auch nicht so einfach. „Lehrjahre sind keine Herrenjahre", heißt es treffend. Als Auszubildender erlernt man einen Beruf und fängt ganz unten an. Oft muss man Dinge tun, die man längst kann oder die Kollegen nicht erledigen wollen. Man hat eben immer das zu machen, was einem der Lehrmeister sagt. Das muss man akzeptieren können.

Christoph, 30, Mechaniker

Nach wie vor glaube ich, dass alle Schulabgänger erst einmal eine Ausbildung machen sollten. Junge Menschen sollten so früh wie möglich die Berufspraxis kennenlernen. Das hat den Vorteil, dass man dann die Arbeitsabläufe in einem Betrieb gut kennt und auch schon Geld verdient. Auf dieser Basis kann man sich danach in einem berufsbegleitenden Studium weiterbilden. Der größte Vorteil ist, dass man finanziell unabhängig ist. Man verbindet wissenschaftliche Theorie mit beruflicher Praxis und der Chef beteiligt sich an den Kosten. Man braucht ein gutes Zeitmanagement, denn durch die Doppelbelastung ist gute Organisation ein wichtiger Faktor für den Erfolg. Natürlich hat man in diesen Jahren weniger Freizeit und ein klassisches Studentenleben mit den damit verbundenen Freiheiten kann man vergessen, aber man erreicht auf dem sichersten Weg einen akademischen Grad.

Alexander, 35, Ingenieur

b **Lesen Sie die Aussagen noch einmal. Ergänzen Sie Ihre Notizen in 1b mit weiteren Vor- und Nachteilen.**

c Schreiben Sie nun Ihre Meinung zum Thema. Wägen Sie Vor- und Nachteile ab.

VOR- UND NACHTEILE NENNEN	VOR- UND NACHTEILE ABWÄGEN
Es ist ein großer/wichtiger/entscheidender Vorteil/ Nachteil, wenn …	Insgesamt wiegen die Argumente dafür/dagegen schwerer, deshalb …
… wird als sehr positiv/negativ angesehen.	… hat zu viele Nachteile, deshalb ziehe ich … vor.
Man darf auch nicht vergessen, dass … hilfreich/ problematisch sein kann.	In meinen Augen überwiegen die Vorteile/Nachteile von …
Die Tatsache, dass …, spricht dagegen/dafür.	Betrachtet man alle Vorteile/Nachteile, fällt … am meisten ins Gewicht.
Ein weiterer Aspekt, der für/gegen … spricht, ist …	

GI 1.32

3a Hören Sie ein Telefongespräch zwischen Anna Sokolová und der Studienberatung der Fachhochschule Worms. Notieren Sie Stichworte. Sie hören den Text einmal.

01 Was macht Frau Sokolová zurzeit? *Au-pair-Mädchen in Regensburg*
02 Sie möchte an der Fachhochschule Worms … studieren. *Touristik und Verkehrswesen*

1. Was ist das Besondere an dem Gymnasium, das Frau Sokolová besucht hat? ______
2. Nennen Sie zwei Zulassungsvoraussetzungen für das Studium. ______ ______
3. Nennen Sie zwei Möglichkeiten für das Praktikum. ______ ______
4. Das Praktikum muss mindestens … dauern. ______
5. Welche Sprache hat Frau Sokolová als zweite Fremdsprache gelernt? ______
6. Was für ein Abschluss ist für die Fremdsprache wichtig? ______
7. Frau Sokolová muss sich bis zum … für das Wintersemester beworben haben. ______
8. Nach welchen beiden Kriterien werden die Studierenden ausgewählt? ______ ______
9. Wenn man keinen Platz bekommt, kommt man auf die … ______
10. Nach der Entscheidung bekommt Frau Sokolová einen … ______

b Hören Sie das Telefongespräch noch einmal. Notieren Sie Wörter zum Thema „Studium" in einer Mindmap und ergänzen Sie weitere Begriffe.

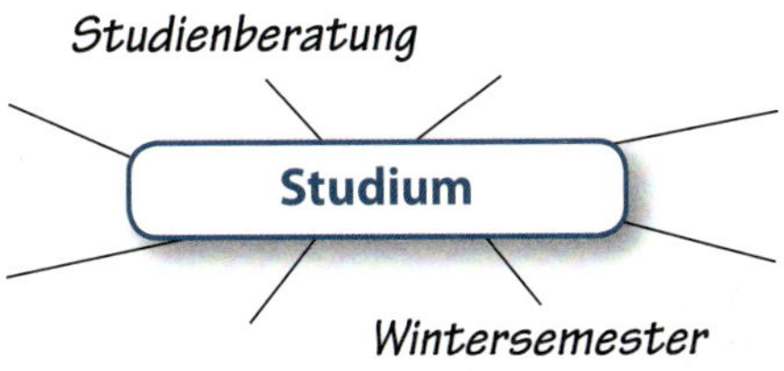

▶ Ü 1–2

4 Wählen Sie ein Studium oder eine Berufsausbildung. Recherchieren Sie, welche Voraussetzungen Sie dafür in einem deutschsprachigen Land erfüllen müssen. Tauschen Sie Ihre Informationen im Kurs aus.

Sprachkenntnisse (Nachweis)? Schulabschluss? Praktikum? Prüfung? Physische Eignung?

Multitasking

1 **Was machen Sie oft gleichzeitig? Wann funktioniert Multitasking bei Ihnen gut, wann nicht so gut? Beschreiben Sie Situationen.**

2a **Erklären Sie die Ausdrücke in Gruppen. Falls ein Ausdruck von niemandem erklärt werden kann, nehmen Sie ein Wörterbuch zu Hilfe.**

1. abgelenkt sein
2. auf etwas beharren
3. Zeit verplempern
4. einhellig widersprechen
5. zurechtkommen/klarkommen mit
6. scheitern an
7. Fehler ausbügeln
8. etwas gewachsen sein
9. sich verzögern

b **Lesen Sie den Artikel und ordnen Sie jedem Abschnitt eine Überschrift zu. Zwei Überschriften passen nicht.**

A Wahrnehmung und Reaktion gleichzeitig ist dem Gehirn zu viel
B Beweis durch Studie: Gleichzeitigkeit verursacht Stress
C Einigkeit bei Experten: Multitasking ist Zeitfalle
D Ressourcen besser einsetzen
E Unfälle durch Ablenkung
F Verbesserung der Wirtschaftlichkeit durch Zeitpläne
G Entscheidungsprobleme durch zu viele Anforderungen in kurzer Zeit

Schön der Reihe nach statt Multitasking

1 ___ Als vor ihm die roten Bremslichter aufleuchten, reagiert der Proband einige Zehntelsekunden zu spät. Die Stoßstange seines Fahrzeugs berührt das vor ihm fahrende Auto, die Anzeige „Crash" leuchtet auf. Virtuelle Unfälle wie diesen hat Versuchsleiter David Strayer schon viele erlebt. Der Grund ist fast immer derselbe: Die Probanden sind abgelenkt, weil sie während des Fahrens telefonieren. Eine Freisprechanlage ändert nichts an der hohen Unfallquote. Wer während des Autofahrens telefoniert, hat ein viermal so hohes Unfallrisiko.

2 ___ Der Mensch kann nicht erfolgreich mehrere Dinge auf einmal tun, was Wissenschaftler in neuen Untersuchungen bestätigen. Zwar beharren viele Unternehmer und Betriebsberater auf der Ansicht, verschiedene Aufgaben zugleich zu erledigen, sei das Patentrezept gegen Dauerstress, gegen zu viel und zu langsam erledigte Arbeit. Multitasking nennen sie dieses Rezept. Doch Psychologen, Neurowissenschaftler und Ökonomen widersprechen mittlerweile einhellig: Der Mensch mache bei solchem Vorgehen haufenweise Fehler, sein Gehirn sei der Doppelbelastung nicht gewachsen. Er verplempere sogar Zeit, und zwar mehr als ein Viertel, weil er Fehler wieder ausbügeln und sich an die jeweils nächste Aufgabe erinnern müsse. Der Gleichzeitigkeitswahn verschwendet wertvolle Arbeitszeit.

3 ___ Im Kernspintomografen messen Wissenschaftler, wie gut das Gehirn damit klarkommt, wenn es mehrere Aufgaben gleichzeitig erledigen soll. Marcel Just von der Carnegie Mellon University in Pittsburgh las seinen Probanden einfache Sätze vor, die Versuchspersonen sollten nur zuhören. Die für die Spracherkennung zuständigen Gehirnareale waren höchst aktiv. Dann sahen die Probanden zusätzlich Bilder von zwei dreidimensionalen Objekten, die sie miteinander vergleichen sollten. Das gelang den Studienteilnehmern zwar meistens, doch ihr Gehirn kam mit der Doppelbelastung nicht zurecht. Die Spracherkennungsareale waren in der Multitasking-Aufgabe nicht mal mehr halb so aktiv wie zuvor. Zumindest eine der Aufgaben wird nur mit halber Kraft bearbeitet, worin der Preis für das Multitasking besteht. Wenn das Gehirn nicht mehr nur wahrnehmen, sondern auch reagieren muss, scheitert jeder Versuch von Gleichzeitigkeit. Ein telefonierender Autofahrer konzentriert sich gleichzeitig auf den Gegenverkehr und das Gespräch, weshalb er keine Kapazitäten mehr frei hat, um auf einen Fußgänger zu reagieren.

4 ___ Entscheidungen brauchen Zeit, und zwar mindestens eine Sekunde. Der Psychologe René Marois präsentierte seinen Probanden Bilder geometrischer Figuren und dann, nach unterschiedlich langen Zeitintervallen, einen Ton. Zu jedem der acht verschiedenen Bilder und Töne gehörte eine bestimmte Taste, die die Probanden so schnell wie möglich betätigen sollten. Wenn Marois Bild und Ton in einem zeitlichen Abstand von 300 Millisekunden oder weniger darbot, verzögerte sich die Reaktion der Studienteilnehmer um eine Sekunde. Nur wenn sie Bild und Ton um mindestens eine Sekunde versetzt wahrnahmen, konnten sie unmittelbar und korrekt auf beide Reize reagieren.

Zu viele Aufgaben, die in zu kurzer Zeit auf das Gehirn einstürmen, verursachten einen Entscheidungsstau, erklärt Marois. Mindestens zwei Regionen im Gehirn, die für die Auswahl der passenden Reaktionen zuständig sind, funktionieren wie eine Art Flaschenhals: Handlungsanweisungen gelangen nur langsam und der Reihe nach hindurch.

5 ___ Der Mensch versucht trotzdem ständig im Multitasking und wähnt sich dabei meistens erfolgreich. „Was wir als Multitasking erleben, ist nur ein schneller Wechsel zwischen verschiedenen Aufgaben“, erklärt der Psychologe Jordan Grafman. „Dabei verwechseln wir Schnelligkeit mit Intelligenz“, sagt der Münchener Hirnforscher Ernst Pöppel. „Wer schnell ist, gilt immer auch als schlau.“

Zahlreiche Menschen erliegen dieser Illusion, wodurch täglich wertvolle Ressourcen verschwendet werden: Intellekt, Arbeitszeit – und eine Menge Geld. „Wenn jeder Mensch in Deutschland eine Stunde am Tag ohne Unterbrechung durcharbeiten würde, bekämen wir den größten Innovationsschub aller Zeiten“, so Ernst Pöppel.

▶ Ü 1

c **Arbeiten Sie zu zweit. Fassen Sie abwechselnd jeden Absatz zusammen.**

d **Welche Konsequenzen sollte man aus den Erkenntnissen des Artikels ziehen? Diskutieren Sie.**

SPRACHE IM ALLTAG

Das Gegenteil von Multitasking

Eile mit Weile.
Immer schön der Reihe nach!
Eins nach dem anderen!
Schritt für Schritt vorgehen

▶ Ü 2

3a **Ergänzen Sie zu 1–4 die entsprechenden Sätze aus dem Artikel. Markieren Sie den Konnektor und die Position des Verbs.**

1. Der Mensch kann nicht erfolgreich mehrere Dinge auf einmal tun. **Das** bestätigen Wissenschaftler in neuen Untersuchungen.
2. Zumindest eine der Aufgaben wird nur mit halber Kraft bearbeitet. **Darin** besteht der Preis für das Multitasking.
3. Ein telefonierender Autofahrer konzentriert sich gleichzeitig auf den Gegenverkehr und das Gespräch. **Deshalb** hat er keine Kapazitäten mehr frei.
4. Zahlreiche Menschen erliegen dieser Illusion. **Dadurch** werden täglich wertvolle Ressourcen verschwendet.

b **Ergänzen Sie die Regel. Formen Sie dann die Sätze um und bilden Sie weiterführende Nebensätze.**

G

Weiterführende Nebensätze

Weiterführende Nebensätze beziehen sich auf die Gesamtaussage des ______________________, die so kommentiert oder weitergeführt wird. Die Nebensätze werden mit *was*, *wo(r)* + Präposition oder *weshalb/weswegen* eingeleitet und stehen immer ____________ dem Hauptsatz.

1. Das Gehirn kann keine Doppelbelastung bewältigen. Das überrascht mich.
2. Durch Multitasking wird viel Zeit verschwendet. Deswegen sollte man es vermeiden.
3. Beim Multitasking passieren mehr Fehler. Das ist vielen Menschen nicht bewusst.
4. Beim Arbeiten werde ich ständig unterbrochen. Darüber ärgere ich mich oft.

▶ Ü 3–5

c **Arbeiten Sie zu zweit. Geben Sie einen Hauptsatz vor. Ihr Partner / Ihre Partnerin formuliert einen weiterführenden Nebensatz. Wechseln Sie sich ab.**

Er arbeitet jetzt in einer anderen Abteilung, … *…, worüber er sich sehr freut. Lina ist …*

Soft Skills

1 **Sehen Sie die Zeichnung an und beschreiben Sie die Situation. Was sagt die Frau und warum?**

2a **Neben Fachwissen sind im Arbeitsleben zahlreiche weitere Fähigkeiten, sogenannte Soft Skills, gefragt. Welche Soft Skills brauchen Sie eher für sich persönlich und welche eher, wenn Sie mit anderen Menschen zusammenarbeiten?**

Kundenorientierung   Durchsetzungsvermögen   Führungskompetenz   Teamfähigkeit/Teamorientierung
Motivation   Kommunikationsfähigkeit   Engagement   Eigeninitiative
analytisches und logisches Denken   Belastbarkeit   Zielorientierung/Zielstrebigkeit   Konfliktfähigkeit
Begeisterungsfähigkeit   Kreativität   Zuverlässigkeit   Organisationsfähigkeit   Flexibilität
Mobilität   Einfühlungsvermögen   Kritikfähigkeit   Vertrauenswürdigkeit

Belastbarkeit ist für mich persönlich wichtig, denn das Arbeitsleben ist ja oft ziemlich stressig und anstrengend.
Einfühlungsvermögen ist in der Zusammenarbeit mit anderen wichtig. Wenn man die Position der Kollegen nachvollziehen kann, entstehen auch weniger Konflikte.

▶ Ü 1

b **Welche Soft Skills sind in Ihrem Beruf/Traumberuf gefordert und warum?**

c **Recherchieren Sie nach deutschsprachigen Stellenanzeigen und vergleichen Sie: Welche Soft Skills werden besonders häufig erwartet?**

d **Welche Soft Skills sind in Ihrem Land besonders wichtig oder eher unwichtig?**

ETWAS BEWERTEN/EINSCHÄTZEN

Bei uns wird auf … großer/wenig Wert gelegt.	… ist nebensächlich.
Besonders wichtig ist …	… (nicht) von großer Bedeutung.
Ganz oben / An erster Stelle steht …	Das Schlusslicht bildet …
Primär sollte man … / Eher sekundär ist …	

1.33-35 **3a** Sie hören nun ein Radiointerview zum Thema „Soft Skills" in drei Abschnitten. Notieren Sie die wichtigsten Informationen und vergleichen Sie Ihre Notizen nach jedem Abschnitt zu zweit.

Abschnitt 1:

In Stellenanzeigen häufig geforderte Soft Skills:

Zahl der Unternehmen, die Soft Skills für wichtig halten:

Für Teamarbeit wichtige Fähigkeiten:

Grund für die große Bedeutung von Soft Skills heute:

Abschnitt 2:

Grund für Forderung nach Veränderungsbereitschaft:

Führungskraft heute:

Bedeutung von vernetztem Denken:

Grund für Wichtigkeit von interkultureller Kompetenz:

Abschnitt 3:

Problem beim Umgang mit Soft Skills:

b Hören Sie das Interview noch einmal und ergänzen Sie fehlende Informationen.

Soft Skills

4a Lesen Sie die Texte aus einem Bewerbungstrainer und formulieren Sie passende Überschriften.

A ______________________________

Christian Püttjer weiß, was Personaler wollen. Seit über 15 Jahren vermittelt er in Seminaren und Büchern sein Wissen rund um das Thema „Bewerbung“. Zum Beispiel hat er beobachtet, dass Soft Skills bei Unternehmen einen ähnlichen Stellenwert einnehmen wie fachliche Kenntnisse. Wer sich auf eine Stellenanzeige bewerbe, sollte deshalb zunächst ganz genau den Text analysieren und akribisch alle geforderten Hard und Soft Skills herausfiltern. Das sei die Grundvoraussetzung für eine überzeugende Mappe. Für das Anschreiben rät er: „Fachliche Fähigkeiten stichwortartig aufzählen, Soft Skills lieber beschreiben.“ Dabei warnt Püttjer vor floskelhaften Behauptungen. Gerade im ersten Schritt der Bewerbung sei es geschickt, die Soft Skills passgenau aufzuzeigen, um die Personalabteilung neugierig zu stimmen. Angaben wie: „Ich bin teamfähig, kommunikativ und belastbar“ bringen den Bewerber nicht weiter. „Besser sind beispielhafte Situationen, in denen man die gewünschten Schlüsselqualifikationen bereits eingesetzt hat.“ Fordert die Stellenanzeige Teamfähigkeit, könnte man schreiben: „Ich habe in meinem Praktikum im Team gearbeitet und mit anderen Referenten Wettbewerberanalysen erstellt.“ Auch im Lebenslauf darf es Beispiele für Soft Skills geben. „Man sollte nicht bloß Situationen wie Praktikum, Aushilfstätigkeit oder Ehrenamt auflisten“, sagt Püttjer, „besser ist es, einen tätigkeitsbezogenen Lebenslauf zu schreiben.“ Dabei geht es darum, jeweils drei bis fünf Tätigkeiten anzugeben, die man in einzelnen Stationen ausgeführt hat. „Wenn jemand Mitglied einer Studentenorganisation war, lässt man das nicht bloß so stehen. Besser ist es zu schreiben, dass man Versammlungen organisiert, Vorträge gehalten und Verhandlungen geführt hat.“

B ______________________________

Im Rahmen einer Bewerbung können Sie zu einem Assessment Center (AC) eingeladen werden. Das AC verfolgt das Ziel, herauszufinden, wie Sie sich in bestimmten Situationen verhalten. Dazu werden verschiedene Beobachter eingesetzt, die Ihr Verhalten bewerten. Die Ergebnisse werden dann mit den Anforderungen des Unternehmens verglichen. So kann es sein, dass ein innovativer Charakter gesucht wird, der durchsetzungsstark ist und neuen Wind in ein (zu) eingespieltes Team bringt. So können Sie sich vorbereiten:
Informieren Sie sich ausführlich über das Unternehmen und seine AC-Politik, etwa über Kommilitonen, Karrieremagazine und Webseiten.
Halten Sie sich auf dem Laufenden über das Tagesgeschehen, oft wird aktuelles Wissen abgefragt.
Verschaffen Sie sich einen Überblick zu typischen AC-Fragen, etwa durch spezielle Ratgeberbücher.
Sehen Sie dem AC ruhig und gelassen mit dem Bewusstsein entgegen, dass Sie hier nur lernen können. Die jeweils unterschiedlichen Prioritäten in den Assessment Centern sind gut für Sie, denn diese bedeuten, dass Sie in einem AC durchfallen können, in einem anderen aber gute Chancen haben. In jedem Fall ist jedes AC lehrreich, denn Sie lernen mehr über Ihre Stärken und Schwächen und können fortan besser damit umgehen. Nach einem AC ohne Stellenangebot sollten Sie deshalb um ein Feedback bitten, was Ihnen meist auch gerne gegeben wird.
Das AC beinhaltet in der Regel verschiedene Abschnitte. Dazu gehören neben Einzelinterviews auch Rollenspiele, Selbstpräsentation, Persönlichkeits- und Konzentrationstests sowie Tests zur Überprüfung kognitiver Fähigkeiten und Gruppendiskussion. Legendär ist die Postkorbübung, bei der Sie Wichtiges von Unwichtigem trennen sollen. Die Übung gibt es auch in einer E-Mail-Variante.

www.staufenbiel.de/bewerbungswissen

b Arbeiten Sie zu zweit. Jede/r wählt einen Text und formuliert fünf Fragen dazu. Der/Die andere beantwortet sie.

▶ Ü 2

5 Schreiben Sie einen Beitrag für die Unizeitung zum Thema „Soft Skills".

Arbeiten Sie mit einem Schreibplan:

- Notieren Sie zunächst in Stichpunkten die Informationen aus dem Radiointerview und den Texten, die Sie in Ihrem Text unterbringen wollen.
- Bringen Sie Ihre Stichpunkte in eine sinnvolle Reihenfolge.
- Ergänzen Sie eigene Gedanken und Beispiele.
- Formulieren Sie nun einen Text. Verknüpfen Sie die Sätze und Abschnitte sinnvoll miteinander. Verwenden Sie dazu geeignete Konnektoren.
- Vergessen Sie Einleitung und Schluss nicht.
- Überprüfen Sie am Ende noch einmal die Korrektheit Ihrer Sätze.

STRATEGIE

Mit einem Schreibplan arbeiten

Schreibpläne helfen Ihnen, Ihre Texte zu strukturieren, logisch aufzubauen und sich nicht zu verzetteln. So vergessen Sie auch nichts.

P GI

6a Arbeiten Sie zu zweit. Jeder wählt eine Karte. Lesen Sie Ihre Karte und machen Sie zu jedem Punkt Notizen.

A

Immer mehr Menschen haben weder einen festen Arbeitsplatz noch feste Arbeitszeiten, sondern arbeiten mit Laptop, Tablet usw. von jedem Ort aus und zu jeder Zeit. Welche Vor- und Nachteile sehen Sie darin?

Halten Sie einen kurzen Vortrag (ca. 3–4 Minuten). Sie können sich an folgenden Punkten orientieren:

- Beispiele für diese Arbeitsform (eigene Erfahrung?)
- Bedeutung dieser Arbeitsform in Ihrem eigenen Land
- Argumente, die **für** diese Arbeitsform sprechen
- Argumente, die **gegen** diese Arbeitsform sprechen
- Ihre persönliche Ansicht in dieser Sache

B

Immer mehr Menschen nehmen sich ein Jahr Pause von ihrem Beruf, ein sogenanntes Sabbatical, und nutzen diese Zeit für Urlaub, Projekte, Entspannung o. Ä. Welche Vor- und Nachteile sehen Sie darin?

Halten Sie einen kurzen Vortrag (ca. 3–4 Minuten). Sie können sich an folgenden Punkten orientieren:

- Beispiel für ein Sabbatical (eigene Erfahrung?)
- Bedeutung eines Sabbaticals in Ihrem eigenen Land
- Argumente, die **für** ein Sabbatical sprechen
- Argumente, die **gegen** ein Sabbatical sprechen
- Ihre persönliche Ansicht in dieser Sache

b Sammeln Sie zu zweit Redemittel für Ihren Vortrag. Vergleichen Sie anschließend im Kurs und ergänzen Sie.

EIN THEMA EINLEITEN	BEISPIELE / EIGENE ERFAHRUNGEN NENNEN	ARGUMENTE NENNEN

BEDEUTUNG DES THEMAS IM EIGENEN LAND ERKLÄREN	DIE EIGENE MEINUNG ÄUSSERN

▶ Ü 3

c Üben Sie Ihren Vortrag. Ihr Partner / Ihre Partnerin macht Notizen zu den folgenden Punkten:

- Ist der Vortrag verständlich?
- Sprechen Sie flüssig (Sprechtempo/Übergänge)?
- Ist das Tempo zu langsam/schnell?
- Ist der Vortrag ausführlich genug (Zeit/Inhalt)?
- Sprechen Sie korrekt (Strukturen)?
- Sind die Worte gut gewählt?

d Verbessern Sie Ihren Vortrag und halten Sie ihn noch einmal im Kurs.

Junge Unternehmen

myboshi

Um sich die Zeit an langen Abenden in einem abgelegenen Skiresort in Japan zu vertreiben, lernten die damaligen Skilehrer Thomas Jaenisch und Felix Roland häkeln und fingen an, bunte Mützen zu produzieren. Diese fanden schnell Gefallen bei ihren Mitmenschen und so entstand die Geschäftsidee von myboshi. Heute leiten die beiden Jungunternehmer ein erfolgreiches Handarbeitsunternehmen. Auf ihrer Webseite kann sich jeder seine Mütze in Form und Farbe selbst zusammenstellen. Gehäkelt werden die Kopfbedeckungen dann von mittlerweile ca. 40 Rentnerinnen, die von Thomas Jaenisch und Felix Roland beschäftigt werden. Auch ihre Handarbeitsbücher sind Bestseller geworden.

Thomas Jaenisch und Felix Roland

Spottster

Die junge Freya Oehle war eine der erfolgreichsten Studentinnen ihres Jahrgangs. Doch statt eine der vielen Festanstellungen anzunehmen, die ihr angeboten wurden, gründete sie direkt nach dem Studium gemeinsam mit Tobias Kempkensteffen ihr erstes eigenes Start-Up. Mit der App Spottster können Kunden Produkte aus dem Internet auf Merkzettel setzen und erhalten jeweils Informationen darüber, wann es das Produkt wo zum günstigsten Preis gibt. Mittlerweile sind über 1.400 Online-Shops beteiligt und das junge Unternehmen ist auf einem guten Weg.

Freya Oehle

freekickerz

Konstantin „Konzi" Hert aus der Nähe von Stuttgart betreibt den weltweit erfolgreichsten Youtube-Fußball-Kanal. Mittlerweile haben die freekickerz über 2,5 Millionen Abonnenten aus ganz Europa und den USA – pro Monat kommen rund 125.000 hinzu. Konzi und seine Freunde zeigen in ihren Filmen genaue Anleitungen für Fußballtricks, sodass jeder Amateurfußballer diese üben kann. Außerdem werden Fußbälle oder Schuhe getestet und Zusammenschnitte von den besten Freistößen gezeigt. Konzi hat sein Hobby zum Beruf gemacht und kann mittlerweile von den freekickerz leben.

Konstantin Hert

www Mehr Informationen zu myboshi, Spottster und freekickerz.

Sammeln Sie Informationen über Persönlichkeiten oder Unternehmen aus dem In- und Ausland, die zum Thema „Arbeit und Beruf" interessant sind, und stellen Sie sie im Kurs vor. Sie können dazu die Vorlage „Porträt" im Anhang verwenden.

Beispiele aus dem deutschsprachigen Bereich: Karl Lagerfeld – Swarovski – Susanne Porsche – Karen Heumann – Kaviar Gauche

1 Subjekt- und Objektsätze

Subjekte und Akkusativobjekte können zu dass-Sätzen erweitert werden, indem das Nomen verbalisiert wird. Dann entstehen Subjekt- bzw. Objektsätze.
Anstelle eines dass-Satzes kann auch ein Infinitivsatz benutzt werden, wenn das Subjekt des Nebensatzes mit einer Ergänzung im Hauptsatz identisch ist oder das Subjekt des Nebensatzes das Indefinitpronomen *man* ist. Manchmal muss man den dass-Satz ins Passiv setzen, um einen Infinitivsatz zu bilden.

Subjektsatz		
Im Gespräch ist	***die Angabe** erfundener Erklärungen*	*nicht ratsam.*
Im Gespräch ist es nicht ratsam,	*dass man erfundene Erklärungen **angibt**.*	
Im Gespräch ist es nicht ratsam,	*erfundene Erklärungen **anzugeben**.*	

Objektsatz	
Viele Bewerber fürchten	***die Kritik** des Personalchefs an ihrem bunten Lebenslauf.*
Viele Bewerber fürchten,	*dass der Personalchef ihren bunten Lebenslauf **kritisiert**.* (Aktiv) *dass sie vom Personalchef für ihren bunten Lebenslauf **kritisiert werden**.* (Passiv)
Viele Bewerber fürchten,	*vom Personalchef für ihren bunten Lebenslauf **kritisiert zu werden**.*

2 Weiterführende Nebensätze

Weiterführende Nebensätze beziehen sich auf die Gesamtaussage des Hauptsatzes, die so kommentiert oder weitergeführt wird.
Die Nebensätze werden mit *was, wo(r)* + Präposition oder *weshalb/weswegen* eingeleitet und stehen immer nach dem Hauptsatz.

Der Mensch kann nicht erfolgreich mehrere Dinge auf einmal tun, **was** Wissenschaftler in neuen Untersuchungen bestätigen.

Beim Arbeiten werde ich ständig unterbrochen, **worüber** ich mich oft ärgere.

Durch Multitasking wird viel Zeit verschwendet, **weswegen** man es vermeiden sollte.

Wie wird man ... und was macht eigentlich ...?

1a **Wie kann man in Ihrem Land einen Beruf erlernen? Welche verschiedenen Möglichkeiten gibt es? Berichten Sie im Kurs.**

A

B

C

D

Um zum Beispiel Lehrer zu werden, muss man bei uns ...

b **Was stellen Sie sich unter einem Landwirt, unter einem Foodstylisten und unter einem Foodfotografen vor? Wer hat welche Aufgaben? Was muss man in diesen Berufen können?**

2a **Der Landwirt. Arbeiten Sie zu zweit. Sehen Sie den ersten Film und machen Sie Notizen zu Valentin Lauinger.**

Wo ist er und warum?	
Tätigkeiten in der Woche?	
Verdienst?	
Ziele?	

b **Sehen Sie den Film noch einmal und ergänzen Sie eventuell Ihre Notizen.**

c **Was gefällt Valentin Lauinger an seinem Beruf? Erklären Sie.**

1

3a Foodstylist und Fotograf. Sehen Sie die erste Sequenz des zweiten Films. Machen Sie Notizen zum Tagesablauf von Katharina Dahl.

b Sehen Sie die Sequenz noch einmal und beantworten Sie die Fragen.

1. Wie viele Rezepte werden jedes Jahr entwickelt?
2. Für wie viele Zeitschriften werden hier Fotos gemacht?
3. Wie viele Gerichte werden pro Tag gekocht?
4. Was ist an der Arbeit einer Foodstylistin anders als bei einer „normalen" Profiköchin?

2

c Sehen Sie die zweite Sequenz des Films. Erklären Sie die Äußerung des Fotografen.

„Das Licht – ein Foodstylist würde mich wahrscheinlich abstrafen – ist für mich in der letzten Konsequenz eigentlich das Wichtigste."

d Arbeiten Sie zu zweit. Jeder erklärt vier Aussagen aus dem Film.

1. Die Rezepte werden alle mit Vorlauf entwickelt.
2. Man muss ein gutes Gespür für die richtigen Trends haben.
3. Die Fotos sollten relativ zügig stehen.
4. Man muss das einfach strukturiert durchziehen.
5. Sie greift gern auf ganz herkömmliche Küchengeräte zurück.
6. Das geht vom Hundertsten manchmal ins Tausendste.
7. Wenn das Licht nicht vernünftig gemacht ist, kommt das Essen einfach nicht rüber.
8. Ich bin da, um dem Bild Leben einzuhauchen.

4 Vergleichen Sie die Informationen, die Sie zu den drei Berufen erhalten haben. Welchen Beruf finden Sie am interessantesten? Begründen Sie.

5 Arbeiten Sie in Gruppen. Einigen Sie sich auf ein einfaches Rezept und entwerfen Sie eine Seite für eine Zeitschrift mit Rezepten. Überlegen Sie: Welche Fotos müssen Sie machen? Sie haben Platz für 5–8 Fotos. Welchen Text schreiben Sie?

Zucchini-Schiffchen
Die Grillsaison ist eröffnet und warum nicht mal was anderes auf den Grill legen als immer nur Fleisch und Würstchen? Die schnell zubereiteten Zucchini-Schiffchen sehen nicht nur hübsch aus, sie schmecken auch wirklich gut. Und so geht's: ...

Wirtschaftsgipfel

Erklimmen Sie den Wirtschaftsgipfel. Spielen Sie zu zweit. Zwei bis vier Paare spielen jeweils zusammen.

Sie brauchen einen Würfel, für jedes Spielerpaar eine Münze als Spielfigur und einen „Experten" im Kurs, der die Lösungen aus dem Lehrerhandbuch hat. Wer die höchste Zahl würfelt, beginnt. Gewonnen hat, wer zuerst im Ziel ist. Es gibt zwei Typen von Spielfeldern.

Orange Felder: Wenn Sie auf ein oranges Feld kommen, werden Sie in der Wirtschaft aktiv. Je nach Erfolg dürfen Sie einige Felder vorgehen oder Sie müssen zurückgehen.

Blaue Felder: Wenn Sie die Aufgabe richtig lösen, dürfen Sie ein Feld vorgehen und die nächste Aufgabe lösen. Wenn nicht, bleiben Sie stehen, bis Sie wieder dran sind.

Sie lernen

Modul 1 | Einem Vortrag über die Entwicklung des Ruhrgebiets Informationen entnehmen und einen eigenen Vortrag halten

Modul 2 | Sich mit „Gewissensfragen" auseinandersetzen und die eigene Meinung dazu vertreten

Modul 3 | Einen Begriff definieren und zu Vor- und Nachteilen der Globalisierung Stellung nehmen

Modul 4 | Das Konzept von Crowdfunding verstehen und eine Projektidee beschreiben

Modul 4 | Bei einem Vortrag über Bankgespräche mitschreiben und ein Bankgespräch führen

Grammatik

Modul 1 | Nominalisierung und Verbalisierung von Temporalsätzen

Modul 3 | Nominalisierung und Verbalisierung von Kausal- und Modalsätzen

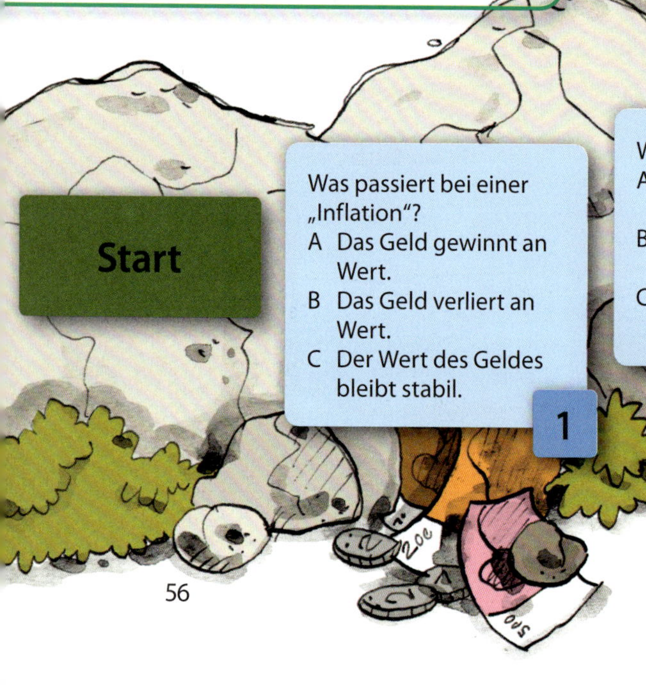

Start

1
Was passiert bei einer „Inflation"?
A Das Geld gewinnt an Wert.
B Das Geld verliert an Wert.
C Der Wert des Geldes bleibt stabil.

2
Was ist ein „Wirtschaftswunder"?
A Eine Person, die sehr schnell sehr reich geworden ist.
B Ein Produkt, das sehr schnell sehr große Umsätze erwirtschaftet.
C Ein unerwartet schnelles und nachhaltiges Wirtschaftswachstum.

3
Was sind „Aktien"?
A Guthaben bei einer Bank.
B Anteile an einer Firma.
C Offizielle Unterlagen über Einnahmen und Ausgaben.

11
Sie legen Ihr Geld in fremder Währung an. Würfeln Sie noch einmal:
1, 2, 3 → Der Wert der Währung ist gefallen. Gehen Sie um die gewürfelte Zahl zurück.
4, 5, 6 → Der Wert der Währung ist gestiegen. Gehen Sie vorwärts: 4 = 1 Feld, 5 = 2 Felder und 6 = 3 Felder.

12
Was ist eine Fusion?
A Der Zusammenschluss von Firmen.
B Die Aufnahme einer Person in eine Firma.
C Der Ausschluss einer Person aus einer Firma.

13
Was bedeutet der Begriff „Umsatz"?
A Alle Einnahmen einer Firma in einem bestimmten Zeitraum.
B Alle Ausgaben einer Firma in einem bestimmten Zeitraum.
C Alle Einnahmen minus die Ausgaben einer Firma in einem bestimmten Zeitraum.

14
Was versteht man unter „Personalkosten"?
A Kosten für alle Angestellten der Personalabteilung.
B Kosten für alle Angestellten in einer Firma.
C Kosten für alle Angestellten, die direkt mit Kunden zusammenarbeiten.

15
Sie haben eine Geschäftsidee, die Ihnen vielversprechend erschien, beim Crowdfunding finanziell unterstützt. Leider hat das Unternehmen keinen Erfolg. Gehen Sie drei Felder zurück.

▶ AB Wortschatz

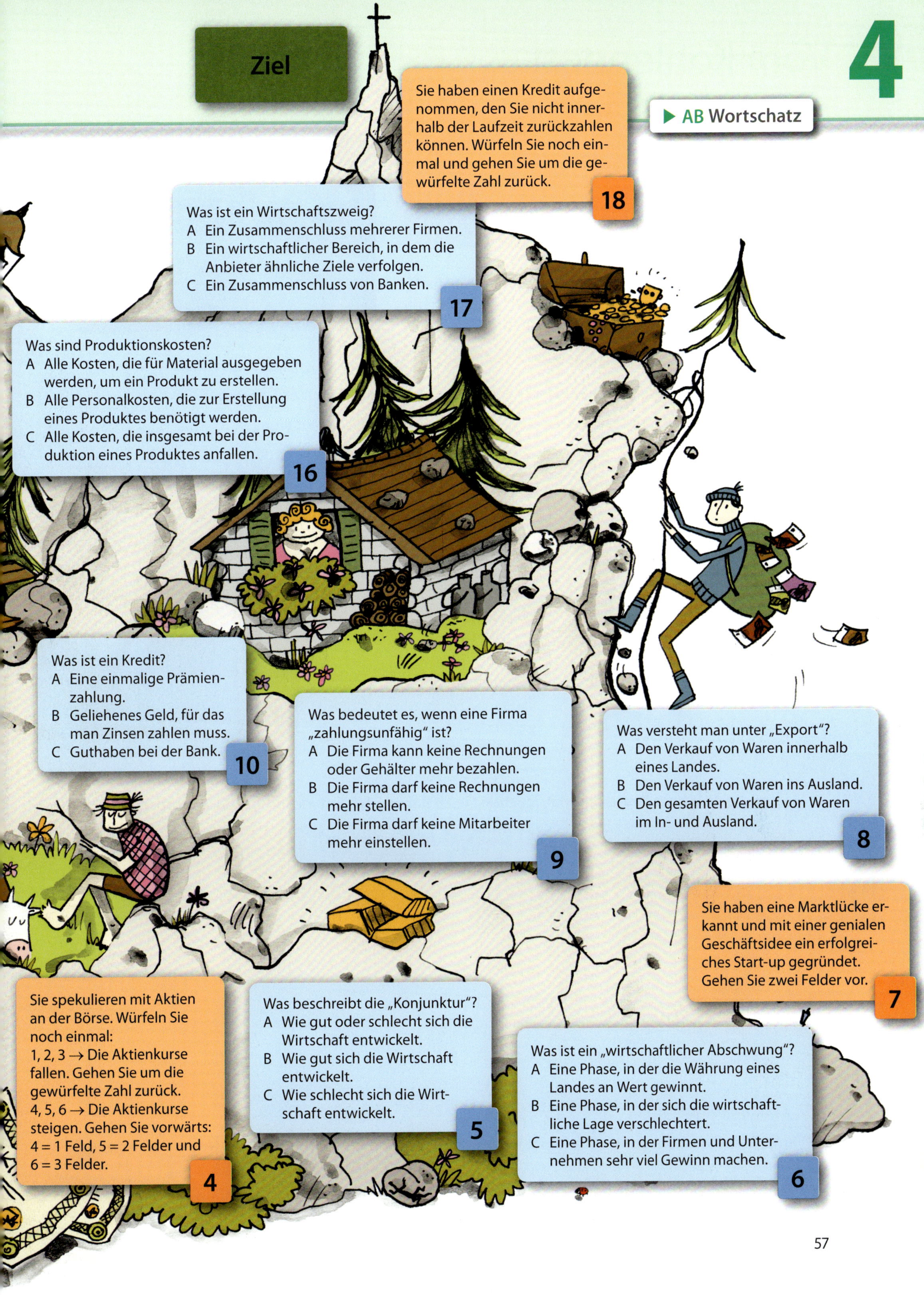

Ziel

Sie haben einen Kredit aufgenommen, den Sie nicht innerhalb der Laufzeit zurückzahlen können. Würfeln Sie noch einmal und gehen Sie um die gewürfelte Zahl zurück.
18

Was ist ein Wirtschaftszweig?
A Ein Zusammenschluss mehrerer Firmen.
B Ein wirtschaftlicher Bereich, in dem die Anbieter ähnliche Ziele verfolgen.
C Ein Zusammenschluss von Banken.
17

Was sind Produktionskosten?
A Alle Kosten, die für Material ausgegeben werden, um ein Produkt zu erstellen.
B Alle Personalkosten, die zur Erstellung eines Produktes benötigt werden.
C Alle Kosten, die insgesamt bei der Produktion eines Produktes anfallen.
16

Was ist ein Kredit?
A Eine einmalige Prämienzahlung.
B Geliehenes Geld, für das man Zinsen zahlen muss.
C Guthaben bei der Bank.
10

Was bedeutet es, wenn eine Firma „zahlungsunfähig“ ist?
A Die Firma kann keine Rechnungen oder Gehälter mehr bezahlen.
B Die Firma darf keine Rechnungen mehr stellen.
C Die Firma darf keine Mitarbeiter mehr einstellen.
9

Was versteht man unter „Export“?
A Den Verkauf von Waren innerhalb eines Landes.
B Den Verkauf von Waren ins Ausland.
C Den gesamten Verkauf von Waren im In- und Ausland.
8

Sie haben eine Marktlücke erkannt und mit einer genialen Geschäftsidee ein erfolgreiches Start-up gegründet. Gehen Sie zwei Felder vor.
7

Sie spekulieren mit Aktien an der Börse. Würfeln Sie noch einmal:
1, 2, 3 → Die Aktienkurse fallen. Gehen Sie um die gewürfelte Zahl zurück.
4, 5, 6 → Die Aktienkurse steigen. Gehen Sie vorwärts: 4 = 1 Feld, 5 = 2 Felder und 6 = 3 Felder.
4

Was beschreibt die „Konjunktur“?
A Wie gut oder schlecht sich die Wirtschaft entwickelt.
B Wie gut sich die Wirtschaft entwickelt.
C Wie schlecht sich die Wirtschaft entwickelt.
5

Was ist ein „wirtschaftlicher Abschwung“?
A Eine Phase, in der die Währung eines Landes an Wert gewinnt.
B Eine Phase, in der sich die wirtschaftliche Lage verschlechtert.
C Eine Phase, in der Firmen und Unternehmen sehr viel Gewinn machen.
6

Vom Kohlenpott ...

1a Sehen Sie sich das Satellitenbild an. Welche Städte bzw. Regionen sind wahrscheinlich die drei hellsten Punkte?

b Welche großen Ballungs- bzw. Industriegebiete gibt es in Ihrem Land?

▶ Ü 1

P 2.2-4 TELC → www

2a Hören Sie einen Vortrag über das Ruhrgebiet aus der Vortragsreihe „Regionen in Deutschland". Nummerieren Sie die Teilthemen in der richtigen Reihenfolge.

___ Aufbau neuer Universitäten

___ Kohle und das Wirtschaftswunder

_1_ Zahlen und geografische Fakten

___ Ausbau des Dienstleistungssektors

___ wirtschaftlicher Abschwung

___ kulturelle Veränderungen

2.2

b Hören Sie Abschnitt 1 noch einmal und ergänzen Sie geografische Fakten zum Ruhrgebiet.

1. Beginn des Steinkohlebergbaus: ____________________
2. Grund für den Abbau: ____________________
3. Fläche des Ruhrgebiets: ____________________
4. Ausdehnung: a) Ost–West: ____________________
   b) Nord–Süd: ____________________
5. Einwohnerzahl: ____________________
6. bekannte Städte: ____________________
   ____
   ____

Weltkulturerbe Zeche Zollverein in Essen

2.3

c Hören Sie Abschnitt 2 noch einmal. Machen Sie zu den beiden Entwicklungsphasen Notizen.

Phase 1	Phase 2

2.4

d Im dritten Abschnitt spricht Professor Böttger über zwei Folgen der Kohlekrise. Notieren Sie sie.

▶ Ü 2

e Vergleichen Sie Ihre Notizen zu 2b–d zu zweit und ergänzen Sie sie gegebenenfalls.

2.5 **3a Nominalisierung und Verbalisierung von Temporalsätzen. Ergänzen Sie die Sätze aus dem Vortrag. Hören Sie dann zur Kontrolle.**

beim wirtschaftlichen Wiederaufbau der Bundesrepublik — während der Kohleförderung — ~~seit der Entdeckung der Steinkohle~~ — vor dem Beginn der Kohlekrise — nach dem Ende des Krieges — bis zum Beginn des wirtschaftlichen Abschwungs

1. *Seit der Entdeckung der Steinkohle* ________ hat das Ruhrgebiet eine rasante Entwicklung genommen.
2. ________ stieg die Bevölkerungszahl bis 1950 rasch an.
3. Die Kohle spielte ________ eine entscheidende Rolle.
4. ________ vergingen nur wenige Jahre.
5. ________ arbeiteten die meisten Menschen in der Rohstoffverarbeitung.
6. ________ wurde in den Zechen schwer gearbeitet.

b Formen Sie die ergänzten Nominalformen aus 3a in Nebensätze um. Überlegen Sie zuerst, welcher temporale Konnektor am besten passt.

Nominalform	Verbalform
Seit der Entdeckung der Steinkohle …	*Seitdem die Steinkohle entdeckt wurde, …*

c Ergänzen Sie anhand Ihrer Umformungen in 3b die Regel.

G

Temporalsätze

Nominalform	→	Verbalform	Nominalform	→	Verbalform
bei + Dat.	→	________	*seit* + Dat.	→	*seitdem/seit*
bis zu + Dat.	→	________	*vor* + Dat.	→	________
nach + Dat.	→	________	*während* + Gen.	→	________

▶ Ü 3–6

4 Präsentieren Sie im Kurs eine (Industrie-)Region aus Ihrem Land, die sich stark verändert hat. Machen Sie sich Notizen in Nominalform und sprechen Sie dann frei. Recherchieren Sie Informationen zu den folgenden Punkten.

- Lage
- Vor- und Nachteile des Standortes
- Größe/Fläche
- Wirtschaftszweige
- Verkehrsanbindung
- Kultur- und Erholungsmöglichkeiten
- Entwicklung des Standorts
- Anzahl der Beschäftigten

STRATEGIE

Mit Notizen frei sprechen

Notieren Sie Ihre Stichpunkte in Nominalform und sortieren Sie sie chronologisch. Gestalten Sie Ihre Notizen übersichtlich. Arbeiten Sie mit Hervorhebungen, um sich besser orientieren zu können. Arbeiten Sie während Ihrer Präsentation Stichpunkt für Stichpunkt ab. Formulieren Sie ganze Sätze und verbinden Sie sie mit Konnektoren.

Mit gutem Gewissen?

1 Was bedeutet es, wenn man sagt, jemand hat ein gutes bzw. schlechtes Gewissen? Erzählen Sie Beispiele aus Ihrem Alltag.

▶ Ü 1

SPRACHE IM ALLTAG

Das Gewissen in Redewendungen:
ein schlechtes/gutes Gewissen haben
jmd. ins Gewissen reden
Gewissensbisse haben
jmd./etw. auf dem Gewissen haben
etw. guten Gewissens tun

2a Eine Zeitschrift bietet die Möglichkeit, sich mit Gewissensfragen an einen Experten zu wenden. Lesen Sie die beiden Zuschriften. Welche Probleme plagen die Fragenden?

1 Seit drei Monaten warten wir auf eine Handwerkerrechnung von ca. 1.000 Euro. Der Betrieb wird seit dem plötzlichen Tod des Chefs von dessen Frau weitergeführt, die aber sehr überfordert wirkt. Soll ich sie nun auf die ausstehende Rechnung aufmerksam machen, auch weil bei einer Zahlungsunfähigkeit der Firma zwei Arbeitsplätze auf dem Spiel stehen, oder soll ich dieses Geld zur finanziellen Unterstützung unserer Kinder verwenden?

2 In unserer Abteilung ist es üblich, Kollegen zum Geburtstag zu beschenken. Einer übernimmt die Aufgabe, Geld einzusammeln und das Geschenk zu besorgen. Als ich nun damit an der Reihe war, stellte ich enttäuscht fest, dass die geplante Karaffe unseren finanziellen Rahmen sprengte. Allerdings hatte ich so ein Stück unbenutzt im Keller; ich hatte es selber geschenkt bekommen, aber es gefiel mir nicht. Also habe ich das gesammelte Geld behalten und die Karaffe dem Kollegen geschenkt, den anderen Mitarbeitern jedoch, um Diskussionen zu vermeiden, nichts davon erzählt. Halten Sie mein Handeln für bedenklich?

b Was würden Sie in diesen Situationen tun? Schreiben Sie kurz auf einen Zettel, wie Sie reagieren würden, und sammeln Sie die Zettel ein. Machen Sie anschließend eine Kursstatistik.

c Lesen Sie die Antworten des Mediziners und Juristen Dr. Dr. Rainer Erlinger. Welche Ratschläge gibt er und wie begründet er sie?

Zu 1: Oft lässt sich eine Frage erst sinnvoll beantworten, wenn man sie von verwirrendem Beirat befreit hat. Auch hier wird der Blick gleich von zwei Seiten verstellt. Das erste Hindernis haben Sie selbst aufgestellt: Sie schildern die Probleme des Handwerksbetriebes bis hin zur drohenden Insolvenz und setzen dem als moralisches Gewicht entgegen, das Geld nicht für sich, sondern für Ihre Kinder einzusetzen. Damit drängen Sie die Frage auf die Ebene: „Wo wäre das Geld besser aufgehoben?" Dabei lautet sie doch: „Soll man eine fehlende Rechnung anmahnen?" Die Verwendung des Geldes kann in Zweifelsfällen als Entscheidungshilfe dienen, sie trifft jedoch nicht den Kern.
Das zweite Hindernis ist ein allgemeines: Wie man mit Zahlungen, Rechnungen, Fälligkeiten umzugehen hat, ist juristisch geregelt. Rechnungen muss man danach nicht anfordern; es gibt sogar die Verjährung: Hat der Handwerker eine bestimmte Zeit nichts unternommen, kann er seine Ansprüche nicht mehr durchsetzen. Nur – und da muss man eben aufpassen: Recht und Moral stehen zwar nicht völlig unabhängig nebeneinander, aber das Gesetz verdrängt die Moral auch nicht. Keine Rechtspflicht bedeutet noch lange nicht: keine moralische Pflicht; die kann auch dort bestehen, wo ein Gesetz den Rechtsverkehr regelt. Deshalb scheint mir sinnvoll, sich vorzustellen, es gebe in diesem Fall keine rechtlichen Bestimmungen, alles bliebe rein zwischenmenschlich. Dann wird es einfach: Der Handwerker hat etwas geleistet, dafür steht ihm sein Geld zu. Er kann es nun verlangen, meist wird man aber, vor einer vollbrachten Arbeit stehend, sogar eher fragen: „Was bekommen Sie dafür?" Umso mehr, wenn man erkennt, dass der andere schlicht vergessen hat zu fordern. Warum soll dieser Grundsatz entfallen, nur weil es für ihn keine gesetzliche Verpflichtung gibt?

Zu 2: „Was für ein Zufall!", dachte ich. Sie überlegen sich in der Abteilung ein Geschenk, rechnen dafür mit einem bestimmten Betrag, das erweist sich als Fehlkalkulation und zufällig steht bei Ihnen, der Organisatorin, genau solch eine Karaffe im Keller, die sie überdies gern loswerden wollen. Bei einer derart außergewöhnlichen Ballung von Zufällen muss man schon von Fügung oder mehr noch von Schicksal sprechen. Und wo höhere Kräfte zugange sind, sollten wir Normalsterbliche uns einer Bewertung enthalten. In diesem Falle ist natürlich alles in Ordnung.

Es gäbe aber auch eine andere, viel profanere Erklärung: Vielleicht waren Ihnen die Bestände Ihres Präsente-Lagers geistig gar nicht so unpräsent, als Sie das Geschenk zusammen auswählten. Womöglich waren Sie gar nicht so überrascht, als sich die Karaffe dann als zu teuer entpuppte und Ihnen die Lösung mit dem Keller einfiel. Worauf ich hinauswill: Kann es nicht sein, dass Sie dieses Vorgehen insgeheim von Anfang an in die Planung miteinbezogen haben? Am Ergebnis wäre auch in dieser Variante wenig zu mäkeln, solange Sie deutlich weniger als den Ladenpreis behalten haben. Denn den könnten Sie mit dem Verkauf Ihres Kellerstücks niemals mehr erzielen und Sie brauchen sich an den Kollegen nicht bereichern. Sie hätten auch gar nichts dafür nehmen müssen: Derartigen Ballast sinnvoll loszuwerden, ist schon Gewinn genug!

Allerdings sehe ich einen Unterschied bei der Offenlegung: Beim Walten des Schicksals erscheint es gerade noch vertretbar (nicht ideal), das Ganze unerwähnt zu lassen. War aber alles geplant, hätten Sie Ihre Kollegen vorab, spätestens aber nachher informieren müssen. Sonst könnten sich die Mitarbeiter, erführen sie den wahren Sachverhalt, zu Recht getäuscht oder gar ausgenutzt fühlen.

d Was bedeuten die Ausdrücke in den Antworten? Ordnen Sie zu.

A eine bestimmte Absicht haben
B etw. ist nicht klar erkennbar
C den Platz von etw. einnehmen
D auf etw. verzichten
E einfordern
F per Gesetz festlegen
G auf unmoralische Weise reicher werden
H sich anders entwickeln als gedacht

1. der Blick wird verstellt (Z. 3–4) ____
2. anmahnen (Z. 12) ____
3. juristisch regeln (Z. 17) ____
4. verdrängen (Z. 24–25) ____
5. sich enthalten (Z. 61) ____
6. sich entpuppen als (Z. 67–68) ____
7. auf etw. hinauswollen (Z. 69) ____
8. sich bereichern an (Z. 78–79) ____

3a Wählen Sie eine Gewissensfrage aus 2a. Überlegen Sie, wie Sie argumentieren würden, und machen Sie Notizen.

Firma insolvent *Arbeitsplätze gefährdet* …

b Schreiben Sie an die Zeitschrift, die die Gewissensfragen veröffentlicht, eine Mail. Nehmen Sie darin Stellung zum dargestellten Problem. Beschreiben Sie, wie Sie sich entscheiden würden und warum.

VERHALTEN POSITIV BEWERTEN	VERHALTEN NEGATIV BEWERTEN
Ich finde es anständig/lobenswert/anerkennenswert, dass …	Ich finde es falsch / nicht in Ordnung, dass …
Es ist vollkommen in Ordnung, wenn …	… wäre für mich undenkbar.
Ich schätze es / erkenne es an, wenn …	Ich lehne es ab / missbillige, wenn …
Ich heiße ein solches Verhalten / diese Einstellung/Haltung gut, denn …	Es ist für mich moralisch fragwürdig, wenn …
Ich finde es nicht unmoralisch, wenn …	Ich halte nichts davon, wenn …
	Ein solches Verhalten findet vielleicht bei anderen Anerkennung, aber …

▶ Ü 2

Die Welt ist ein Dorf

2.6

1a Hören Sie, wie Tom Buhrow (ehemaliger Tagesschau-Sprecher, heute Intendant des WDR) dem 12-jährigen Tim einen schwierigen Begriff aus den Nachrichten erklärt. Um welchen Begriff handelt es sich und wie wird der Begriff erklärt?

b Hören Sie noch einmal. Was bedeutet: „Superbillig ist nicht immer fair."?

c Definieren Sie nun selbst den Begriff aus 1a und nennen Sie Konsequenzen.

EINEN BEGRIFF DEFINIEREN	KONSEQUENZEN NENNEN
„..." ist ...	Als Konsequenz ergibt sich daraus, dass ...
„..." wird definiert als ...	... ist eine logische Folge.
Unter „..." versteht man ...	Daraus lässt sich ableiten/folgern, dass ...
Mit dem Begriff „..." bezeichnet man ...	Aus ... kann man schließen, dass ...
Von „..." spricht man, wenn ...	Daraus ergibt sich, dass ...
	... führt zu ...

▶ Ü 1–2

2a Arbeiten Sie zu zweit. Wählen Sie einen Blogeintrag und notieren Sie Vorteile, Nachteile und Auswirkungen der Globalisierung.

A geschrieben am 18. Juni von GoingGlobal

Durch die Zunahme des technischen Fortschritts in den Bereichen Information und Kommunikation, Transport und Verkehr sowie durch die zunehmende Liberalisierung des Welthandels ist es zu einer weltweiten Vernetzung der Märkte und Gesellschaften gekommen. Was bedeutet diese Entwicklung konkret für ein Unternehmen?
Dadurch, dass die Märkte sehr stark miteinander verbunden sind, befinden sich die Mitbewerber nicht mehr nur in der näheren Umgebung, sondern sie können irgendwo auf der Welt angesiedelt sein. Der Wettbewerbsdruck steigt enorm. Wegen der starken Konkurrenz müssen die Unternehmenskosten möglichst niedrig gehalten werden. Dadurch, dass viele Unternehmen in Rationalisierungsmaßnahmen eine Lösung sehen, wird Arbeit zunehmend durch Maschinen erledigt. Ein weiterer Lösungsansatz, der durch die Globalisierung möglich wurde, ist die Produktion im Ausland. Durch die Verlegung von Produktionsstätten ins Ausland profitieren Unternehmen von billigeren Arbeitskräften, besseren Standortbedingungen und Steuervorteilen. So kann entweder das gesamte Produkt oder ein Teil davon im Ausland produziert bzw. eine dazugehörige Dienstleistung dort erbracht werden.
Die Globalisierung bietet aber auch Vorteile für Unternehmen, die keine Unternehmensteile ins Ausland verlegen: Zwischenprodukte und Rohstoffe können weltweit zu den günstigsten Preisen eingekauft werden. Wegen der Möglichkeit, arbeitsintensive Vorprodukte günstig aus Ländern mit niedrigeren Lohnkosten zu beziehen, kommt es in den Industrieländern zu einem Strukturwandel. Sie entwickeln sich immer mehr zu technologieintensiven Gebieten, die den Einsatz von immer mehr qualifizierter Arbeit erfordern.
Besonders Unternehmen, die viel exportieren, erfahren durch die Globalisierung und Öffnung der Märkte eine Erweiterung ihres Absatzmarkts. Weil die Waren nun in die ganze Welt exportiert werden können, erweitert sich das Potenzial an neuen Kundinnen und Kunden, die Interesse an ihrem Produkt haben könnten. Das steigert den Verkauf und steigert den Umsatz. Kleine Unternehmen haben es jedoch schwer, sich gegen die riesige Konkurrenz und den damit verbundenen Preisdruck durchzusetzen. Globale Unternehmen haben ihre Filialen mittlerweile auf der ganzen Welt.

B geschrieben am 25. September von Nicetohave

Durch die Globalisierung verschwinden nationale Grenzen immer stärker. Indem Waren viel preiswerter transportiert werden können und die Kommunikationswege günstiger und vielfältiger werden, sind globale Einkäufe möglich, zum Beispiel über das Internet. Aber was bedeutet diese Entwicklung konkret für die Konsumenten?

Bananen aus Brasilien, Mangos aus Guatemala, Spielzeug aus China, all das ermöglicht die Globalisierung zum günstigen Preis. Durch das grenzenlose Einkaufen im Internet ist man als Konsument nicht mehr nur auf die Produkte und Dienstleistungen aus seinem eigenen Land angewiesen. Man kann Waren und Services überall auf der Welt kaufen. Das hat natürlich den Vorteil, dass man sich den besten Preis für die beste Qualität aussuchen kann. Durch die Transparenz der Preise ist der Preisdruck für alle Produzenten besonders hoch.

Die Globalisierung steigert zwar das Angebot an verfügbaren preiswerten Gütern und Dienstleistungen, sie hat jedoch auch Schattenseiten. Denn immer mehr Unternehmen verlagern ihre Produktion ins Ausland, wo sie niedrigere Lohnkosten bezahlen, um im weltweiten Wettbewerb zu bestehen. Wegen der Verlagerung der Produktion ins Ausland verlieren in den Industrieländern Menschen mit geringen Qualifikationen ihre bisherige Arbeit. Dagegen werden hoch qualifizierte Arbeitskräfte immer wichtiger, da durch den Strukturwandel in den Industrieländern nun technologieintensivere Bereiche im Vordergrund stehen, die großes Fachwissen erfordern. Geringqualifizierte haben weniger Chancen auf dem Arbeitsmarkt und sind dadurch von den negativen Folgen der Globalisierung besonders betroffen.

Ein weiteres Problem der Globalisierung ist, dass es für die Unternehmen meist viele Vorteile bringt, Teile der Produktion ins Ausland zu verlagern oder von dort Zwischenprodukte sehr günstig einzukaufen. Aber häufig werden in den neuen Produktionsländern Standards (z. B. Umweltregeln) nicht beachtet. Außerdem sind die Bedingungen, unter denen die Menschen dort arbeiten müssen, teilweise sehr schlecht.

b **Fassen Sie Ihren Text für Ihren Partner / Ihre Partnerin zusammen und vergleichen Sie die Vor- und Nachteile der Globalisierung: Welche Argumente sind für Sie wichtig? Welche würden Sie ergänzen?**

3a **Nominalisierung von Kausal- und Modalsätzen. Suchen Sie in Text A die Nominalformen zu den Verbalformen und ergänzen Sie die Tabelle.**

Verbalform (Nebensätze)	Nominalform
1. Dadurch, dass der technische Fortschritt in den Bereichen … zunimmt, …	
2. Weil die Konkurrenz stark ist, …	
3. Indem sie Produktionsstätten ins Ausland verlegen, …	

b **Ergänzen Sie die Regel. Suchen Sie dann in Text B weitere Beispiele für kausale und modale Nominal- und Verbalformen und formen Sie sie um.**

G

Nominalisierung und Verbalisierung von Kausal- und Modalsätzen

Nebensatz kausal	→ Nominalform	Nebensatz modal	→ Nominalform
weil *da*	→ ______	______ ______	→ ______

▶ Ü 3–6

P TELC → www

4 **Überlegen Sie zu zweit positive und negative Beispiele für Globalisierung aus allen Bereichen des Lebens (Umwelt, Ernährung, Bekleidung …). Stellen Sie Ihre Beispiele aus einem Bereich im Kurs vor.**

Wer soll das bezahlen?

1 **Stellen Sie sich vor, Sie sind Musiker/in und träumen davon, ein eigenes Album aufzunehmen. Welche Möglichkeiten gibt es, das zu finanzieren? Sammeln Sie Ideen.**

▶ Ü 1 *Ich würde meine Eltern fragen, ob …*

2a **Arbeiten Sie in Gruppen. Lesen Sie die Definitionen und erklären Sie dann die Begriffe A–F mit Beispielen.**

die Finanzierung: Bereitstellung von Geldern für eine Anschaffung oder ein Projekt. Die Gelder können erspart oder geliehen sein.

A die Fremdfinanzierung
B das Finanzierungsinstitut
C etwas vorfinanzieren

das Kapital: Geld oder anderes Vermögen und Gegenstände, die für ein Projekt oder eine Produkt-Produktion nötig sind.

D das Fremdkapital
E der Kapitalgeber
F das Mindestkapital

b **Lesen Sie den Text und sagen Sie in einem Satz, was die Idee von Crowdfunding ist.**

Was ist Crowdfunding?

Sie haben eine tolle Geschäftsidee, wollen (oder können) aber keinen Kredit bei einer Bank oder einem anderen Finanzierungsinstitut aufnehmen? Vielleicht ist Crowdfunding die richtige Lösung für Sie.

Diese Art der alternativen Fremdfinanzierung kommt ganz ohne den klassischen Weg zur Bank aus: Hier wird Fremdkapital über einen anderen Kanal gewonnen. Durch Crowdfunding konnten schon viele Geschäftsideen und Projekte umgesetzt und Produkte finanziert werden. Doch wie funktioniert diese Finanzierungsmöglichkeit genau?

Jemand startet eine sogenannte Aktion auf einer Crowdfunding-Plattform im Internet. Diese Aktionen sind immer zeitlich begrenzt und es wird genau beschrieben, um welche Idee es geht, wie viel Geld benötigt wird und wozu das Geld genau verwendet wird. Die Kapitalgeber sind verschiedene, meist private Personen (Crowdfunder), die oft nur kleine Beträge für Projekte spenden, deren Idee sie gut finden. In den meisten Fällen bekommen sie dafür auch etwas, z. B. das fertige Album, wenn es um ein Musikprojekt geht, oder bestimmte Rechte, Geld (meist in Form einer Gewinnbeteiligung) oder andere Sachleistungen.

Bei jeder Aktion wird eine Mindestkapitalmenge angegeben, die über das Crowdfunding erreicht werden muss, damit das Projekt umgesetzt werden kann. Wird diese Summe innerhalb der vorgegebenen Zeitspanne nicht erreicht, erhalten die Kapitalgeber im Normalfall ihr Geld zurück. Typisch für Crowdfunding ist also, dass die Aktionen zeitlich begrenzt sind und dass die Gelder, die dadurch zusammenkommen, nur zweckgebunden ausgegeben werden dürfen.

Der Begriff „Crowdfunding" tauchte 2006 erstmals auf. Eine Internetplattform ermöglichte es damals Fans, die Alben von Musikern vorzufinanzieren. Die erste Crowdfunding-Plattform *kickstarter.com* wurde Anfang 2009 in den USA gegründet. Auf dieser Plattform wurden über 10.000 Projekte finanziert – vor allem aus dem künstlerischen Bereich. In Deutschland wurden 2011 die ersten großen Projekte über Crowdfunding realisiert.

c **Erklären Sie nun genauer: Wie funktioniert Crowdfunding? Wer ist beteiligt? Wer hat welchen Nutzen davon?**

▶ Ü 2

3a Lesen Sie die Projektbeschreibung auf einer Crowdfunding-Plattform. Ordnen Sie die Fragen den Abschnitten zu.

Warum sollte jemand dieses Projekt unterstützen? Was sind die Ziele und wer die Zielgruppe?
Was passiert mit dem Geld bei erfolgreicher Finanzierung?

Stilbruch Sebastian Maul

Start | Blog | Pinnwand | Unterstützungen

Wir sind Stilbruch aus Dresden und Leipzig. Seit 10 Jahren rocken wir mit Cello, Geige, Schlagzeug und Gesang die Straßen und Bühnen Deutschlands und darüber hinaus. Wir wollen ein neues Album aufnehmen und Du kannst von Anfang an dabei sein!

Realisierungszeitraum: 90 Tage

Stell Dir vor, Du gehst in Deiner Stadt gedankenversunken die Fußgängerzone entlang und siehst schon von Weitem eine große Traube von Menschen um ein paar Musiker herumstehen. Du gehst näher heran und merkst, dass die Zuhörer ein beglücktes Lächeln auf den Lippen haben. Nun kannst Du auch die Musiker sehen und hören und erkennst, dass auch sie sehr glücklich zu sein scheinen. Du stellst Dich zu den anderen Zuhörern und bemerkst nach einer Weile, dass Du das gleiche zufriedene Lächeln im Gesicht hast, wie die Leute um Dich herum. Du vergisst die Zeit, Deinen Stress und Deinen Alltag, hörst auf diese ungewöhnlich warmen, rockigen Klänge, die das Trio erzeugt, findest Dich in vielen Texten wieder und fängst an, zu träumen. Das sind die Augenblicke, für die wir Musik machen!

Stilbruch sind Sebastian (Cello, Gesang), Friedemann (Geige) und Gunnar (Schlagzeug). Wir haben uns vor 10 Jahren beim Musikstudium in Dresden kennengelernt und wollten miteinander Musik machen. Doch was soll herauskommen, wenn Cello, Geige und Schlagzeug aufeinandertreffen? Ganz klar: Ein Stilbruch! Unsere ersten Auftritte hatten wir in der Dresdner Fußgängerzone und mittlerweile verbinden uns 8 europaweite Straßenmusiktourneen, unzählige Bühnenkonzerte und Festivalauftritte und die Liebe zu energetischer, inspirierender Musik. Stilbruch ist für uns musikalische Freiheit, Passion und Abenteuer und das erwartet Euch auch auf unserem neuen Album!

Wenn wir es schaffen, 20.000 € zu sammeln, dann werden wir uns 2 Monate in ein Tonstudio einschließen, um unserer Kreativität freien Raum zu lassen. Ganz unterschiedliche Songs mit eigenem Charakter, aber dem typischen Stilbruch-Sound werden das Album qualitativ hochwertig und äußerst abwechslungsreich gestalten. Kriegen wir mit eurer Unterstützung sogar 30.000 € zusammen, erhalten wir einen Plattenvertrag und unser Album wird professionell veröffentlicht und promotet. Damit würde für uns ein lang gehegter Traum wahr werden!

b Lesen Sie die Projektbeschreibung noch einmal. Markieren Sie wichtige Informationen und beantworten Sie dann die Fragen aus 3a in eigenen Worten.

c Überlegen Sie in Gruppen, welche Projekte sich für eine Finanzierung über Crowdfunding eignen könnten. Einigen Sie sich auf eine Idee und erstellen Sie eine Projektbeschreibung für eine Crowdfunding-Aktion. Die anderen im Kurs kommentieren Ihren Vorschlag.

Bildband mit Erzählungen über Hauskatzen *Leihservice für Baby- und Kleinkindkleidung*

▶ Ü 3

Wer soll das bezahlen?

2.7

4a Die klassische Alternative zum Crowdfunding: Ein Kredit von der Bank. Sie hören jetzt einen Vortrag. Ein Freund hat Sie gebeten, sich Notizen zu machen, weil er den Vortrag nicht hören kann. Sie hören den Vortrag nur einmal. Machen Sie beim Hören Notizen zu den Stichworten.

a Thema des Vortrags
- *erfolgreich Bankgespräche führen*

b Fragen bei der Terminvereinbarung
- ____________________
- ____________________
- ____________________

c Themen im Bankgespräch
- ____________________
- ____________________
- ____________________

d Verhalten im Beratungsgespräch
- ____________________
- ____________________
- ____________________
- ____________________
- ____________________

e der erste Eindruck
- ____________________

f Gesprächsabschluss
- ____________________

b Bankwortschatz. Welche Verben passen? Manchmal gibt es mehrere Möglichkeiten.

aufnehmen | darlegen | einhalten | erhalten | erklären | erstellen | prüfen | gewähren | investieren | setzen | überzeugen | verweigern

1. ein Darlehen / einen Kredit *aufnehmen*
2. die Kreditwürdigkeit / die finanzielle Lage ____________________
3. jmd. vom Erfolg eines Vorhabens ____________________
4. einen Businessplan/Finanzierungsplan ____________________
5. in ein Vorhaben ____________________
6. Fristen ____________________

▶ Ü 4

5a Notieren Sie für Ihre Idee aus 3c die Informationen für ein Bankgespräch.

1. Gründe für das Projekt
2. benötigte Summe
3. Sicherheiten für die Bank
4. Alleinstellungsmerkmale des Projekts
5. Risiken
6. Pläne, Kredit zurückzuzahlen

b Üben Sie zu zweit das Bankgespräch für Ihre Projektidee. Spielen Sie das Gespräch dann im Kurs vor.

P GI

6 Frau Monika Frühauf aus Mühlheim hat ein Musikalbum veröffentlicht. Aus diesem Grund schreibt Frau Frühauf heute zwei Nachrichten: eine E-Mail an ihre Freundin Babsi und einen Brief an den Trainer des Crowdfunding-Seminars, das sie vor vier Monaten besucht hat.
Für die Aufgaben 1–10 füllen Sie die Lücken. Verwenden Sie dazu eventuell die Informationen aus der ersten E-Mail. In jede Lücke passen ein oder zwei Wörter.

Liebe Babsi,

wie läuft's bei dir? Stell dir vor, ich habe meine erste CD rausgebracht! Du weißt ja, dass ich schon immer davon geträumt habe.
Vor gut vier Monaten habe ich ein Seminar mit dem Thema „Träume finanzieren" besucht und das war klasse. Unser Trainer hat uns erklärt, wie man über Crowdfunding seine Ideen verwirklichen kann. Nach dem Seminar habe ich gleich angefangen, alles für meine Aktion zusammenzustellen: Ich habe mein Musik-Projekt genau beschrieben und einen kleinen Film aufgenommen mit Interviews von meinen Fans und Musikerkollegen (das war der beste Tipp des Trainers). Die Leute sollten ja wissen, warum es sich lohnt, in mein Album zu investieren. Und dann hat mein Projekt wirklich schon nach wenigen Wochen auf der Plattform genug Finanzierer gefunden und ich konnte mit meiner Band für die Aufnahmen ins Tonstudio gehen.
Und jetzt ist sie also da, meine erste CD und ich schicke sie dir gleich morgen mit der Post 🙂
Ich hoffe, sie gefällt dir!

Liebe Grüße
Monika

Sehr **(0)** *Herr Weidenreich,*

ich **(1)** *Ihnen heute, da ich Ihnen nochmals herzlich danken möchte. Vor gut vier Monaten hatte ich Ihr Seminar besucht und jetzt freue ich mich, Ihnen meine erste* **(2)** *schicken zu können. Ihr* **(3)** *hat mich so motiviert, dass ich sofort mit der Umsetzung meines Traumes angefangen habe. Ich habe gleich danach eine* **(4)** *meines Projektes erstellt. Besonders froh war ich über Ihren Tipp mit dem* **(5)**. *Meine Crowdfunding-Aktion war sehr* **(6)**: *Ich hatte schnell das nötige* **(7)** *zusammen. Und dann konnten meine Band und ich die CD* **(8)**. *Ohne Ihr hervorragendes Training* **(9)** *das sicherlich anders verlaufen.*
Ich danke Ihnen nochmals recht herzlich und verbleibe mit den besten **(10)**

Ihre
Monika Frühauf

0. geehrter

▶ Ü 5

7 Würden Sie gerne ein Unternehmen gründen? Was würde Sie daran reizen, was eher abschrecken? Berichten Sie.

Porträt

Petra Jenner (*13. November 1964)

Geschäftsführerin und Autorin

Man kann Menschen nicht kontrollieren

Nach ihrer Ausbildung zur Betriebswirtin und Wirtschaftsinformatikerin leitete Petra Jenner als Geschäftsführerin verschiedene Unternehmen der IT-Branche und war in Zentral- und Nordeuropa tätig. 2009 wurde sie Geschäftsführerin von Microsoft Österreich und schon nach zweieinhalb Jahren bot ihr der Konzern die Geschäftsleitung von Microsoft Schweiz an, die sie gut vier Jahre erfolgreich ausführte.

Petra Jenner

Während ihrer Zeit als Microsoft-Geschäftsführerin in Österreich und der Schweiz setzte sie zahlreiche zukunftsorientierte Strategien um. So wurden unter ihrer Leitung die Arbeitsplätze der Angestellten sowie die Arbeitsabläufe in den Microsoft-Niederlassungen in Österreich und der Schweiz komplett umgestaltet: Die festen Büroplätze wichen flexiblen Arbeitsplatzmodellen und der Arbeit im Homeoffice. Diese strukturelle Veränderung wurde von allen Seiten positiv aufgenommen, auch weil Jenner von Anfang an großen Wert darauf legte, die Mitarbeitenden aktiv in den Prozess einzubinden und nicht über ihren Kopf hinweg zu entscheiden. Sie war und ist überzeugt, dass es nur so gelingen kann, die Unterstützung der Mitarbeitenden bei Veränderungen zu bewahren.

Das ist auch die Botschaft, die Petra Jenner besonders am Herzen liegt: Auch im Job wollen alle Menschen wahrgenommen werden – und zwar als Menschen und nicht nur als Angestellte, Kollegen oder Vorgesetzte. Zu diesem Thema hat sie ein Buch veröffentlicht, in dem es genau um diesen am Menschen orientierten Führungsstil geht. In „Mit Verstand und Herz. Authentisch und erfolgreich: Führungskraft ist weiblich" beschreibt sie, wie es ihr als Frau in einer von Männern dominierten Branche gelang, erfolgreich zu sein, ohne sich verstellen zu müssen. Sie sieht die größte Herausforderung für Führungskräfte darin, einen goldenen Mittelweg zu finden: zwischen dem klassischen, an wirtschaftlichen Erfolgszahlen orientierten Führungsstil und einem Führungsstil, bei dem der Mensch mit seinen individuellen Fähigkeiten und Emotionen im Mittelpunkt steht. Nur so kann es ihrer Meinung nach gelingen, der ständig wachsenden Zahl von Arbeitnehmenden entgegenzuwirken, die durch Burn-Outs arbeitsunfähig werden oder innerlich schon gekündigt haben, weil sie jegliche Motivation und Freude an ihrer Arbeit verloren haben.

Petra Jenner lässt auch im Beruf Emotionen ganz bewusst zu und legt großen Wert auf aktives Zuhören, um mehr Empathie und Einfühlungsvermögen in den Berufsalltag einbringen zu können. Dies ist aus ihrer Sicht unerlässlich, um eine Basis für ein vertrauensvolles Miteinander zu schaffen. Denn nur in einem offenen Arbeitsklima, in dem nicht ständig kontrolliert werden muss, engagieren sich Mitarbeitende gerne. In motivierten Angestellten, die ihre Aufgaben aus eigenem Antrieb selbstständig erledigen wollen, sieht Petra Jenner eines der wichtigsten Potenziale erfolgreicher Firmen.

Petra Jenner ist verheiratet. In ihrer Freizeit tanzt sie gerne, fährt Ski und macht Yoga. Außerdem liebt sie es, zu verreisen.

www Mehr Informationen zu Petra Jenner.

Sammeln Sie Informationen über Persönlichkeiten oder Firmen aus dem In- und Ausland, die für das Thema „Wirtschaft" interessant sind, und stellen Sie sie im Kurs vor. Sie können dazu die Vorlage „Porträt" im Anhang verwenden.

Beispiele aus dem deutschsprachigen Bereich: Victorinox – VW – Konrad Zuse – Daniel Borel – Willi Verhuven – Adidas – Palfinger Gruppe – Joschka Fischer – Louise Piëch – Mabel Zuppinger – Margarete Steiff

1 Nominalisierung und Verbalisierung von Temporalsätzen

Nominalform	Verbalform
Seit der Entdeckung der Steinkohle hat das Ruhrgebiet eine rasante Entwicklung genommen.	**Seitdem** die Steinkohle entdeckt wurde, hat das Ruhrgebiet eine rasante Entwicklung genommen.
Nach dem Ende des Krieges stieg die Bevölkerungszahl bis 1950 rasch an.	**Nachdem** der Krieg beendet worden war, stieg die Bevölkerungszahl bis 1950 rasch an.
Die Kohle spielte **beim** wirtschaftlichen Wiederaufbau der Bundesrepublik eine entscheidende Rolle.	Die Kohle spielte eine entscheidende Rolle, **als** die Bundesrepublik wirtschaftlich wieder aufgebaut wurde.
Bis zum Beginn des wirtschaftlichen Abschwungs vergingen nur wenige Jahre.	**Bis** der wirtschaftliche Abschwung begann, vergingen nur wenige Jahre.
Vor dem Beginn der Kohlekrise arbeiteten die meisten Menschen in der Rohstoffverarbeitung.	**Bevor** die Kohlekrise begann, arbeiteten die meisten Menschen in der Rohstoffverarbeitung.
Während der Kohleförderung wurde in den Zechen schwer gearbeitet.	**Während** man Kohle förderte, wurde in den Zechen schwer gearbeitet.

2 Nominalisierung und Verbalisierung von Kausalsätzen

Nominalform	Verbalform
Wegen der starken Konkurrenz müssen die Unternehmenskosten möglichst niedrig gehalten werden.	**Weil/Da** die Konkurrenz stark ist, müssen die Unternehmenskosten möglichst niedrig gehalten werden.

3 Nominalisierung und Verbalisierung von Modalsätzen

Nominalform	Verbalform
Durch die Verlegung von Produktionsstätten ins Ausland profitieren Unternehmen von besseren Standortbedingungen und Steuervorteilen.	Unternehmen profitieren von besseren Standortbedingungen und Steuervorteilen, **indem** sie Produktionsstätten ins Ausland verlegen.
Durch das grenzenlose Einkaufen im Internet ist man als Konsument nicht mehr nur auf die Produkte und Dienstleistungen aus seinem eigenen Land angewiesen.	**Dadurch, dass** man im Internet grenzenlos einkaufen kann, ist man als Konsument nicht mehr nur auf die Produkte und Dienstleistungen aus seinem eigenen Land angewiesen.

Perfektes Timing

1a **Sehen Sie den ersten Teil des Crowdfunding-Videos zum Kurzfilmprojekt „Perfektes Timing" ohne Ton. Worüber sprechen Alex und Benno? Sammeln Sie im Kurs Vermutungen.**

b **Sehen Sie den ersten Teil nun mit Ton. Ergänzen und korrigieren Sie Ihre Sammlung aus 1a.**

2a **Arbeiten Sie zu dritt. Sehen Sie den Rest des Films. Jeder macht Notizen zu einem Thema.**

- Namen und Charakter der von den Schauspielern vorgestellten Rollen
- Handlung des Kurzfilms
- Requisiten und Orte

b **Vergleichen und ergänzen Sie Ihre Notizen. Schreiben Sie dann eine kurze Zusammenfassung zum Inhalt und den Personen im Film.**

Im Kurzfilm „Perfektes Timing" soll es um einen Jungen gehen, der …

3 **3a Ein Schauspieler wird vom Regisseur gebeten, seine Rolle auf Bairisch vorzustellen. Sehen Sie die Szene noch einmal und „übersetzen" Sie den Text.**

Hallo! Ich bin der Andreas Bittl und ich spiele den ...

b Warum möchte der Regisseur, dass der Schauspieler Bairisch spricht und weshalb ist der Schauspieler überrascht? Wie finden Sie die Idee?

4 Welche Witze und Gags wurden in den Crowdfunding-Film eingebaut? Wie werben die Filmemacher für Ihr Projekt? Sehen Sie den Film unter diesem Aspekt noch einmal und sammeln Sie im Kurs.

Werbung für finanzielle Unterstützung des Films	
einmalige Witze und Gags	
sich wiederholende Witze und Gags	

5 Die Finanzierung des Films ist geglückt und der Film wurde realisiert. Recherchieren Sie weitere Infos zum fertigen Film. Haben Sie Lust, den Kurzfilm anzusehen? Begründen Sie.

Ziele

1

Träume, Wünsche, Ziele – Welche habt ihr?
Welche Ziele, Träume und Wünsche habt ihr in eurem Leben und welche habt ihr schon erreicht? Gibt es ein Ziel, das ihr schon lange versucht zu erreichen, aber es klappt einfach nicht? Schreibt uns über eure Erfahrungen. Wir sind gespannt ...

30.3. / 11:14 Uhr
Zuerst möchte ich sagen, dass ich Wünsche und Träume streng von meinen Zielen trenne. Ziele sind für mich Dinge, die ich auf alle Fälle erreichen muss, um im Leben weiterzukommen. Mein oberstes Ziel ist deshalb, meine Ausbildung erfolgreich abzuschließen. Außerdem will ich mehrere Sprachen sprechen können. Englisch und Spanisch kann ich schon ganz gut. Zurzeit lerne ich Japanisch. Mein Traum ist es, einen Sprachkurs in Tokio zu besuchen, aber das ist sehr teuer. Mein Wunsch wäre, Japanologie zu studieren.

2

30.3. / 07:38 Uhr
Da ich schon älter bin, habe ich viele meiner Ziele schon erreicht: Ich habe eine Familie (habe schon zwei Enkelkinder ☺), einen tollen Job, bin viel gereist und habe Haus und Garten versorgt. Was will man mehr? Ich frage mich oft, ob ich schon alles getan habe, was ich wollte, und was meine nächsten Ziele sind. Mir fallen im Moment aber nur kleinere Ziele ein: Ich möchte mich unbedingt mehr bewegen und eigentlich möchte ich in Zukunft viel mehr für mich tun. Ich war immer für andere da. Ich glaube, es ist an der Zeit, etwas mehr an mich zu denken.

Sie lernen

Modul 1 | Einen Leserkommentar zu einem Interview über soziale Netzwerke schreiben

Modul 2 | Notizen zu einem Gespräch über berufliche Ziele machen

Modul 3 | Einen Artikel über gute Vorsätze verstehen und Tipps zum Erreichen von Vorsätzen geben

Modul 4 | Einen Aufsatz über freiwilliges Engagement schreiben

Modul 4 | Kurze Berichte von engagierten Menschen zusammenfassen

Grammatik

Modul 1 | Negative Konsekutivsätze mit *zu ..., um zu / als dass*

Modul 3 | Nominalisierung und Verbalisierung von Konzessiv- und Finalsätzen

5

▶ AB Wortschatz

3

29.3. / 19:22 Uhr
Ich denke, man muss zwischen realen Zielen und Träumen unterscheiden. Bei mir ist es so, dass ich schon lange davon träume, zusammen mit meiner Freundin eine Weltreise zu machen. Nur leider ist das bei meinem Einkommen unbezahlbar. Also wird das ein Traum bleiben, wenn ich nicht gerade im Lotto gewinne … Aber auch das ist ein Traum, den fast jeder hat. 🙂 Wenn es um meine Ziele geht, dann steht meine Hochzeit ganz oben. Meine Freundin und ich kennen uns schon acht Jahre. Es ist an der Zeit, den nächsten Schritt zu tun. Die Hochzeit ist bereits geplant …

1a Lesen Sie die Blogeinträge. Was denken Sie, welche Person hat welchen Eintrag geschrieben? Begründen Sie.

b Welche Ziele, Wünsche und Träume haben die Personen? Wie realistisch sind sie?

c Schreiben Sie einen kurzen Blogeintrag mit Ihren Zielen, Wünschen und Träumen.

2a Lesen Sie die Kalenderblätter. Erklären Sie, was in den Zitaten über Ziele gesagt wird.

1. Februar

Der Langsamste, der sein Ziel nur nicht aus den Augen verliert, geht immer noch geschwinder als der, der ohne Ziel herumirrt.

Gotthold Ephraim Lessing

1. August

Der ans Ziel getragen wurde, darf nicht glauben, es erreicht zu haben.

Marie von Ebner-Eschenbach

1. Oktober

Kein Ziel ist so hoch, dass es unwürdige Methoden rechtfertigte.

Albert Einstein

b Welches Zitat gefällt Ihnen am besten? Warum?

Vernetzt

1a Nutzen Sie soziale Netzwerke? Welche und warum? Berichten Sie.

b Lesen Sie die Aussagen über soziale Netzwerke. Welcher stimmen Sie zu, welcher nicht? Begründen Sie.

A Wer sich in einem Netzwerk anmeldet, kommt seinen beruflichen Zielen durchaus ein Stückchen näher. Netzwerke fördern den Austausch und ermöglichen es, die Karriere durch Kontakte voranzutreiben.

B Soziale Netzwerke treiben uns unter dem Vorwand der Freiheit in die Isolation, denn virtuelle Freundschaften sind nicht in der Lage, reale Beziehungen zu ersetzen. Ich finde, sie sind meist nur oberflächlich und eindimensional.

2a Lesen Sie das Interview über soziale Netzwerke. Unterstreichen Sie in jedem Absatz die Hauptinformationen.

Kaum ein anderes Medium hat sich so schnell verbreitet wie soziale Netzwerke. Über die Ursachen und Folgen dieser rasanten Entwicklung haben wir mit dem Medienpädagogen Tobias Grimm gesprochen.

1 ______________________________

____

Der wichtigste Grund ist darin zu sehen, dass ein optimales Networking sowohl auf beruflicher als auch auf privater Ebene das Leben erleichtert. Kontakte in verschiedenen Branchen und Regionen können die Karriere vorantreiben und einen mit interessanten Menschen zusammenführen. Darüber hinaus sind Netzwerke natürlich Orte, an denen man zusammen Zeit verbringen kann, auch wenn man räumlich getrennt ist.

2 ______________________________

Ein Netzwerk geht in der Regel von einer Person oder einem Unternehmen aus. Von diesem Anfangspunkt verzweigt sich ein Netzwerk über direkte Kontakte – wie beispielsweise die Familie oder Kollegen – und weitere Kontakte. Auch Kontakte zweiten oder dritten Grades, also die „Kontakte der Kontakte", können berufliche oder private Vorteile bringen. In allen Netzwerken findet man sogenannte Agenten. Das sind Personen, die sehr viele Kontakte um sich sammeln. Wer mehrere solcher Agenten kennt, dessen Netzwerk wird fast automatisch größer. Denn die Agenten wirken wie Multiplikatoren und ermöglichen die Kontaktaufnahme zu vielen verschiedenen Menschen in relativ kurzer Zeit.

3 ______________________________

Soziale Netzwerke haben natürlich auch ihre Schattenseiten. Erstens glauben viele Nutzer, die Lebensräume im Netz würden sich in ihren Gesetzmäßigkeiten nicht von der realen Welt unterscheiden. Aber im virtuellen Raum existiert keine Zeit. Was hier einmal präsentiert wird, bleibt für immer. Zweitens ist alles, was man im Netz tut, öffentlich und das kann größere Auswirkungen haben. So besteht z. B. die Gefahr, sich durchsichtig zu machen: Zum Beispiel liefere ich durch Einkäufe im Internet laufend Daten über mich. Viele Netzwerke verkaufen diese Daten und erzielen damit riesige Gewinne. Sie beteuern natürlich das Gegenteil. Aber hinsichtlich der Datensicherheit wurde schon zu oft gelogen, als dass man den Betreibern von Netzwerken glauben könnte.

4 ______________________________

In einer Gesellschaft, in der es sehr wichtig ist, dass man sich öffentlich präsentiert, ist es für viele Nutzer normal, möglichst umfangreiche Angaben über sich ins Netz zu stellen. Viele User vertreten die Meinung, man sei ja damit aufgewachsen und somit sei es selbstverständlich, dass alles öffentlich wird. Andere meinen, sie hätten nichts zu verbergen oder zu verheimlichen, also könne ihnen nichts passieren. Aber dazu will ich sagen: Persönliche Daten sind zu wichtig, um sie bedenkenlos ins Netz zu stellen.

5 ____________________

Die E-Mail ist zurzeit ein etabliertes Kommunikationsmittel, das wir sicher noch einige Jahre nutzen werden. Allerdings stoßen viele Firmen durch die E-Mail-Flut an ihre Grenzen. Täglich gehen zu viele E-Mails ein, als dass die Mitarbeiter sie alle lesen könnten. Die Lösung dieses Problems sind interne Netzwerke. Dadurch können die Mitarbeiter einer Firma viel effizienter kommunizieren. In der Praxis sieht das so aus, dass jedes Unternehmen ein eigenes Netzwerk für seine Mitarbeiter anbietet, über das die betriebliche Kommunikation läuft, vergleichbar den Pinnwänden und Foren öffentlicher Netzwerke. Allerdings sind heute die Anschaffungskosten für Netzwerke noch zu hoch, um sie erfolgreich auf dem Markt durchzusetzen. Irgendwann werden jedoch firmeneigene Communitys den Mitarbeitern erlauben, ihre Kommunikation zu bündeln.

b **Rekonstruieren Sie die Interviewfragen und ergänzen Sie sie im Text.** ▶ Ü 1–2

c **Worauf sollte man bei der Nutzung von sozialen Netzwerken achten? Formulieren Sie Tipps.**

3a **Wie sind die Konsekutivsätze im Interview (Abschnitt 3–5) formuliert? Notieren Sie sie in der Tabelle.**

1. Hinsichtlich der Datensicherheit wurde schon so oft gelogen, dass man den Betreibern von Netzwerken **nicht** glauben kann.	*Hinsichtlich der Datensicherheit wurde schon zu oft gelogen, als dass man den Betreibern von Netzwerken glauben könnte.*
2. Persönliche Daten sind so wichtig, dass man sie **nicht** bedenkenlos ins Netz stellt.	
3. Täglich gehen so viele E-Mails ein, dass die Mitarbeiter sie **nicht** alle lesen können.	
4. Allerdings sind heute die Anschaffungskosten für Netzwerke noch so hoch, dass sie sich **nicht** erfolgreich auf dem Markt durchsetzen.	

b **Vergleichen Sie die Sätze in 3a. Markieren Sie, was anders ist, und ergänzen Sie die Regel.**

Nebensatz — zwei — Konjunktiv II — Infinitiv — negative

G

Negative Konsekutivsätze

Konsekutivsätze mit *zu …, um zu* und *zu …, als dass* drücken eine ____________________ Folge aus. Sie bestehen aus ____________________ Teilen: *zu* steht im Hauptsatz vor einem Adjektiv oder Partizip, *um zu* und *als dass* leiten den ____________________ ein. Nach *um zu* steht der ____________________, nach *als dass* steht das Verb im ____________________.

▶ Ü 3–6

c **Verbinden Sie die Sätze mit *zu …, um zu* oder *zu …, als dass*.**

1. Mitarbeiter haben oft viel Stress. Sie können nicht alle E-Mails beantworten.
2. Manche Firmen machen wenig Gewinn. Ein internes Netzwerk ist für sie nicht finanzierbar.
3. Im Internet gibt es viele Gefahren. Man kann sich nicht vor jeder Gefahr schützen.
4. Manche User sind unvorsichtig. Sie bemerken Cyberkriminalität nicht rechtzeitig.

▶ Ü 7–8

4 **Schreiben Sie Ihre Meinung zum Interview in einem Leserkommentar. Wägen Sie Vor- und Nachteile von sozialen Netzwerken ab. Begründen Sie Ihren Standpunkt.**

Der Weg ist das Ziel

1a Welche beruflichen Ziele haben Sie? Beschreiben Sie sie kurz.

▶ Ü 1–2 **b Wie wollen Sie diese Ziele erreichen?**

2a Wege zum Ziel. Ordnen Sie die Verben zu. Es gibt mehrere Möglichkeiten.

1. seine Ziele ______________________
2. sich auf ein Teilgebiet ______________________
3. bis ins Detail ______________________
4. sich Gedanken über eine Veränderung ______________________
5. einen Leitfaden ______________________
6. eine Bestandsaufnahme ______________________
7. ein Stärken- und Schwächenprofil ______________________
8. sich die Frage nach seinen Wünschen ______________________

stellen, anfertigen, machen, spezialisieren, erstellen, planen, entwickeln, formulieren

2.8

b Sie hören jetzt eine Radiosendung zum Thema „Berufliche Ziele". Sie hören den Text nur einmal. Ergänzen Sie beim Hören die Sätze 1–10 mit der passenden Information. Schreiben Sie nicht mehr als vier Wörter pro Satz.

1. Kommunikationswirte sind in Werbe- und Marketingabteilungen fast aller ______________________ tätig.
2. Die Haupttätigkeit eines Kommunikationswirtes ist ______________________.
3. Frau Wendt hat zuerst eine Ausbildung bei ______________________ gemacht.
4. Herr Lehmann arbeitet als ______________________.
5. Die Zeit, in der wir arbeiten, ist ein Großteil ______________________.
6. Wenn der Anteil der angenehmen Arbeiten ______________________ liegt, sollte man sich beruflich verändern.
7. Frau Wendt hat das Stärken- und Schwächenprofil geholfen, leichter ______________________ zu treffen.
8. Das formulierte Ziel muss ______________________ haben.
9. Man kann sein Ziel umsetzen, indem man bis ______________________ plant.
10. Oft verschieben Menschen ihr Ziel, weil sie nicht ______________________ wollen.

3 2.9 **Hören Sie den zweiten Teil der Radiosendung noch einmal. Notieren Sie während des Hörens die Tipps, die Herr Lehmann für die Berufsplanung gibt.**

1. Tipp: Bestandsaufnahme
- *Was macht mir Spaß?*
- *Was mache ich nicht gerne?*
- *Stärken- und Schwächenprofil entwickeln*

2. Tipp:

3. Tipp:

4. Tipp:

5. Tipp:

▶ Ü 3

4 **Ein Ziel zu haben und es zu erreichen sind zwei verschiedene Dinge. Um Ziele zu realisieren, braucht man eine systematische Planung. Überlegen Sie sich zuerst ein für Sie wichtiges Ziel. Planen Sie es mithilfe der Fragen. Präsentieren Sie Ihr Ziel anschließend einem Partner / einer Partnerin. Er/Sie stellt Ihnen zu Ihrem Ziel Fragen.**

Wie viel Zeit brauchen Sie, um Ihr Ziel zu erreichen?

Was ist alles nötig, damit Sie Ihr Ziel erreichen können (Wissen, Können …)?

Wie und wo bekommen oder erlernen Sie das, was Ihnen noch fehlt?

Haben Sie einen Plan B, falls Sie nicht vorankommen?

Mein großes Ziel in den nächsten Jahren ist, … zu studieren. Deshalb will ich mich zuerst bei der Studienberatung erkundigen.

Ist dein Schulabschluss hier anerkannt?

SPRACHE IM ALLTAG

Vom Planen

etw. läuft nach Plan
etw. verläuft planmäßig
etw. steht auf dem Plan
einen Plan B haben
etw. ist verplant

▶ Ü 4

Ab morgen!

1a **Was sind typische „gute Vorsätze"? In welchen Situationen fasst man sie?**

b **Finden Sie es schwer, gute Vorsätze in die Tat umzusetzen? Warum (nicht)?**

2a **Lesen Sie den Artikel. Arbeiten Sie zu zweit und beantworten Sie die Fragen.**

1. Welche guten Vorsätze fassen die Deutschen laut einer Studie?
2. Wie bilden sich Gewohnheiten?
3. Wann verändert man seine Gewohnheiten?
4. Was versteht man unter dem „Falsche-Hoffnung-Syndrom"?
5. Welche Strategien helfen bei der Umsetzung guter Vorsätze?

Gute Vorsätze

Kaum haben sich zum Jahreswechsel die Rauchschwaden der Raketen und Böller am Himmel in Luft aufgelöst, erscheinen am Horizont unzählige Lichtblicke: Die guten Vorsätze für das neue Jahr gehen an den Start.

Beim Jahreswechsel wollen sich laut einer Umfrage 57 Prozent der Deutschen mehr bewegen, 48 Prozent nehmen sich vor, gesünder zu essen, 36 Prozent wollen an Gewicht verlieren und 19 Prozent planen, das Rauchen aufzugeben. Obwohl sie sehr motiviert sind, verpufft nach zwei bis drei Monaten bei mehr als der Hälfte der Befragten die Anfangsbegeisterung. Schlimmer noch: Sie geben auf. Mangelnde Lust, zu wenig Zeit und zu viel Stress, vor allem aber zu hohe Ziele geben die Gestrauchelten als Gründe für die schnelle Kapitulation an.

Aber wie bilden sich eigentlich Gewohnheiten? Sie entwickeln sich aus bewusst getroffenen Entscheidungen, die zum Zeitpunkt ihres Entstehens vom Gehirn als positiv, nützlich, gut oder spannungsmindernd bewertet wurden. Hat sich eine Gewohnheit gebildet, wird sie „automatisiert". Half also einst das üppige Essen dabei, Spannungen abzubauen, wenn sich Unlust und Frust einstellten, wird das Bewältigungsverhalten im Gehirn als positives Gefühl wahrgenommen und nach mehrfachen Wiederholungen gespeichert und „eingebaut".

Wenn das Leiden sehr stark ist, kann es dazu kommen, dass sich der Betroffene eine Veränderung wünscht. Auf der einen Seite stehen also alltägliche Verlockungen wie der Genuss. Auf der anderen Seite winkt das schlechte Gewissen, weil der Verstand beispielsweise um die Nachteile von andauernder Bewegungsarmut und Übergewicht weiß: Herz- und Kreislaufprobleme, Diabetes-Risiko und vieles mehr. Kanadische Psychologen erforschten das Gesundheitshandeln von Menschen, die abnehmen wollten. Sie versuchten herauszubekommen, warum so viele Menschen mit guten Vorsätzen mehrmals scheitern, sich aber immer wieder zu guten Vorsätzen aufraffen, und stießen auf das Falsche-Hoffnung-Syndrom. Weil sie unrealistische Erwartungen hatten, scheiterten viele hoch motivierte, aber schlecht informierte Menschen. Viele stellten sich vor, sie nähmen innerhalb kürzester Zeit viele Kilos ab, fänden auf diese Weise einen Traumpartner oder würden anschließend im Berufsleben besser zurechtkommen. Nachdem sie scheiterten, führten viele den Misserfolg auf mangelnde Anstrengung und auf die falsche Diätmethode zurück. Statt ihre Erwartungen zu korrigieren, wechselte das Gros einfach die Diät.

Menschen, die ein starkes Veränderungsbedürfnis haben, hilft es, wenn sie genau wissen, was sie für sich ändern wollen und sich darüber gut informieren. Wichtig ist dabei, so der Chemnitzer Psychologe Udo Rudolph, sich auf eine Sache zu konzentrieren und sich realistische Ziele zu setzen. Viele Menschen setzen sich zu hohe Ziele, sodass sie schnell Fehlschläge hinnehmen müssen. Also, nicht gleich alles ändern wollen: abnehmen, mehr bewegen und Rauchen aufgeben. Lieber eins nach dem anderen tun. Es ist hilfreich, kleine Schritte zu gehen. Wer sich überfordert, verliert schnell die anfängliche Freude an der Herausforderung. Aus Stubenhockern werden nur mit der Zeit Spitzenläufer.

Sinnvoll ist es auch, mit konkreten Formulierungen zu arbeiten. Anstatt zu sagen, man wolle gesünder essen, sagt man besser: „Ich esse fünfmal am Tag Obst oder Gemüse." Gut ist es, ein Tagebuch zu führen und sich für das Erreichen von Etappenzielen angemessen zu belohnen. Da sich der Mensch aber auch an Belohnungen gewöhnen kann, sollten sie in Maßen erfolgen. Um das Vorhaben besser bewältigen zu können, hilft womöglich auch die Gesellschaft anderer in entsprechenden Kursen.

Wer sich feste Termine und Teilziele setzt, sie aber dann und wann nicht einhalten kann, sollte nicht gleich verzweifeln. Aufgeschoben ist nicht aufgehoben. Nur darf das Aufschieben nicht zur Gewohnheit werden. Dann nämlich wird es stressig, weil das Selbstvertrauen schwindet.

b Was bedeuten die Ausdrücke aus dem Artikel? Ordnen Sie sie den Umschreibungen zu.

1. ____ sich etw. vornehmen (Z. 8)	A sich zwingen/überwinden, etw. zu tun
2. ____ verpuffen (Z. 11)	B zu viel von sich selbst verlangen
3. ____ sich einstellen (Z. 23–24)	C ein Ziel nicht erreichen
4. ____ scheitern (Z. 38)	D sich ein Ziel setzen
5. ____ sich zu etw. aufraffen (Z 38–39)	E eintreten, die Folge sein
6. ____ sich überfordern (Z. 60)	F sich auflösen, schnell schwächer werden

▶ Ü 1

3a Konzessivsätze. Ergänzen Sie die Regel mit *obwohl, trotzdem/dennoch, zwar …, aber* und *trotz.*

G

Konzessivsätze

Mit Konzessivsätzen drückt man einen Gegengrund oder eine Einschränkung aus.

Verbalform (Konnektor)

obwohl (Nebensatz)	*Obwohl* sie sehr motiviert sind, verpufft die Anfangsbegeisterung bei vielen Befragten schnell.
______________ (Hauptsatz mit Inversion)	Sie sind sehr motiviert, ______________ verpufft die Anfangsbegeisterung bei vielen Befragten schnell.
______________ (Hauptsatz)	Sie sind ________ sehr motiviert, ________ die Anfangsbegeisterung verpufft bei vielen Befragten schnell.

Nominalform (Präposition)

____________ + Genitiv	________ großer Motivation verpufft die Anfangsbegeisterung bei vielen Befragten schnell.

b Formulieren Sie die Sätze um. Verwenden Sie dabei alle Möglichkeiten zur Bildung von Konzessivsätzen aus 3a.

1. Obwohl sie gute Vorsätze haben, ernähren sich viele Menschen eher ungesund.
2. Viele Menschen haben ein schlechtes Gewissen, trotzdem schaffen sie es nicht, ihr Verhalten zu ändern.
3. Trotz des Wunschs nach Veränderung gelingt nur wenigen Menschen die Realisierung ihrer Vorsätze.
4. Viele Menschen machen zwar detaillierte Pläne, aber sie halten sich nicht daran.

▶ Ü 2–3

4 Finalsätze. Lesen Sie die Sätze 1–4 und ergänzen Sie die Regel.

1. Um das Vorhaben besser bewältigen zu können,
2. Damit man das Vorhaben besser bewältigen kann,
3. Zur besseren Bewältigung des Vorhabens
4. Für die bessere Bewältigung des Vorhabens

} hilft die Gesellschaft anderer in Kursen.

G

Finalsätze geben eine Absicht, einen Zweck oder ein Ziel an.

Verbalform (Konnektoren): ______________ Nominalform (Präpositionen): ______________

5 Verbinden Sie die Sätze mithilfe der Präpositionen.

1. Viele Leute verändern ihre Gewohnheiten. Sie wollen ihre Lebensqualität verbessern. (zu)
2. Er hat einige Schwierigkeiten. Er gibt seine Vorsätze nicht auf. (trotz)
3. Die Vorsätze werden leichter umgesetzt. Die Ziele sollten nicht zu hoch sein. (für)
4. Sie macht Überstunden. Ihr Gesundheitszustand ist schlecht. (trotz)

▶ Ü 4–6

6 Arbeiten Sie in Gruppen. Nennen Sie einen guten Vorsatz. Die anderen geben Tipps, wie Sie diesen Vorsatz erreichen können.

▶ Ü 7

Ehrenamtlich

1a Was bedeutet der Begriff „Ehrenamt“? In welchen Bereichen kann man sich engagieren? Waren Sie oder jemand, den Sie kennen, schon einmal ehrenamtlich aktiv? Berichten Sie.

b Beschreiben Sie die Karikatur. Was wird hier dargestellt?

P TELC

2a Lesen Sie den folgenden Text. Welche der Sätze a–h gehören in die Lücken 1–6? Es gibt jeweils nur eine richtige Lösung. Zwei Sätze können nicht zugeordnet werden. Lücke 0 ist ein Beispiel.

Beispiel:

z Sie erhalten außerdem Fortbildungen und können sich bei den Agenturen beraten lassen. *0*

a Während in einem Dorf die Feste der Freiwilligen Feuerwehr als soziales Highlight gelten, gibt es in der Stadt genug Abwechslung und Zerstreuung. ___
b Dasselbe gilt für das Einkommen. ___
c Menschen möchten die Gesellschaft und ihr Umfeld mitgestalten, etwas im Kleinen verändern und nicht passiv zusehen. ___
d Dort ist der Wohlstand vielerorts größer und die Arbeitslosenquote niedriger. ___
e Erfahrungsberichte von Freiwilligen können dabei helfen, die Probleme zu verstehen. ___
f Heute ist das oft anders. ___
g Auch im Rahmen eines sozialen Berufs kann man das zeigen. ___
h So setzen sich rund 34 Prozent regelmäßig für das Gemeinwohl ein. ___

STRATEGIE

Auf Textzusammenhänge achten

Textinhalte werden durch Bezugswörter verbunden. Achten Sie z. B. auf Pronomen, Konnektoren, Ort- und Zeitangaben und Synonyme. Überlegen Sie, worauf sie sich beziehen.

Das Ehrenamt – der Kitt der Gesellschaft

Ein Drittel aller Deutschen engagiert sich in der Freizeit ehrenamtlich und leistet damit einen großen Beitrag für unsere Gesellschaft.

Menschen, die sich ehrenamtlich engagieren möchten, werden heute professionell betreut. So können Interessierte z. B. in Online-Datenbanken von Freiwilligenagenturen unter zahlreichen Angeboten das passende finden. **–0–** Und an den meisten Einsatzorten gibt es sogar eigens abgestellte Mitarbeiter, die die Freiwilligen begleiten und ihnen mit Rat und Tat zur Seite stehen.

Sich für andere zu engagieren, ist weiter verbreitet, als man denkt. Die Zahlen klingen beeindruckend: **–1–** Unter Studenten sind es sogar zwei Drittel. Laut einer Untersuchung leisten die Freiwilligen jährlich rund 4,6 Milliarden Stunden ehrenamtliche Arbeit. Würde man diese Stunden mit dem Mindestlohn honorieren, käme man auf eine Summe von fast 40 Milliarden Euro. Damit würden die Kosten im sozialen Bereich immens steigen und viele Initiativen und Projekte wären unbezahlbar.

Aber wer engagiert sich eigentlich? Eine Studie besagt: Je höher der eigene Bildungsgrad, desto stärker das Engagement. **–2–** Wer mehr verdient, bringt sich häufiger in die Gesellschaft ein, im Schnitt 16,2 Stunden pro Monat.

Dies erklärt auch, warum in den südlichen Bundesländern Deutschlands mehr Menschen ein Ehrenamt übernehmen. **–3–** Außerdem ist ein Unterschied zwischen Stadt und Land auszumachen. Je kleiner die Gemeinde, desto größer das Engagement. Durch die soziale Kontrolle in kleinen Orten entsteht oft ein Mitmacheffekt. Umgekehrt gilt: In anonymen Großstädten ist das freiwillige Engagement am geringsten. Die soziale Kontrolle fehlt und oftmals der Anreiz. **–4–**

Ehrenamtlicher Einsatz lohnt sich oft auch in beruflicher Hinsicht, denn Arbeitgeber sehen es heute durchaus gern, wenn sich jemand für andere einsetzt. Man sollte entsprechende Tätigkeiten also unbedingt auf dem Lebenslauf vermerken. Damit kann man sich auch von der Masse der Bewerber absetzen.

Trotz der beeindruckenden Zahlen ist in der öffentlichen Diskussion von einer Krise im Ehrenamt die Rede. Das liegt am Strukturwandel, den der Freiwilligendienst durchlebt. So engagierten sich die Menschen früher langfristig in Vereinen, Parteien oder der Kirche und blieben den Organisationen über Jahre hinweg treu. **–5–** Besonders jüngere Menschen setzen sich gern für Projekte ein, die zeitlich und inhaltlich begrenzt sind, wie z. B. Deiche gegen Hochwasser bauen, Bäume auf dem Schulhof pflanzen oder im Wald Müll einsammeln.

Die Gründe, sich zu engagieren, sind aber sicherlich größtenteils gleich geblieben. **–6–** Wer Migranten bei Behördengängen unterstützt oder im Altersheim eine Theatergruppe leitet, lernt neue Lebenswelten und andere Perspektiven kennen. Ein Engagement bereichert also immer auch das eigene Leben. Nicht zu vergessen ist aber auch der Wunsch nach Geselligkeit und Abwechslung. Dies ist für die meisten Menschen oft ebenso wichtig, wie anderen zu helfen.

b Was sagt der Text zu den folgenden Punkten? Erklären Sie und diskutieren Sie anschließend über die Themen.

- sozialer Bereich mit/ohne Freiwillige/n
- Ehrenamt und Stellensuche
- Gründe für freiwilliges Engagement
- Veränderungen beim Ehrenamt
- Engagement der verschiedenen Bevölkerungsschichten

c Wie ist das freiwillige Engagement in Ihrem Land? Berichten Sie.

d Entscheiden Sie sich für ein Thema. Recherchieren Sie Informationen und präsentieren Sie sie in Gruppen.

Thema 1
Stellen Sie eine Organisation / einen Verein vor, in dem man sich engagieren kann.

Thema 2
Was und für wen ist der Bundesfreiwilligendienst?

Ehrenamtlich

3 **Die Stadtverwaltung veranstaltet einen Schreibwettbewerb zum Thema „Freiwilliges Engagement heute“. Schreiben Sie einen kurzen Aufsatz, der sich mit der Situation in Deutschland und/oder in Ihrem Heimatland beschäftigt (ca. 200 Wörter).**

a **Vor dem Schreiben. Überlegen Sie sich eine Struktur für Ihren Aufsatz.**

- Sammeln Sie Argumente und Ideen und notieren Sie Stichpunkte.
- Ordnen Sie die Argumente nach Ihrer Wichtigkeit.
- Sammeln Sie Beispiele und Zahlen.
- Notieren Sie persönliche Erfahrungen, die die Argumente belegen.

b **Markieren Sie Formulierungen, die Sie in Ihrem Aufsatz verwenden möchten.**

EINLEITUNG	ARGUMENTE/ GEDANKEN HERVORHEBEN
Dieses Thema ist von besonderer Aktualität, weil …	Hierbei muss man besonders betonen/hervorheben, dass …
Eine heute viel diskutierte Frage ist …	Besonders wichtig aber erscheint …
Die Auseinandersetzung mit diesem Thema ist wichtig, da …	Ausschlaggebend ist …
Mit diesem Thema muss man sich befassen, denn …	Man darf auch nicht übersehen, dass …
	Außerdem spielt noch … eine wichtige Rolle.
	Weitaus wichtiger / Von besonderer Bedeutung jedoch ist …

MIT BEISPIELEN VERDEUTLICHEN	ETWAS ERGÄNZEN
… ist dafür beispielhaft.	Darüber hinaus ist zu erwähnen, …
Das lässt sich mit folgendem Beispiel verdeutlichen: …	… sollte auch gesagt werden.
Als Beispiel kann … dienen.	Hinzuzufügen wäre noch …
Ein treffendes Beispiel dafür ist die Tatsache, dass …	Nicht zu vergessen ist die Tatsache, dass …
Ein Beispiel, das man hier unbedingt anführen sollte, ist …	

ETWAS WIEDERHOLEN	SCHLUSS
Wie bereits erwähnt, …	Zusammenfassend/Abschließend lässt sich sagen, …
Wie schon beschrieben, …	Mich überzeugen am stärksten diese Gründe: …
Wie bereits dargelegt/dargestellt, …	Meiner Einschätzung nach …
	In Anbetracht der aktuellen Situation …

c **Sehen Sie sich die Hinweise zum Aufbau des Aufsatzes an und ergänzen Sie Ihre Notizen aus 3a.**

1. Einleitung
- Bezugspunkte zur Aktualität
- Wichtigkeit des Themas hervorheben
- Gedanken, die zum Hauptteil überleiten

2. Hauptteil
- Formulierung der eigenen Grundhaltung
- Argumentation: Steigerung vom schwächsten Argument zum stärksten

3. Schlussteil
- abschließendes Gesamturteil
- Ausblick

d Schreiben Sie jetzt Ihren Aufsatz. Achten Sie auf komplexe Satzstrukturen und einen breiten Wortschatz.

e Kontrollieren Sie nun Ihren Text. Lesen Sie ihn mehrmals und achten Sie dabei immer nur auf zwei bis drei der folgenden Punkte.

- Sind die Verben und Subjekte an der richtigen Position?
- Sind die Artikel richtig?
- Haben Sie genug Konnektoren eingesetzt?
- Sind die Tempusformen korrekt?
- Stimmen die Präpositionen?
- Sind die Wörter richtig geschrieben?
- Haben Sie alle notwendigen Kommas und Punkte gesetzt?

▶ Ü 1

2.10-13

4a Hören Sie vier kurze Berichte von Personen, die sich ehrenamtlich engagieren. Notieren Sie Stichpunkte.

	Projekt / Art der Tätigkeit	Gründe für Engagement
Person 1 		
Person 2 		
Person 3 		
Person 4 		

b Arbeiten Sie zu zweit. Jeder fasst zwei Berichte zusammen. Ergänzen Sie gegenseitig Ihre Notizen.

c Welches Projekt finden Sie am interessantesten? Warum?

▶ Ü 2

Hermann Gmeiner *(23. Juni 1919–26. April 1986)*

Gründer der SOS-Kinderdörfer

Es war das Jahr 1949: Der Österreicher Hermann Gmeiner war gerade 30 Jahre alt, studierte Medizin und wollte Arzt werden. Doch jeden Tag erlebte er das Elend der Kriegswaisen. Das Mitgefühl für die Kinder war so stark, dass er alle seine bisherigen Lebenspläne aufgab und fast aus dem Nichts heraus im gleichen Jahr sein erstes SOS-Kinderdorf in Imst in Tirol eröffnete. Das war der Beginn seines Lebenswerkes.

Hermann Gmeiner mit Kindern aus dem SOS-Kinderdorf Bethlehem

Die Mutter, die Geschwister, das Haus und das Dorf – so einfach beschreibt Hermann Gmeiner die Grundbedürfnisse und die Grundrechte eines jeden Kindes. Und diese vier Säulen sind bis heute die Grundlage der SOS-Kinderdorf-Arbeit. Hermann Gmeiner entwickelte diese Überzeugung aus eigener Erfahrung: Er wurde 1919 als Sohn einer einfachen Bergbauernfamilie in Alberschwende im österreichischen Vorarlberg geboren. Als er fünf Jahre alt war, starb seine Mutter. Die älteste Schwester Elsa übernahm die Mutterrolle für die acht jüngeren Geschwister. Hermann Gmeiner sagte später oft, dass die Idee der SOS-Kinderdörfer seiner Mutter und seiner Schwester Elsa zu verdanken sei. Denn dank dieser beiden Frauen konnte er in Geborgenheit aufwachsen und seine Persönlichkeit entwickeln. Schon als Kind fiel Hermann Gmeiner als begabter Junge auf. Ein Stipendium ermöglichte ihm nach dem Krieg ein Studium der Medizin. Zusätzlich engagierte er sich in der Jugendfürsorge. Als er die bittere Not der Kriegswaisenkinder hautnah erlebte, entwickelte sich sein Wunsch zu helfen.

Hermann Gmeiner war tief überzeugt von seiner Idee und er verstand zu begeistern. Er begann im Freundeskreis mit einer einfachen Bitte: Mit nur einem österreichischen Schilling im Monat könne für viele Kinder das Schicksal zum Guten gewendet werden. Je mehr Menschen bereit seien, diesen einen Schilling im Monat zu spenden, desto mehr Kindern könne geholfen werden. Und Hermann Gmeiner gewann viele Unterstützer für seine Idee. Ein Dorf war ihm bald nicht genug, denn Not gab es überall. In jedem Land der Welt wollte er Kindern mit einem SOS-Kinderdorf helfen. 1956 wurde das erste SOS-Kinderdorf in Deutschland in Dießen am Ammersee eröffnet, 1963 das erste nicht-europäische SOS-Kinderdorf in Korea, in den 70er-Jahren folgten Kinderdörfer in Lateinamerika und Afrika.

Hermann Gmeiner stellte in den folgenden Jahren sein Leben in den Dienst seiner Idee. Er reiste um die Welt und traf sich mit den Mächtigen, den Einflussreichen, den Meinungsmachern und versuchte, sie alle für seine Idee zu gewinnen. Dabei war er sehr erfolgreich und schaffte es, eines der größten Sozialwerke der Welt für Kinder aufzubauen. 1986 starb Hermann Gmeiner in Innsbruck. Doch seine weltumspannende Idee lebt bis heute weiter.

Heute gibt es in 133 Ländern SOS-Kinderdörfer und das Kinderhilfswerk ist mittlerweile neben den rund 500 SOS-Kinderdörfern auch für zahlreiche Zusatzeinrichtungen wie Kindergärten, Schulen, Berufsausbildungsstätten und Sozial- und Medizinzentren verantwortlich und hilft so bedürftigen Kindern, Jugendlichen und Familien.

www Mehr Informationen zu Hermann Gmeiner.

Sammeln Sie Informationen über Persönlichkeiten aus dem In- und Ausland, die für das Thema „Ziele" interessant sind, und stellen Sie sie im Kurs vor. Sie können dazu die Vorlage „Porträt" im Anhang verwenden.

Beispiele aus dem deutschsprachigen Bereich: entia – Kindernothilfe – Aktion Deutschland hilft – Lebenshilfe – Ärzte ohne Grenzen

1 Negative Konsekutivsätze

Konsekutivsätze mit *zu …, um zu* und *zu …, als dass* drücken eine negative Folge aus. Sie bestehen aus zwei Teilen: *zu* steht im Hauptsatz vor einem Adjektiv oder Partizip, *um zu* und *als dass* leiten den Nebensatz ein. Nach *um zu* steht der Infinitiv, nach *als dass* steht das Verb im Konjunktiv II.

Konsekutivsatz mit *zu …, als dass* + Konjunktiv II	**Konsekutivsatz mit *so …, dass* + Negation**
Hinsichtlich der Datensicherheit wurde schon **zu** oft gelogen, **als dass** man den Betreibern von Netzwerken glauben könnte.	Hinsichtlich der Datensicherheit wurde schon **so** oft gelogen, **dass** man den Betreibern von Netzwerken **nicht** glauben kann.
Konsekutivsatz mit *zu …, um zu* + Infinitiv	**Konsekutivsatz mit *so …, dass* + Negation**
Persönliche Daten sind **zu** wichtig, **um** sie bedenkenlos ins Netz **zu** stellen.	Persönliche Daten sind **so** wichtig, **dass** man sie **nicht** bedenkenlos ins Netz stellt.

2 Nominalisierung und Verbalisierung von Konzessivsätzen

Mit Konzessivsätzen drückt man einen Gegengrund oder eine Einschränkung aus.

Verbalform (Konnektor)	
obwohl (Nebensatz)	**Obwohl** sie sehr motiviert sind, verpufft die Anfangsbegeisterung bei vielen Befragten schnell.
trotzdem/dennoch (Hauptsatz mit Inversion)	Sie sind sehr motiviert, **trotzdem/dennoch** verpufft die Anfangsbegeisterung bei vielen Befragten schnell.
zwar …, aber (Hauptsatz)	Sie sind **zwar** sehr motiviert, **aber** die Anfangsbegeisterung verpufft bei vielen Befragten schnell.
Nominalform (Präposition)	
***trotz* + Genitiv**	**Trotz** großer Motivation verpufft die Anfangsbegeisterung bei vielen Befragten schnell.

3 Nominalisierung und Verbalisierung von Finalsätzen

Finalsätze geben eine Absicht, einen Zweck oder ein Ziel an.

Verbalform (Konnektor)	
um … zu	**Um** das Vorhaben besser bewältigen **zu** können, hilft die Gesellschaft anderer in Kursen.
damit	**Damit** man das Vorhaben besser bewältigen kann, hilft die Gesellschaft anderer in Kursen.
Nominalform (Präposition)	
***zu* + Dativ**	**Zur** besseren Bewältigung des Vorhabens hilft die Gesellschaft anderer in Kursen.
***für* + Akkusativ**	**Für** die bessere Bewältigung des Vorhabens hilft die Gesellschaft anderer in Kursen.

Lügendetektor der Zukunft

1a Unser Gehirn. Welche Zahlen passen? Raten Sie zu zweit.

270 40 37 22 11 10 1,3

A Am leistungsfähigsten ist unser Gehirn, wenn wir ___________ Jahre alt sind. Schon mit ___________ geht es wieder bergab.

B Unser Gehirn wiegt ungefähr so viel wie 13 Tafeln Schokolade, nämlich ___________ Kilogramm.

C Sage und schreibe ___________ volle Badewannen Blut fließen jeden Tag durch unser Gehirn. Den darin enthaltenen Sauerstoff braucht das Gehirn, um zu funktionieren.

D Jede Sekunde treffen ca. ___________ Millionen Sinneseindrücke auf unser Gehirn. Diese können nicht alle verarbeitet werden, da hilft nur Selektion: Unser Gehirn filtert die ___________ wichtigsten Informationen heraus.

E Unser Gehirn arbeitet sehr schnell. Die Informationen zwischen Körper und Kopf rasen mit einer Geschwindigkeit von ___________ km/h durch unser Nervensystem.

b Kontrollieren Sie Ihre Antworten mit den Lösungen auf Seite 205. Welche Fakten finden Sie besonders interessant? Kennen Sie andere interessante Fakten über das menschliche Gehirn?

2a Sehen Sie den Film. Welche Aussage ist richtig? Kreuzen Sie an.

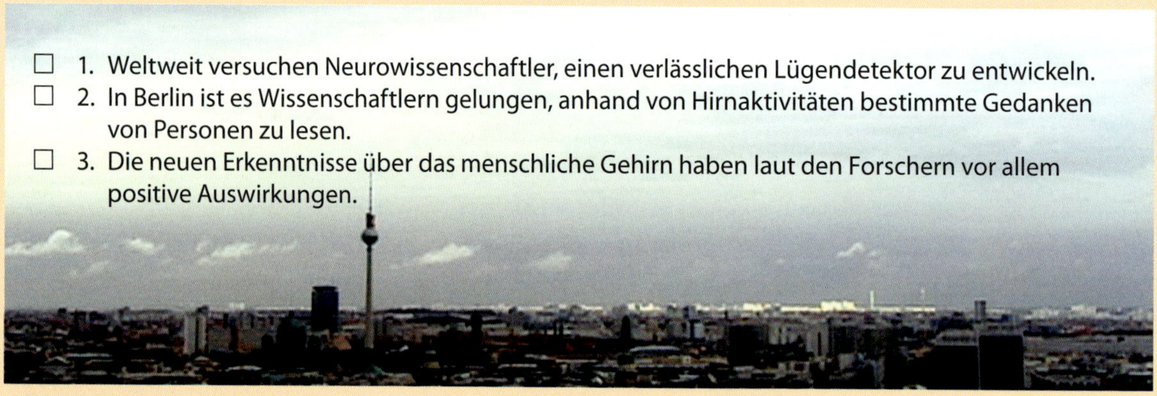

☐ 1. Weltweit versuchen Neurowissenschaftler, einen verlässlichen Lügendetektor zu entwickeln.
☐ 2. In Berlin ist es Wissenschaftlern gelungen, anhand von Hirnaktivitäten bestimmte Gedanken von Personen zu lesen.
☐ 3. Die neuen Erkenntnisse über das menschliche Gehirn haben laut den Forschern vor allem positive Auswirkungen.

b Welche Erklärung passt zu den Ausdrücken aus dem Film?

____ 1. ein Geheimnis lüften	A es gibt viele Meinungen dazu
____ 2. sich vortasten	B lenken
____ 3. verblüfft sein	C decodieren, herausfinden
____ 4. steuern	D sich langsam vorarbeiten
____ 5. etw. verwehren	E etw. aufklären/entdecken/verraten
____ 6. umstritten sein	F etw. verweigern
____ 7. entschlüsseln	G erstaunt sein

1 **3 Sehen Sie die erste Filmsequenz und beantworten Sie die Fragen.**

1. Was verbindet die computergestützte Neurowissenschaft?
2. Was ist das Ziel des Neurophysikers John-Dylan Haynes und seiner Kollegen?
3. Was wollen die Wissenschaftler mit dem beschriebenen Versuch herausfinden?
4. Wie läuft der Versuch ab?
5. Was ist das Ergebnis des Versuchs?
6. Was bedeutet das Ergebnis für die Zukunft?

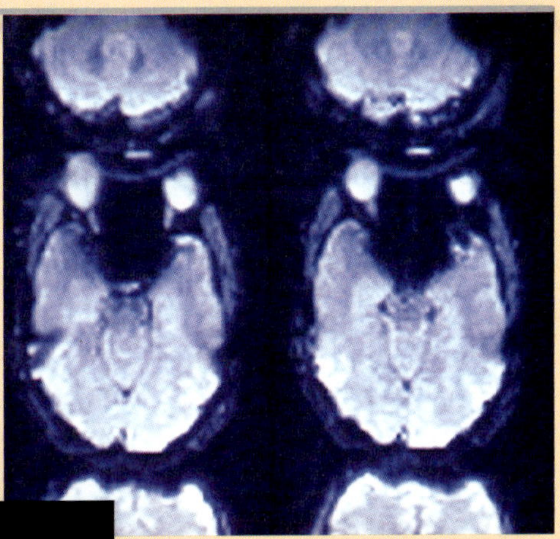

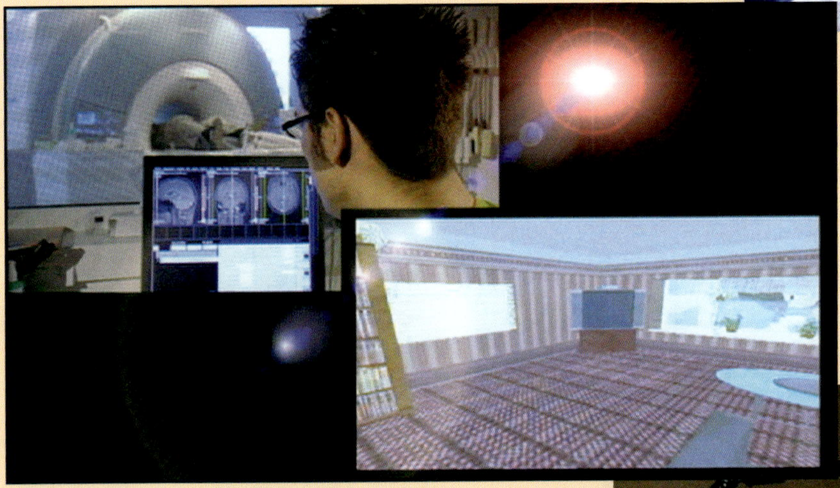

2 **4a Sehen Sie die zweite Filmsequenz. Erklären Sie, was John-Dylan Haynes meint.**

Es gibt ein ethisches Kontinuum bei dem Problem: Auf der einen Seite können wir die Absichten einer Person auslesen, die mit ihrer Gedankenkraft zum Beispiel ein künstliches Gliedmaß steuern möchte. Das heißt, ich stelle mir jetzt jemanden vor, der sich nicht mehr bewegen kann und kommunizieren möchte und zum Beispiel einen künstlichen Arm steuern möchte. So einer Person wollen wir natürlich helfen. Wir wollen dieser Person die Hilfe, die wir ihr mit unserer Forschung geben können, nicht verwehren. Auf der anderen Seite haben wir auch Anwendungen, die umstritten sind. Wir haben zum Beispiel die Lügendetektion.

b Der gläserne Mensch – Was bedeutet dieser Ausdruck? Welche Chancen und Gefahren sehen Sie? Diskutieren Sie.

Gesund und munter

A Wie lange schlafen Sie durchschnittlich jede Nacht?

- (a) Unter 5 Stunden.
- (b) 6 bis 7 Stunden.
- (c) 8 Stunden und mehr.

B Wann stoßen Sie mit Ihrer Ausdauer an Ihre Grenzen? Was strengt Sie am meisten an?

- (a) Wenn ich 200 m zur Bushaltestelle sprinte.
- (b) Wenn ich meine Einkaufstaschen in den vierten Stock hinauftrage.
- (c) Wenn ich länger als eine Stunde Fahrrad fahre.
- (d) Wenn ich eine halbe Stunde schnell jogge.

C Wie wichtig ist Ihnen ein gesunder Ernährungsstil? Wie oft informieren Sie sich in Zeitschriften oder im Internet?

- (a) Regelmäßig.
- (b) Ab und zu.
- (c) Nie.

D Welcher Frühstückstyp sind Sie? Wählen Sie ein Frühstück aus.

Sie lernen

Modul 1 | Notizen zu einer Radiosendung zum Thema „Placebo" machen und darüber sprechen

Modul 2 | Einen Zeitungsartikel zur Entwicklung der Gesundheit bei Männern und Frauen verstehen

Modul 3 | Informationen über Lebensmittelsicherheit und Schadstoffe in Lebensmitteln mit der Situation im eigenen Land vergleichen

Modul 4 | Einen Kommentar zu Texten über Wellness und Schönheitswahn schreiben

Modul 4 | Ein Handout für ein Referat analysieren und ein Referat halten

Grammatik

Modul 1 | Infinitivsätze in Gegenwart und Vergangenheit

Modul 3 | Nominalisierung und Verbalisierung von Konditionalsätzen

▶ AB Wortschatz

E Welche Hausarbeit(en) machen Sie häufig? Sie können mehrere ankreuzen.

F Stellen Sie sich aufrecht hin. Beugen Sie Ihren Oberkörper langsam so weit wie möglich nach unten. Die Arme und Hände strecken Sie in Richtung Boden. Die Beine sind gerade und die Fußsohlen auf dem Boden. Wie weit kommen Ihre Fingerspitzen?

ⓐ Bis zu den Knien. ⓑ Bis zum Schienbein. ⓒ Bis zu den Fußgelenken. ⓓ Bis auf den Boden.

G Wie viel Zeit haben Sie in der Woche für sich?

ⓐ Jeden Tag etwa eine Stunde.
ⓑ Ich nehme mir Zeit, wenn ich Zeit übrig habe.
ⓒ Ich mache am Wochenende etwas, das mir besonders guttut.
ⓓ Im Alltag habe ich kaum Zeit für mich, dafür aber im Urlaub.
ⓔ Ich brauche keine Zeit für mich.

H Wie oft gehen Sie pro Jahr zum Hausarzt, Zahnarzt ...?

ⓐ Mehrmals.
ⓑ Alle sechs Monate.
ⓒ Einmal.
ⓓ Bei Beschwerden.

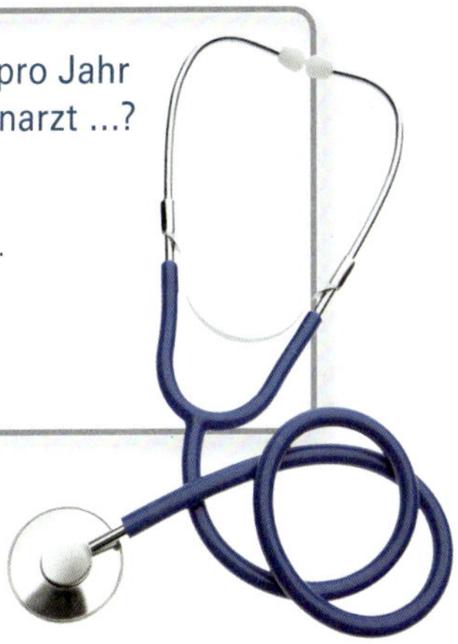

1a Sind Sie fit für den Alltag? Machen Sie den Gesundheits-Check. Kreuzen Sie bei A–H die Aussage an, die am besten für Sie passt.

b Lesen Sie die Auswertung auf Seite 205. Sind Sie fit? Was könnten Sie verändern?

2 Was halten Sie von solchen Gesundheitstests? Wozu können sie dienen? Warum machen Menschen solche Tests?

Zu Risiken und Nebenwirkungen …

1a Welche Hausmittel kennen oder nutzen Sie? Sammeln Sie Tipps oder Rezepte gegen verschiedene Krankheiten und Beschwerden (Husten, Kopfschmerzen, Bauchweh, Fieber …).

Meine Oma hatte ein tolles Hausmittel bei Fieber: Zwiebelsaft mit Zucker.
Wenn du nicht einschlafen kannst, …

b Wirken Hausmittel so gut wie Medikamente? Diskutieren Sie.

SPRACHE IM ALLTAG

Wenn es einem nicht gut geht

Ich fühle mich hundeelend.
Ich stehe völlig neben mir.
Mir tun alle Knochen weh.
Mir platzt der Schädel!
Mir ist richtig übel.

2a Was ist der Placebo-Effekt? Erklären Sie, was man darunter versteht und was das Foto damit zu tun hat.

2.14

b Hören Sie nun den ersten Teil einer Radiosendung zum Thema „Placebo". Machen Sie Notizen zu den Fragen.

1. Wie unterscheiden sich Placebos von Medikamenten?

____

____

2. Was wird über die Wirkung von Placebos gesagt?

____

3. Welche beiden Definitionen werden zum Begriff „Placebo" genannt?

klassische Definition: ______________________________

heutige Definition: ______________ *zwischen dem Präparat und dem Menschen*

2.15

c Lesen Sie die Fragen. Hören Sie den zweiten Teil und notieren Sie Informationen zu den Fragen.

1. Welchen Effekt konnte man in der Placebo-Forschung nachweisen?

____

2. Wie wirken welche Placebos?

Was?		**Wirkung**
weiße Pillen	→	wirken ______________ als bunte
______ Medikamente	→	eignen sich als ______________
______ Medikamente	→	wirken ______ und gut bei Rheuma und ______ ______ -Problemen
Kapseln	→	zeigen ______________ als ______
______	→	______________

3. Was ist der „Nocebo-Effekt"? Welche Rolle spielt dabei das Arzt-Patienten-Gespräch?

____

____

d Was haben Sie über Placebos erfahren? Berichten Sie und vergleichen Sie Ihre Notizen aus 2b und c in Gruppen.

▶ Ü 1–2

3a Infinitivsätze in Gegenwart und Vergangenheit. Lesen Sie die Beispiele aus der Radiosendung und ergänzen Sie die Infinitivsätze.

G

Infinitivsätze
dass-Satz in der Gegenwart → Infinitiv Präsens

Aktiv	
Die Moderatorin bittet Frau Dr. Schill,	**dass** sie den Zuhörern eine Definition für Placebos gibt. → den Zuhörern eine Definition für Placebos **zu** geben. **dass** sie die Wirkung der Präparate genauer erklärt. → ________________.
Passiv	
Es ist für die Patienten wichtig,	**dass** sie über die Wirksamkeit des Präparats informiert werden. → über die Wirksamkeit des Präparats informiert **zu** werden. **dass** sie nicht durch fehlende Aufklärung verunsichert werden. → ________________.
dass-Satz in der Vergangenheit → Infinitiv Perfekt	
Aktiv	
Die Forschung ist der Ansicht,	**dass** sie interessante Erkenntnisse gewonnen hat. → interessante Erkenntnisse gewonnen **zu** haben. **dass** sie neue Forschungsfragen aufgeworfen hat. → ________________.
Patienten berichten,	**dass** sie für die Gespräche sehr dankbar gewesen sind. → für die Gespräche sehr dankbar gewesen **zu** sein. **dass** sie ihrem behandelnden Arzt treu geblieben sind. → ________________.
Passiv	
Viele erinnern sich sicher,	**dass** sie bei Schmerzen getröstet worden sind. → bei Schmerzen getröstet worden **zu** sein. **dass** sie als Kind bei Krankheit verwöhnt worden sind. → ________________.

Die Umformung in einen Infinitivsatz ist nur möglich, wenn das Subjekt oder ein Objekt des Hauptsatzes mit dem Subjekt des dass-Satzes identisch ist.

▶ Ü 3

b Schreiben Sie mit den Satzanfängen dass-Sätze in der Gegenwart und in der Vergangenheit. Hauptsatz und Nebensatz sollen das gleiche Subjekt haben. Tauschen Sie dann mit einem Partner / einer Partnerin und formen Sie die dass-Sätze in Infinitivsätze um.

Ich erinnere mich nicht, … Meine Freundin ist der Ansicht, … … hatte ich schon die Befürchtung, …
Bei meinem Arzt habe ich das Vertrauen, … Ich denke oft, …
Wenn es einem nicht gut geht, hat man oft den Eindruck, …

Ich erinnere mich nicht, dass ich Masern gehabt habe.
Meine Freundin ist der Ansicht, dass sie im Krankenhaus gut versorgt wird.

▶ Ü 4

4 Haben Ihnen Placebos schon geholfen? Wann finden Sie ihren Einsatz (nicht) sinnvoll?

Gesünder leben

1a Was macht krank? Sammeln Sie.

b Im weltweiten Durchschnitt leben Frauen länger als Männer. Woran könnte das liegen? Diskutieren Sie mögliche Gründe.

2a Lesen Sie den folgenden Text. In welchem Textabschnitt A–F finden Sie die gesuchte Information 1–10? Es gibt jeweils nur eine richtige Lösung. Jeder Abschnitt kann mehrere Informationen enthalten.

In welchem Abschnitt …

1. nennt der Autor Bereiche aus der Gesundheitspolitik, die den Mann benachteiligen? ____
2. beschreibt der Autor, worauf Männer und Frauen ihre Energien konzentrieren? ____
3. stellt der Autor das unterschiedliche Essverhalten von Männern und Frauen dar? ____
4. erklärt der Autor, wie wenig Arztpraxen auf die Bedürfnisse berufstätiger Männer reagieren? ____
5. nennt der Autor die geistigen Voraussetzungen bei Neugeborenen? ____
6. bringt der Autor ein Beispiel dafür, wie Gesundheitsprogramme geschlechterspezifisch präsentiert werden können? ____
7. beschreibt der Autor, wie das soziale Umfeld männliche Kinder beim Heranwachsen prägt? ____
8. nennt der Autor eine typische Todesursache für Männer über 30? ____
9. kritisiert der Autor, dass Frauen von sich und dem Gesundheitssystem weniger ernst genommen werden? ____
10. beschreibt der Autor typisch männliche und typisch weibliche soziale Netzwerke? ____

Der Eva-Faktor

Warum Frauen länger leben und Männer früher sterben – und jeweils von der Medizin vernachlässigt werden

Frauen scheinen schon von Natur aus für ein längeres Leben prädestiniert zu sein. Während ein kleiner Junge – nennen wir ihn Max – eine Lebenserwartung von 77,3 Jahren hat, wird seine Schwester – Anna – rein statistisch 82,5 Jahre alt werden.

Nicht nur biologische Gründe, auch die Geschlechterrollen und das gesellschaftliche Umfeld machen den Unterschied aus. Würde im Gesundheitssystem das Geschlecht als Gesundheitsfaktor ernst genommen, könnten Männer *und* Frauen davon profitieren.

A Doch beginnen wir von vorn. Bevor ein Max oder eine Anna auf die Welt kommt, sorgen die biologischen Unterschiede für eine Auslese. Weibliche Babys bringen bereits einen kognitiven Vorsprung mit. „Ein neugeborenes Mädchen entspricht einem vier bis sechs Wochen alten Jungen“, sagt der amerikanische Kinderpsychiater Thomas Gualtieri.

Alan White, Fachmann für Männergesundheit an der Leeds Metropolitan University, stellen sich eher gesellschaftliche Fragen: „Woher weiß der Junge, wie er zum normalen Mann heranwachsen soll? Er unterlässt am besten alles, was Mädchen machen.“ Auch Eltern und Verwandte hätten einen wichtigen Anteil an diesem Rollenspiel und sähen über die Schwächen des männlichen Geschlechts gerne hinweg. Stattdessen würden oft Klischees von einem „echten Jungen“ gepflegt, meint White.

B In der Pubertät trennen sich die gesundheitlichen Pfade endgültig. Max holt sich blaue Flecken und Knochenbrüche beim Fußballmatch, Anna den ersten Termin beim Frauenarzt.

Es sind die ersten Merkmale unterschiedlicher Gesundheitskonzepte, die sich später für Frauen in gewonnenen Lebensjahren auszahlen. Anna plagt die Sorge ums Gewicht. Max dagegen schaufelt alles in sich hinein, was die Mutter ihm hinstellt. Vom Ende der Pubertät bis zum 25. Lebensjahr legen die Männer deutlich mehr Gewicht zu. Und auch danach gehen die Unterschiede weiter: Im Alter zwischen 25 und 34 Jahren essen deutsche Männer im Schnitt fast doppelt so viel Fleisch wie Frauen; dafür nehmen diese mehr Obst zu sich als Männer.

C In ihrem Verhalten folgen die Geschlechter einem archaischen Programm und teilen ihre Kräfte unterschiedlich ein, erklären Evolutionspsychologen. Frauen investierten mehr Energie in ihre Kinder, sie müssten daher bei der Auswahl der Männer wählerischer sein und ihren Körper pflegen; Männer verschwendeten im Kampf um die Frauen ihre Kräfte. Im Laufe der Evolution setzten sich Gene durch, die männliches Risiko- und Wettkampfverhalten fördern; das geht zulasten von Reparaturkapazitäten und Krankheitsprävention.

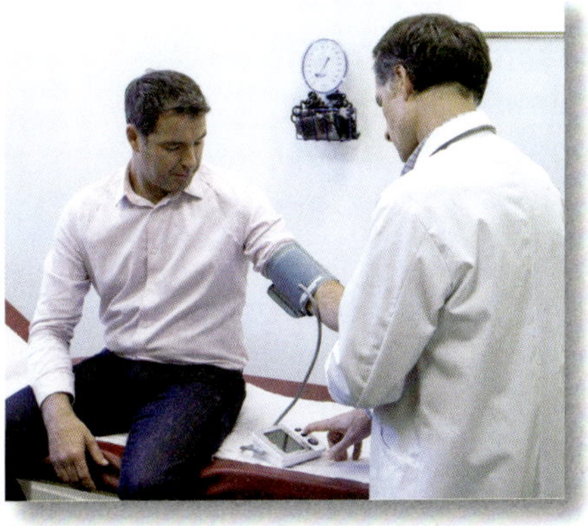

D Während Anna regelmäßig Ärzte aufsucht, vielleicht schon das erste Kind bekommt und deshalb noch häufiger unter medizinischer Kontrolle steht, hat Max, inzwischen 30, schon lange den Kontakt zum Gesundheitssystem verloren. Max hat einen stressigen Vollzeitjob. Früher hat er sich seine Probleme eventuell noch Freundinnen gegenüber von der Seele geredet, jetzt aber ist er verheiratet, und seine Frau sähe es nicht gern, wenn er mal bei Maria vorbeiführe, um sein Herz auszuschütten. „Sie hat intime Freundinnen, er nur noch Arbeit und Kumpel", bringt es Alan White auf den Punkt.

Nach vielen Besuchen in Imbissbuden und unzähligen Schachteln Zigaretten verspürt Max manchmal so ein Ziehen über der Brust. Aber das ignoriert der Mittvierziger. Die Arztpraxen haben nur von acht Uhr bis 17 Uhr geöffnet. Ein Arzttermin nach 18 Uhr ist die absolute Ausnahme. Am Ende einer stressigen Woche kommt Max von einem Geschäftsessen und hat Schmerzen im linken Arm. Vorzugsweise freitags landen Männer mit Herzinfarktverdacht im Krankenhaus; Mediziner sprechen vom typischen „Adam-Infarkt", der oft tödlich endet.

E Es gibt auch den typischen „Eva-Infarkt". Wenn er Anna erwischt, ist sie zehn bis fünfzehn Jahre älter als Max. Und wenn sie freitags Beschwerden verspürt, schleppt sie sich häufig noch durchs Wochenende, bis sie am Montagmorgen zum Hausarzt geht – der sie erst am Dienstag ins Krankenhaus einweist.

Spätestens zu diesem Zeitpunkt offenbart sich, dass für das geschlechtsspezifische Überleben auch die Strukturen des Gesundheitswesens eine Rolle spielen. Denn im Schnitt dauert es nach einem Herzinfarkt in Deutschland bei Männern zwei Stunden, bis sie im Krankenhaus landen, bei Frauen oft wegen falscher Deutung der Symptome 2,6 Stunden. Doch auch wenn Frauen mitunter vom Gesundheitssystem benachteiligt sind, ist das Sorgenkind der Mediziner eher der Mann.

F Dem Bundesministerium für Gesundheit (BMG) ist gerade aufgefallen, dass die Präventionsangebote der Kassen kaum von Männern wahrgenommen werden. Überhaupt werden Männer im Gesundheitswesen weniger wahrgenommen, gibt es beim BMG doch schon länger den Themenschwerpunkt „Frauen und Gesundheit" sowie einen Frauengesundheitsbericht – aber keinen bundesweiten Männergesundheitsbericht. Inzwischen hat sich in unserem Nachbarland Österreich die Erkenntnis durchgesetzt, dass jedes Geschlecht maßgeschneiderte Gesundheitskonzepte braucht. Die Österreichische Krebshilfe schaltete Männer-Spots vor und nach den Hauptnachrichten im Fernsehen und bietet ein Programm zur Krebsfrüherkennung in Hellblau an und eines in Rosa. Speziell für Max oder für Anna.

(Harro Albrecht)

▶ Ü 1–2

b **Wählen Sie einen der Abschnitte A–E aus und sammeln Sie, wie Männer oder Frauen ihre Situation verbessern könnten.**

▶ Ü 3

3 **Wer ist verantwortlich für die Gesundheit der Menschen? Welche Rolle sollte der Staat dabei spielen? Welche Verantwortung sollte jeder Mensch selbst übernehmen? Erläutern Sie Ihre Ansichten in einem kurzen Text.**

▶ Ü 4

Schmeckt's noch?

1a Lesen Sie die Wörter aus einem Zeitschriftenartikel. Was könnte das Thema sein? Sprechen Sie im Kurs.

die Nahrungsmittelqualität	die Produktsicherheit	die Kontrolle	düngen	spritzen
der Schimmel	die Belastung	der Verbraucher	das Pestizid	die Lebensmittelsicherheit
die Gentechnik	vertrauen	das Bioprodukt	der Schadstoff	

b Lesen Sie den Artikel und fassen Sie das Thema des Textes in zwei bis drei Sätzen zusammen.

Dioxin, Salmonellen, Pestizide: Wer sich mit weniger Schadstoffen ernähren will, greift zu Bioprodukten von heimischen Höfen. Doch auch diese Nahrung ist nicht immer unbedenklich. *von Nadine Oberhuber*

Das herzhafte Zubeißen kann einem vergehen: Fleisch wärmt die Erinnerung an Rinderwahn und Schweinepest auf, im Salat ist Nitrat, Pommes machen nicht nur dick, sondern wegen Acrylamid auch Krebs. Da fragt man sich, ob man überhaupt noch irgendetwas unbedenklich essen kann. Zwei von drei Europäern sind überzeugt, sagt eine Umfrage der Europäischen Behörde für Lebensmittelsicherheit, dass unsere Lebensmittel weniger gesund sind als vor zehn Jahren. „Generell hat sich die Nahrungsmittelqualität und Produktsicherheit stark verbessert. Es hat sich ein engmaschiges, flächendeckendes Überwachungssystem ausgeprägt", sagt Vera Hierholzer von der Universität Frankfurt, die Skandale der Lebensmittelwirtschaft historisch verglichen hat. Das Bundesinstitut für Risikobewertung (BfR) bestätigt das: „Wir bewegen uns in Europa auf einem erheblich besseren Niveau als noch vor 20 Jahren", sagt Alfonso Lampen, Leiter der Abteilung Lebensmittelsicherheit, „auch, weil man viele Dinge besser nachweisen kann."
Nun sind zwar die Höchstgrenzen für Schadstoffe schärfer geworden, aber auf ihre Einhaltung wird nicht gut genug geachtet – das sagen sogar diejenigen, die dafür zuständig sind: der Bundesverband der Lebensmittelkontrolleure. Er klagt, es fehlten 1.500 Prüfer. Wenn andere also überfordert sind, können sich Verbraucher selbst helfen?

Gibt es gute Industrie-Lebensmittel?

Eines sollte der Verbraucher nicht hoffen, sagt Martin Rücker von der Vereinigung Foodwatch: „Es ist utopisch zu glauben, der Kunde könne im Supermarkt erkennen, welche Produkte belastet sind und welche nicht." Auch der Preis ist kein Indikator. Teures Essen muss nicht besser sein, belegen Studien immer wieder. Und besseres Essen muss nicht viel teurer sein, zeigt das Dioxin im Schweinefutter: Für Bauern macht das Futter zwar zwei Drittel des Fleischpreises aus. Aber durch ordentliches Futter verteuerte sich das Kilo Schnitzel für den Kunden lediglich von 8,50 auf 8,70 Euro. Das könnten die meisten wohl verkraften – wenn Handel und Fleischverarbeiter mitspielten. Zumindest in der Vergangenheit brachten Markenprodukte ein wenig mehr Sicherheit, sagt Historikerin Hierholzer: „Weil Markenhersteller einen Namen zu verlieren haben und den weniger leichtfertig aufs Spiel setzten."

Was, wenn ich direkt vom Hof kaufe?

Eine Sicherheit haben die Kunden, wenn sie direkt beim Bauern kaufen: Sie wissen, wo ihr Obst, Gemüse und Fleisch herkommen. Nicht aber, wie der Bauer gewirtschaftet, ob er gedüngt oder gespritzt hat. Einige Landwirte erzählen dazu aber gern mehr, wenn die Kunden danach fragen. Der Rest ist eine Frage des Vertrauens.

Ist Bioware besser?

Europäische Biosiegel besagen immerhin, dass Gemüse und Obst ohne Gentechnik, chemische Dünger und Pestizide angebaut wird. Tiere werden mit mehr Zeit und Platz aufgezogen und ihr Futter muss biologisch erzeugt sein. Aber nur zum Teil auf dem eigenen Hof, der Rest kann zugekauft sein. Eine Gefahr bei Bioprodukten sind auch Schimmelpilze – dagegen werden konventionelle Produkte gespritzt. Bei Kontrollen überschritten vier Prozent der Bioproben die Schadstoff-Höchstgrenzen (konventionelles Gemüse aber zu 26 Prozent). Meist sind Bioprodukte jedoch viel weniger belastet.

Fazit

Ein bisschen Risiko gehört zum Leben. Aber die sicherste Ernährung ist immer noch die mit saisonalen, heimischen Lebensmitteln, möglichst aus der Bioecke. Jedenfalls ist Bio so lange besser als Industrieware, bis auch diese Produktion industrialisiert wird.

c Vergleichen Sie die Informationen aus dem Artikel mit der Situation in Ihrem Land.

1. Wo kaufen die Menschen meistens ein?
2. Wie groß ist das Interesse am Thema „Schadstoffe in Lebensmitteln"?
3. Welche Rolle spielen Bio-Lebensmittel?
4. Wer kontrolliert die Qualität von Lebensmitteln?

▶ Ü 1–3

2a Ergänzen Sie die Satzanfänge mit Informationen aus dem Artikel.

Zeile 1–32:
1. Beim Verzehr von Fleisch erinnern sich viele Leute an …
2. Ohne Erhöhung der Kontrollen kann die Einhaltung der …

Zeile 33–90:
3. Bei Verwendung von gutem Futter erhöht sich …
4. Bei Nachfragen auf dem Bauernhof bekommt man …
5. Ohne Kennzeichnung der Produkte mit einem Biosiegel kann man nicht wissen, …

b Formen Sie die Sätze aus 2a um. Verwenden Sie Nebensätze mit *wenn* oder *wenn … nicht*.

1. Viele Leute erinnern sich an …, wenn sie Fleisch verzehren.

c Ergänzen Sie die Regel.

G

Konditionalsätze	
Verbalform (Konnektor)	**Nominalform (Präposition)**
wenn, falls, sofern	____________ + Dativ
wenn … nicht	____________ + Akkusativ

▶ Ü 4–5

3 Schreiben Sie drei Beispielsätze mit *wenn (nicht)*, *falls* oder *sofern* auf je einen Zettel und notieren Sie darunter die Nominalisierungen. Falten Sie die Beispielsätze nach hinten und tauschen Sie mit Ihrem Partner / Ihrer Partnerin. Jede/r notiert unter die Nominalisierungen die Verbalisierungen. Kontrollieren Sie am Schluss gemeinsam.

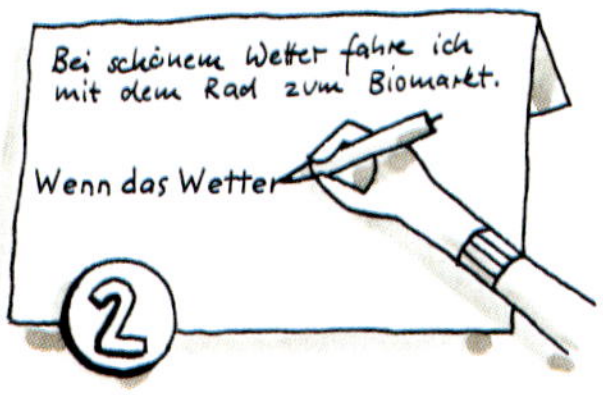

▶ Ü 6

Rundum gesund

1a Was bedeutet für Sie Wellness? Woran denken Sie dabei? Sprechen Sie im Kurs.

b Lesen Sie die Meldungen. Geben Sie jeder Meldung eine passende Überschrift.

A Wer Wellness hört, denkt meistens an Entspannung, Massagen, Verwöhnurlaub, Saunalandschaft. Die Medien haben in den letzten Jahren dieses Image aufgebaut: Hübsche Frauen in weißen Bademänteln am Hotelpool oder auf der Kosmetikliege. Ist das wirklich Wellness?

Massagen, Kosmetikbehandlungen, Ausflüge in luxuriöse Spas und Hotels: Das sind vielleicht kleine, kostbare Fluchten oder der benötigte Ausgleich zum anstrengenden Alltag. Aber es ist nicht Ihr eigentliches Leben.

Was nützt Ihnen der schönste Wellnessurlaub, wenn Sie ansonsten nicht gut mit sich selbst umgehen und vor allem Ihre Potenziale für wirkliche Lebensqualität weder beachten, noch ausschöpfen?

Wellness kann Entspannung bedeuten, aber es ist viel mehr. Es ist die Anleitung für ein besseres Leben insgesamt.

B Nach dieser Behandlung würden Sie Ihre Füße am liebsten selbst küssen, versprechen die Anbieter. Die Füße werden für etwa eine halbe Stunde in ein ca. 28 Grad warmes Bad getaucht. Das Besondere: In diesem Fußbad arbeiten zwischen 3 und 5 cm große Fische (Kangalfische). Sie knabbern und saugen die obersten, abgestorbenen Hautschuppen ab. Dieses sanfte, natürliche Peeling macht die Haut an den Füßen zart und weich. Die meisten Leute empfinden das Saugen der kleinen Fische als angenehmes und entspannendes „Kitzeln". Wichtig ist, dass die Füße vorab gründlich gereinigt werden und keine offenen Wunden oder Hauterkrankungen vorliegen.

Ob die Fische von dieser Arbeit auch angetan sind, ist sehr umstritten. Ursprünglich stammen die Fische aus der Ost-Türkei, wo sie in über 30 Grad heißen Quellen leben. Dort haben sie schon immer die Hautschuppen von in den Quellen badenden Menschen abgeknabbert und so ihren Proteinhaushalt aufgebessert. Tierschützer kritisieren das Fisch Spa jedoch vehement, denn meist werden die Fische in zu kleinen Becken und unter schlechten Bedingungen gehalten.

C Vitamintabletten und Omega3-Kapseln waren gestern – heute sind grüne Smoothies der Hit. In den flüssigen Gesundheitsbomben tummeln sich Vitamine und Pflanzenstoffe und darauf schwören die zahlreichen Fans des grünen Getränks. Im Gegensatz zu herkömmlichen Smoothies, die ausschließlich aus Früchten hergestellt werden und daher viel Zucker enthalten, sind Green Smoothies nur zu ca. 50 % aus Obst, der Rest ist aus grünen Pflanzen, z. B. Spinat, Salat, Möhrengrün, Knollensellerie, Brokkoli oder Löwenzahn. Alle Zutaten kommen samt Schale und Kernen in einen Mixer. Aber nicht in irgendeinen Mixer! Geräte für die breiige grüne Gesundheit müssen Hochleistungsgeräte sein und einen starken Motor haben – vergleichbar mit einem Rasenmäher. Nur solche starken Motoren schaffen es, auch die Schalen und Kerne, in denen besonders viele Vitamine und Ballaststoffe stecken, fein zu pürieren.

Und ich habe es gewagt: Der erste Schluck war sehr ungewohnt und erinnerte an Heu und Kräuter, der zweite schmeckte schon nach frischem Gemüse und beim dritten bin ich richtig auf den Geschmack gekommen.

Ich werde es wieder tun!

D Egal, wo man hinguckt: Überall Wellness! Da wird Zumba getanzt und thailändisch massiert, ayurvedisch gekurt, im Schlamm gesuhlt und beim Sandbaden in der Spa-Oase dem künstlichen Sonnenaufgang ein „Ohmm" entgegengezirpt. Keiner entkommt dem allumfassenden Wellness-Wahn. Anka Zink gibt uns ihren ganz persönlichen Frontbericht zur Lage der Fitness-Nation Deutschland. Schon früh am Morgen ist sie mit den neuen Light-Werten konfrontiert: Frei laufendes Ökovollkornbrot, fairer Kaffee, selbst geerntetes Müsli, probiotische Intelligenz-Joghurte, zuckerfreie Säfte, gluten-freier Aufstrich und entfettete Fette. In unserer selbst gewählten Body-Maß-Index-Diktatur herrscht im Namen der XS-Modewelt Krieg gegen Alkohol, Fett und Kohlehydrate. Der Mensch soll sich zur global verträglichen Bio-Tonne wandeln. Koste es, was es wolle, und was dem multilateralen Wellness-Business Erträge bringt.

▶ Ü 1

c **Sprechen Sie in Gruppen. Welche Meinung haben Sie zu den Informationen in den Meldungen?**

2a Ordnen Sie die Überschriften den Redemitteln für einen Kommentar zu.

A Konsequenzen für das eigene Handeln darlegen / Resümee ziehen
B einen Kommentar einleiten
C die eigene Ansicht argumentierend darlegen
D auf Argumente/Aussagen eingehen
E die eigenen Hauptgründe hervorheben

EINEN KOMMENTAR SCHREIBEN	
___	Mein Kommentar bezieht sich auf … Die Meldung … behandelt das Thema …
___	Ich bin der Meinung/Ansicht/Auffassung, dass … Ich halte diese Idee für …, weil … In meinen Augen ist dieses Konzept / diese Methode …, denn … Für/Gegen … spricht zum Beispiel das Argument, dass …
___	Sicher ist … für viele … sinnvoll, aber … In der Meldung wird zwar gesagt, dass …, aber … Man sollte bedenken, dass … Dieser Gedanke ist für viele sicher richtig/hilfreich, trotzdem …
___	Für mich persönlich ist … am wichtigsten. Mein Standpunkt zu … lautet ganz klar: … Das entscheidende Argument dafür/dagegen ist …
___	Meine persönliche Schlussfolgerung ist, … Für mich kommt nur … in Frage. Ich würde niemals/jederzeit …

b **Ergänzen Sie je zwei weitere Redemittel.**

c **Schreiben Sie einen Kommentar zu den Meldungen aus 1b.**

3a Lesen Sie die Hinweise eines Tutors zum Handout für ein Referat zum Thema „Irrtümer zur Gesundheit" und ordnen Sie sie zu.

a) Fassen Sie im Handout nur wichtige Inhaltspunkte in Stichworten zusammen.
b) Es sollte sofort erkennbar sein, dass dies das Handout ist. Formulieren Sie dies auch: „Handout zum Referat: …"
c) Der Umfang des Handouts sollte 1–2 Seiten sein.
d) Geben Sie Ihren Namen an und das Datum, an dem Sie das Referat halten.
e) Im Handout nicht nur die Unterthemen nennen, sondern auch die wichtigsten Ergebnisse.
f) Die Gliederung des Handouts sollte übersichtlich sein und Platz bieten, damit die Zuhörenden Notizen machen können.
g) Achten Sie auf die Rechtschreibung!

Martin Müller
13.08.20…

1 ☐ Gut!

2 ☐ Besser:

Irrtümer zur Gesundheit

3 ☐ So nicht!

In meinem Referat möchte ich über Irrtümer zum Thema „Gesundheit" berichten. Wir glauben ja, viele Dinge, die Gesundheit betreffend, sicher zu wissen. Insgesamt werde ich vier klassische Irrtümer aufdecken.

4 ☐ Sehr gut!

– Essen am Abend

– Lesen bei schlechtem Licht

5 ☐ Besser:

– Erfrischungsgetränke

– Wudnheilung

6 ☐ Nicht gut!

Fazit: nicht alles glauben, was man hört

7 ☐ Sehr gut!

2.16
▶ Ü 2–3

b Hören Sie das Referat. Nummerieren Sie im Handout: In welcher Reihenfolge werden die Irrtümer genannt? Ergänzen Sie wichtige Informationen zu jedem Irrtum.

4a Wählen Sie ein Thema aus dem Bereich „Gesundheit" (z. B. Sport und Gesundheit, gesunde Ernährung, Wellness-Boom, Gesundheitssystem in Ihrem Land) und bereiten Sie ein Referat vor.

1. Schritt: Recherchieren Sie wichtige Informationen und notieren Sie sie auf je einer Karte. Notieren Sie auch, woher die Informationen stammen.
2. Schritt: Bringen Sie die Informationen in eine sinnvolle Reihenfolge.
3. Schritt: Überlegen Sie sich einen guten Einstieg und einen guten Schluss.
4. Schritt: Erstellen Sie nun übersichtliche Karten mit den Informationen, die Sie als Gedächtnishilfen für Ihr Referat brauchen.
5. Schritt: Erstellen Sie ein Handout für Ihr Referat.
6. Schritt: Üben Sie Ihr Referat.

b Ordnen Sie die Redemittel zu und sammeln Sie weitere.

Zusammenfassend ist festzuhalten, dass … Darf ich später auf Ihre Frage zurückkommen und zunächst …?
Als Nächstes möchte ich auf … eingehen. Das will ich gerne erklären: …
In meinem Referat geht es um … Fazit des gerade Gesagten ist … Häufig hört man auch, dass …

EIN REFERAT EINLEITEN	ZUM NÄCHSTEN PUNKT ÜBERLEITEN	EIN REFERAT ABSCHLIESSEN
Heute möchte ich mich der Frage / dem Thema … widmen.	Viele sind des Weiteren davon überzeugt, dass …	Abschließend möchte ich noch einmal hervorheben, dass …
	Ein weiterer Punkt ist auch die Frage, ob …	Schließlich kann man zu dem Ergebnis kommen, dass …

AUF EINWÄNDE REAGIEREN / ZEIT (ZUM NACHDENKEN) GEWINNEN	AUF FRAGEN ANTWORTEN
Mit diesen kritischen Überlegungen haben Sie bestimmt recht, dennoch möchte ich noch mal darauf zurückkommen, dass …	Das ist eine gute Frage, die ich mir bei der Recherche auch schon gestellt habe. Es ist so: …
Ich verstehe Ihren Einwand, möchte aber darauf hinweisen, dass …	Danke für diese Frage, auf die ich gerne eingehe: …
Vielen Dank für diesen Hinweis! Das ist ein weiterer interessanter Punkt.	Tut mir leid, leider weiß ich nicht, …

c Arbeiten Sie in Gruppen. Halten Sie Ihr Referat. Die anderen notieren Fragen, die sie zum Referat stellen möchten, und eventuell auch Einwände.

STRATEGIE

Aktiv zuhören

Um möglichst viele Informationen zu behalten, …
- überlegen Sie sich schon vor dem Referat Fragen zum Thema.
- denken Sie während des Referats mit. Finden Sie z. B. eigene Beispiele.
- notieren Sie Fragen sofort (andernfalls sind sie schnell vergessen).
- notieren Sie interessante Informationen.

FRAGEN STELLEN	EINWÄNDE ERHEBEN
Eine Sache ist mir nicht ganz klar geworden: …	Ich bin nicht sicher, ob man … so sagen kann.
Könnten Sie bitte noch einmal erklären, wie/warum …?	Ich finde es wichtig, auch zu bedenken, dass …
Mich würde noch interessieren, ob/warum/wie …	Haben Sie bei Ihren Recherchen auch bedacht, dass …?
Ich würde gerne noch mehr über … wissen.	

d Berichten Sie den anderen Gruppen, welche Themen Ihre Referate hatten und welche interessanten Informationen Sie erhalten haben.

Porträt

Dr. Eckart von Hirschhausen

(*26. August 1967)

Arzt, Kabarettist und Autor

„Das Gesundheitssystem braucht einen Hofnarren und den gebe ich gern"

Wohin er auch kommt – Dr. med. Eckart von Hirschhausen bringt das Lachen mit. Seit mehr als 20 Jahren ist der promovierte Neurologe, Kabarettist und Buchautor mit seinen Bühnenprogrammen auf Tournee.

Dr. Eckart von Hirschhausen ist aktiv in der Prävention tätig

Forum: Herr von Hirschhausen oder Herr Doktor – wie hätten Sie es denn gern?

Eckart von Hirschhausen: ... Doktor, bitte, so viel Zeit muss sein (lacht). Das ist keine Eitelkeit, sondern damit beuge ich der Frage „Sind Sie wirklich Arzt?" vor. Das ist nicht nur der akademische Titel, den ich mir mühsam erworben habe, sondern auch Teil meiner Marke. Was mich von anderen Kabarett-Kollegen unterscheidet, ist nun mal mein medizinischer Hintergrund.

Forum: Derzeit herrscht an deutschen Kliniken Ärztemangel. Wie können Sie es in diesen Zeiten verantworten, dass Sie den weißen Kittel offiziell an den Nagel gehängt haben und nicht mehr praktizieren?

Hirschhausen: Ich praktiziere ja – ich bin aktiv in der Prävention tätig. Ärzte beschäftigen sich mit Menschen, wenn sie krank sind. Ich beschäftige mich mit ihnen, damit sie gar nicht erst krank werden. Was ich in meinem Bühnenprogramm „Glücksbringer" erzähle, ist verkappte Psychotherapie und stammt beispielsweise aus der kognitiven Verhaltenstherapie bei Depressionen. Als praktizierender Arzt würde ich genau das auch erzählen, nur immer jedem Patienten einzeln. Wenn jetzt 1.500 Leute gleichzeitig in meine Show kommen, dann spare ich jeden Abend fünf Jahre in der Klinik. So gesehen bin ich hocheffektiv. Wie könnte ich verantworten, das nicht zu tun?

Forum: Sie betrachten die Medizin mit Humor – plädieren aber auch ernsthaft für eine neue Wahrnehmung des Themas Gesundheit.

Hirschhausen: Die eigentliche Wissenschaft der Medizin ist die Wissenschaft vom inneren Schweinehund. Wir wissen alle, was uns guttäte, wir tun es nur zu selten. Das medizinische Wissen verdoppelt sich alle vier Jahre. Heißt das, dass wir alle vier Jahre doppelt so schlau sind oder doppelt so gesund? Der menschliche Körper ist ein schöner Lehrmeister für den Unterschied zwischen Qualität und Quantität. Wer vier Grad über der normalen Körpertemperatur liegt, ist nicht halb so krank wie jemand, der acht Grad darüber liegt, sondern doppelt so lebendig! Zwischen 41 und 45 Grad Celsius gibt es also einen Qualitätssprung – nämlich den über die Klinge. Die zentralen Themen der Medizin sind: Wie gehe ich mit mir um, den Menschen um mich herum um, wie halte ich es mit Bewegung und Essen? Wie verarbeite ich das, was die Biologie als Verfall und Krankheit und Sterblichkeit mitgegeben hat, damit ich nicht die Lebensfreude verliere? Gesundheit ist am schönsten, wenn man so viel Freude am Leben hat, dass sie nicht nur für einen selbst, sondern auch für andere reicht.

Forum: Gesundheit und Glück sind also dasselbe?

Hirschhausen: Ein erfülltes, sinnhaftes Dasein ist relativ unabhängig vom körperlichen Zustand. Als Arzt lernen Sie viele Menschen kennen, die trotz körperlicher Misere und drohender Endlichkeit ihr Leben genießen. Grundsätzlich gilt aber: Das menschliche Gehirn besteht aus einem Frontallappen – der plant. Und aus einem Seitenlappen – der vernetzt. Wir Deutschen haben einen zusätzlichen Hirnteil – den Jammerlappen, der verhindert. Der hat keine Verbindung zum Sehnerv, hat aber immer schon alles kommen sehen.

www Mehr Informationen zu Dr. Eckart von Hirschhausen.

Sammeln Sie Informationen über Persönlichkeiten aus dem In- und Ausland, die für das Thema „Gesundheit" interessant sind, und stellen Sie sie im Kurs vor. Sie können dazu die Vorlage „Porträt" im Anhang verwenden.

Beispiele aus dem deutschsprachigen Bereich: Hildegard von Bingen – Robert Koch – Albert Schweitzer – Monika Hauser – Basler Sanatorium

1 Infinitivsätze in Gegenwart und Vergangenheit

dass-Satz in der Gegenwart → Infinitiv Präsens	
Aktiv	
Die Moderatorin bittet Frau Dr. Schill,	**dass** sie den Zuhörern eine Definition für Placebos gibt. → den Zuhörern eine Definition für Placebos **zu** geben.
Passiv	
Es ist für die Patienten wichtig,	**dass** sie über die Wirksamkeit des Präparats informiert werden. → über die Wirksamkeit des Präparats informiert **zu** werden.
dass-Satz in der Vergangenheit → Infinitiv Perfekt	
Aktiv	
Die Forschung ist der Ansicht,	**dass** sie interessante Erkenntnisse gewonnen hat. → interessante Erkenntnisse gewonnen **zu** haben.
Patienten berichten,	**dass** sie für die Gespräche sehr dankbar gewesen sind. → für die Gespräche sehr dankbar gewesen **zu** sein.
Passiv	
Viele erinnern sich sicher,	**dass** sie bei Schmerzen getröstet worden sind. → bei Schmerzen getröstet worden **zu** sein.

Die Umformung in einen Infinitivsatz ist nur möglich, wenn das Subjekt des dass-Satzes mit einer Ergänzung im Hauptsatz identisch ist oder das Subjekt des dass-Satzes das Indefinitpronomen *man* ist.
***Es** ist sinnvoll,* ***dass man** den Einfluss von Placebos auf die Heilung untersucht.*
*→ den Einfluss von Placebos auf die Heilung **zu** untersuchen.*

Bildung des Infinitivs

	Aktiv	**Passiv**
Präsens	*zu* + Infinitiv	Partizip II + *zu werden*
Perfekt	Partizip II + *zu haben / zu sein*	Partizip II + *worden zu sein*

Im Präsens verwendet man dass-Sätze und Infinitivsätze auch mit Modalverben:
Der Arzt bestätigt, ***dass** er den Patienten mit Placebos heilen kann.*
*→ den Patienten mit Placebos heilen **zu** können.*
In der Vergangenheit wird der Infinitiv mit Modalverb selten verwendet. Meistens werden dass-Sätze mit Modalverb im Präteritum bevorzugt.
Der Arzt bestätigt, ***dass** er den Patienten heilen konnte.*
*→ den Patienten geheilt haben **zu** können.*

2 Konditionalsätze

Verbalform (Konnektor)	**Nominalform (Präposition)**
wenn, falls, sofern ***Wenn** man gutes Futter verwendet, erhöht sich der Preis für Fleisch nicht stark.*	***bei*** **+ Dat.** ***Bei** Verwendung von gutem Futter erhöht sich der Preis für Fleisch nicht stark.*
wenn … nicht ***Wenn** die Kontrollen **nicht** erhöht werden, kann die Einhaltung der Höchstgrenzen nicht ausreichend überprüft werden.*	***ohne*** **+ Akk.** ***Ohne** Erhöhung der Kontrollen kann die Einhaltung der Höchstgrenzen nicht ausreichend überprüft werden.*

Lernen, richtig zu essen

1 **Wie hängen Gesundheit und Ernährung Ihrer Meinung nach zusammen?**

2 **Im Film wird Ursula Pfeifer vom Verein „Lobby für Kinder" gezeigt. Sehen Sie den Film und notieren Sie kurz alle Stationen, in denen sie zu sehen ist und was sie dort macht.**

1 **3a** **Sehen Sie die erste Sequenz. Welche Probleme werden genannt und wie versucht Ursula Pfeifer zu helfen?**

b **Was machen die Kinder in dem Restaurant? Wie finden Sie diese Idee? Diskutieren Sie.**

2 **4a** **Sehen Sie die zweite Sequenz. Welche Aussagen sind richtig? Kreuzen Sie an.**

☐ 1. Die alleinerziehende Mutter bekommt finanzielle Unterstützung vom Staat.
☐ 2. Sie muss fünf Kinder versorgen.
☐ 3. Sie muss monatlich 80 Euro für ihre Schulden abgeben.
☐ 4. Das Geld reicht oft nicht für Obst und Gemüse.
☐ 5. Der Mutter ist es wichtig, dass die Kinder satt und zufrieden sind.

b Ergänzen Sie die Sätze.

1. Frau Pfeifer kommt zum Einkaufen mit, um …
2. Beim Hackfleisch achtet sie darauf, dass es einerseits … und andererseits …
3. Frau Pfeifer respektiert aber auch die Entscheidungen von Markos Mutter, z. B. …
4. Am Abend bereitet Marko eine Überraschung vor: …

c Lesen Sie die Aussagen von Frau Pfeifer und wählen Sie die passende Umschreibung.

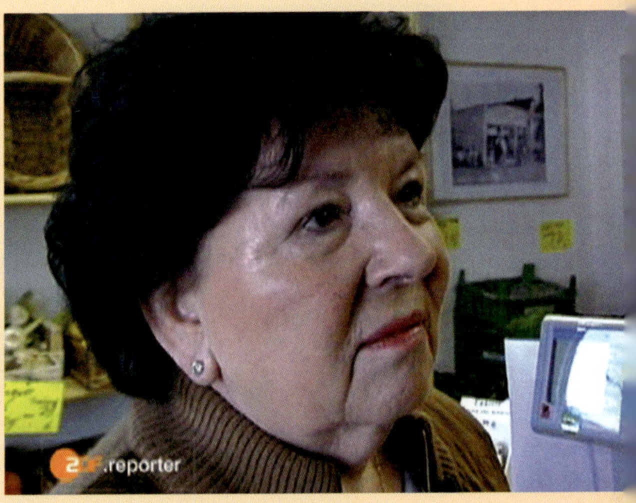

1. Die kriegen das irgendwie nicht gebacken.
   - [a] Sie schaffen das nicht.
   - [b] Sie können nicht kochen oder backen.
   - [c] Sie fangen vieles an, machen es aber nicht fertig.
2. Die Kinder sollen auch lernen, Essen zu schätzen.
   - [a] Sie sollen wissen, wie viel das Essen kostet.
   - [b] Sie sollen vorab überlegen, wie viel sie essen werden.
   - [c] Sie sollen das Essen als etwas Schönes und Wertvolles wahrnehmen.

d Wie finden Sie das Engagement von Frau Pfeifer? Glauben Sie, dass sich durch ihre Hilfe die Ernährungsgewohnheiten langfristig ändern?

5a Was spielt für eine gesunde Lebensweise alles eine Rolle? Sehen Sie den Film noch einmal und stellen Sie eine Liste mit Empfehlungen zusammen. Ergänzen Sie auch eigene Ideen.

b Lesen Sie den Blogeintrag. Diskutieren Sie die Aussage und schreiben Sie dann einen Kommentar. Beziehen Sie auch Ihre Empfehlungen aus 5a in Ihre Antwort ein.

heute / 12:41 Uhr
Karotti-Flotti

Also, ich weiß nicht, alle sagen immer, gesunde und abwechslungsreiche Ernährung sei eine Frage des Geldes. Ich glaube das nicht! Wer genug Geld hat, um Pommes, Fertigschnitzel und Gummibärchen zu kaufen, der hat auch genug Geld, um einen Sack frische Kartoffeln, Putenfleisch und Gemüse zu kaufen. Das ist sogar meistens billiger! Ich glaube, es ist eine Frage der Gewohnheit, ob man sich gesund und abwechslungsreich ernährt – oder auch eine Frage des Wissens über Ernährung.

Recht so!

Sie lernen

Modul 1 | Über Meldungen von missglückten Verbrechen berichten

Modul 2 | Grafiken Informationen entnehmen und den Inhalt einer Diskussion detailliert verstehen

Modul 3 | Einen Artikel über kuriose Vorschriften und Gesetze verstehen

Modul 4 | Einen Artikel über Krimis zusammenfassen

Modul 4 | Verschiedene Vorschläge diskutieren und eine Entscheidung aushandeln

Grammatik

Modul 1 | Besonderheiten des Passivs

Modul 3 | Modales Partizip

▶ AB Wortschatz

1a Welche Begriffe passen zu den Bildern? Manchmal gibt es mehrere Möglichkeiten.

Sachbeschädigung – Betrug – Diebstahl – Erpressung – Heiratsschwindel – bewaffneter Raubüberfall – Produktpiraterie – Fahrerflucht – Körperverletzung – unterlassene Hilfeleistung – Kunstfälschung

b Lesen Sie die Erklärungen. Welche Straftaten aus 1a werden beschrieben?

A Nach § 142 Strafgesetzbuch (StGB) macht sich derjenige strafbar, der sich als an einem Verkehrsunfall Beteiligter vom Unfallort entfernt, ohne zuvor den anderen Unfallbeteiligten die Feststellung seiner Personalien ermöglicht zu haben oder hierzu wenigstens eine angemessene Zeit gewartet zu haben, sowie derjenige, der sich zwar erlaubterweise vom Unfallort entfernt hat, die erforderlichen Feststellungen aber nicht unverzüglich nachträglich ermöglicht.

B Bei dieser Straftat nach § 253 StGB versucht eine Person, sich selbst oder Dritte rechtswidrig durch Gewalt oder durch Androhung eines Übels zu Lasten eines anderen zu bereichern.

C Im deutschen Recht wird dieses Delikt nicht ausdrücklich erwähnt. Für eine Verfolgung sind maßgeblich § 107 UrhG (Urhebergesetz) und §§ 263 (Betrug) und 267 (Urkundenfälschung) StGB. Das Kopieren oder Nachahmen an sich ist rechtlich zulässig, unzulässig ist lediglich die betrügerische Absicht, die sich darin äußert, Gewinn zu erzielen.

D In § 303 StGB wird das Vergehen geregelt, bei dem die vorsätzliche Beschädigung oder Zerstörung einer fremden Sache unter Strafe steht. Es wird dabei vorausgesetzt, dass die beschädigte Sache „fremd" ist, das bedeutet, dass sie nicht allein das Eigentum des Täters ist. Auch der Versuch, diese Tat zu begehen, ist strafbar.

c Recherchieren Sie Erklärungen und Beschreibungen zu zwei weiteren Straftaten aus 1a. Beschreiben Sie sie in eigenen Worten.

Dumm gelaufen

1a Arbeiten Sie zu zweit. Jede/r liest zwei Meldungen. Berichten Sie anschließend Ihrem Partner / Ihrer Partnerin darüber. Welchen Fall finden Sie am komischsten?

A Vier Jahre Haft lautet das Urteil für einen ungeschickten Täter und ehemaligen Polizeibeamten, der bei einem Banküberfall, bei dem er 14.260 Euro erbeutete, seine Bankkarte in der Filiale verlor. Kurz nach der Tat zahlte er in einer anderen Bank am Schalter die gesamte Beute auf sein Konto ein und meldete den Verlust seiner Bankkarte. Da die Karte bereits gefunden und dem Täter zugewiesen worden war, erschien auf dem Computer der Bankangestellten eine Warnmeldung. Sie verzögerte geistesgegenwärtig die Transaktion, indem sie den Täter in ein Gespräch verwickelte. Unauffällig alarmierte sie die Polizei und kurz darauf konnte der Täter festgenommen werden. Als Motiv gab er an, er habe sich nach der Trennung von seiner Frau und aus Geldmangel nicht mehr zu helfen gewusst.

B Ein Einbrecher der etwas schusseligen Art hat Polizeibeamten im US-Bundesstaat Wisconsin einen ungewöhnlich entspannten Einsatz beschert. Der Einbrecher nutzte eine sturmfreie Bude, um in Ruhe seine E-Mails zu checken. Schon das ist hinsichtlich der Tatsache, dass niemand im Web wirklich anonym unterwegs ist, reichlich dumm. Das Verhalten des Einbrechers war auch sonst nicht sonderlich von Vorsicht geprägt: Er machte sich einen Kaffee und duschte, bevor er eine Runde fernsah. Zwischendurch streute er noch die Zubereitung einiger kleiner Snacks ein. Was der Einbrecher jedoch nicht tat, führte am Wochenende zu seiner Verhaftung: Er loggte sich nicht aus. Sein E-Mail-Account war nach seinem Verschwinden immer noch offen. Bei so viel Dummheit war die Identifizierung des Täters kein Kunststück mehr – zumal bereits wegen anderer Vergehen nach ihm gesucht wurde. Er konnte mitsamt seiner Beute schnell gefunden werden.

C Durch die Fahndung in einem sozialen Netzwerk konnte Neuseelands Polizei einen tollpatschigen Dieb fassen. Nur mithilfe einer Brechstange und eines Winkelschleifers wollte der junge Einbrecher den Tresor einer Bar knacken und versagte dabei gleich mehrfach: Den Safe konnte er nicht bezwingen und die Überwachungskamera sah er auch zu spät. Der 21-jährige Einbrecher nahm während seiner Aktion die Skimaske ab und entdeckte dann mit überraschtem Blick die Überwachungskamera. Dank dieses Fehlers konnte die Polizei kurz darauf das Überwachungsvideo sowie ein paar Fotos in ein beliebtes Online-Netzwerk stellen. Nur einen Tag nach dem missglückten Einbruch wurde der Täter identifiziert und von der Polizei nahe seiner Wohnung festgenommen.

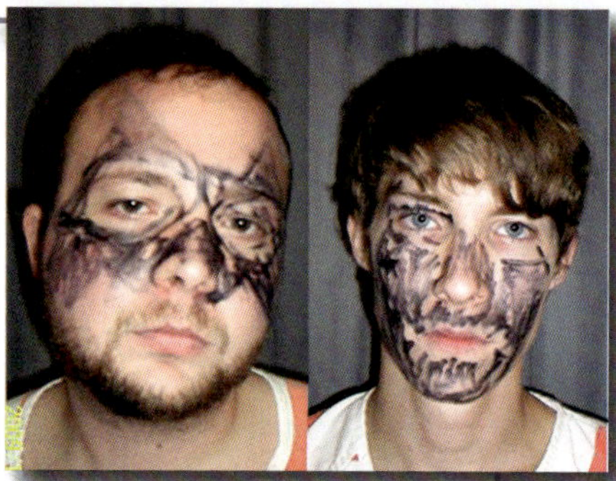

D Dumm stellten sich zwei Einbrecher an, die versuchten, eine Wohnung auszuräumen. Zur Tarnung hatten sie sich ihre Gesichter schwarz angemalt. Da in der Gegend in den letzten Monaten oft eingebrochen wurde, waren die Nachbarn besonders wachsam. So wurden die beiden jungen Männer bei ihrem Einbruch beobachtet und die Nachbarn riefen auch gleich die Polizei. Da die Einbrecher den Zeugenaussagen so perfekt entsprachen, konnten sie kurze Zeit später gefasst werden. Die Männer hatten nämlich nicht beachtet, dass der Marker, mit dem sie ihre Gesichter bekritzelt hatten, nicht abwaschbar war.

b Sammeln Sie aus den Meldungen alle Wörter aus dem Bereich „Kriminalität".

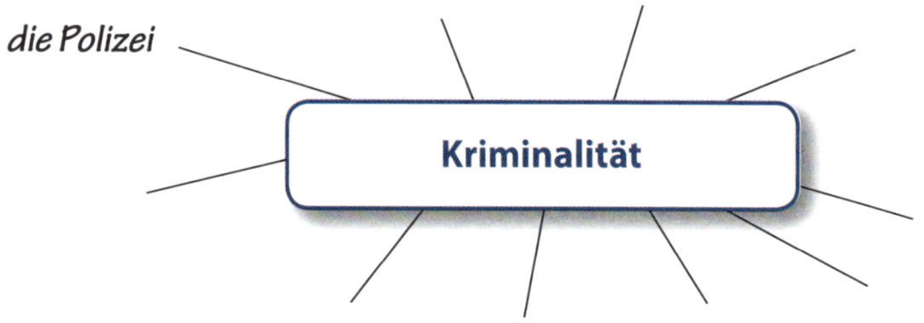

▶ Ü 1

2a Lesen Sie die Sätze. Was ist das Besondere an den Passivsätzen? Notieren Sie die Nummern der passenden Passivsätze zu jeder Regel.

Aktivsatz ohne Akkusativobjekt	Unpersönliches Passiv
1. Die Männer brachen ein. 2. Die Männer brachen in viele Wohnungen ein. 3. Die Polizei ermittelte. 4. Die Polizei ermittelte in diesem Fall.	1. Es wurde eingebrochen. 2. In viele Wohnungen wurde eingebrochen. 3. Es wurde ermittelt. 4. In diesem Fall wurde ermittelt.

G

Unpersönliches Passiv

In Passivsätzen ohne Subjekt steht das Pronomen *es* als stellvertretendes Subjekt auf Position 1. Satz: _1_, ___

Wenn möglich, wird *es* durch ein anderes Satzglied ersetzt. Satz: ___, ___

es steht nur im Hauptsatz, nicht im Nebensatz: *Es wurde eingebrochen.* → *Die Nachbarn sahen, dass eingebrochen wurde.*

b Arbeiten Sie zu zweit. Jede/r bildet fünf kurze Passivsätze mit *es* am Satzanfang. Tauschen Sie Ihre Sätze und erweitern Sie sie so, dass *es* entfällt.

Es wird Tag und Nacht gearbeitet. *Bei der Polizei wird Tag und Nacht gearbeitet.*

▶ Ü 2

3a Tempusformen des Passivs mit Modalverb. Ergänzen Sie die Sätze.

G

Passiv mit Modalverb in Gegenwart und Vergangenheit		
Präsens	*Der Täter muss gefasst werden.*	*Die Tat* ______________ *aufgeklärt werden.*
Präteritum	*Der Täter* ______________ *gefasst werden.*	*Die Tat konnte aufgeklärt werden.*
Perfekt	*Der Täter hat gefasst werden müssen.*	*Die Tat* ______________________________

b Lesen Sie die Sätze und kreuzen Sie an.

Hauptsatz: *Der Täter konnte gefasst werden.*
Nebensatz: *Die Polizei gab bekannt, dass der Täter gefasst werden konnte.*
Hauptsatz: *Der Täter hat gefasst werden können.*
Nebensatz: *Die Zeitung schrieb, dass der Täter hat gefasst werden können.*

G

Passiv mit Modalverb im Nebensatz

Präsens/Präteritum: Das konjugierte Verb steht im Nebensatz ☐ vor dem Partizip II. ☐ am Satzende.

Perfekt: Das konjugierte Verb steht im Nebensatz ☐ vor dem Partizip II. ☐ am Satzende.
Um Vergangenheit auszudrücken, verwendet man im Passiv mit Modalverb vor allem das Präteritum.
Im Konjunktiv II der Vergangenheit entspricht die Stellung der Verben dem Perfekt:
Der Täter hätte gefasst werden können. / Die Zeitung schrieb, dass der Täter hätte gefasst werden können.

▶ Ü 3

4 Arbeiten Sie zu zweit und spielen Sie kurze Dialoge.

Fenster zumachen die Kreditkarte sperren das Fahrrad anketten das Geld zur Bank bringen
das Handy ausmachen die Alarmanlage aktivieren …

Ich habe das Auto nicht abgeschlossen. *Was? Das Auto hätte abgeschlossen werden müssen!*

▶ Ü 4

Jugendsünden?!

1 Was denken Sie? Was sind typische Straftaten bei Jugendlichen? Sammeln und diskutieren Sie im Kurs.

2a Sehen Sie die Grafik an. Wozu finden Sie Informationen (Themen, Zeiträume, Quelle …)?

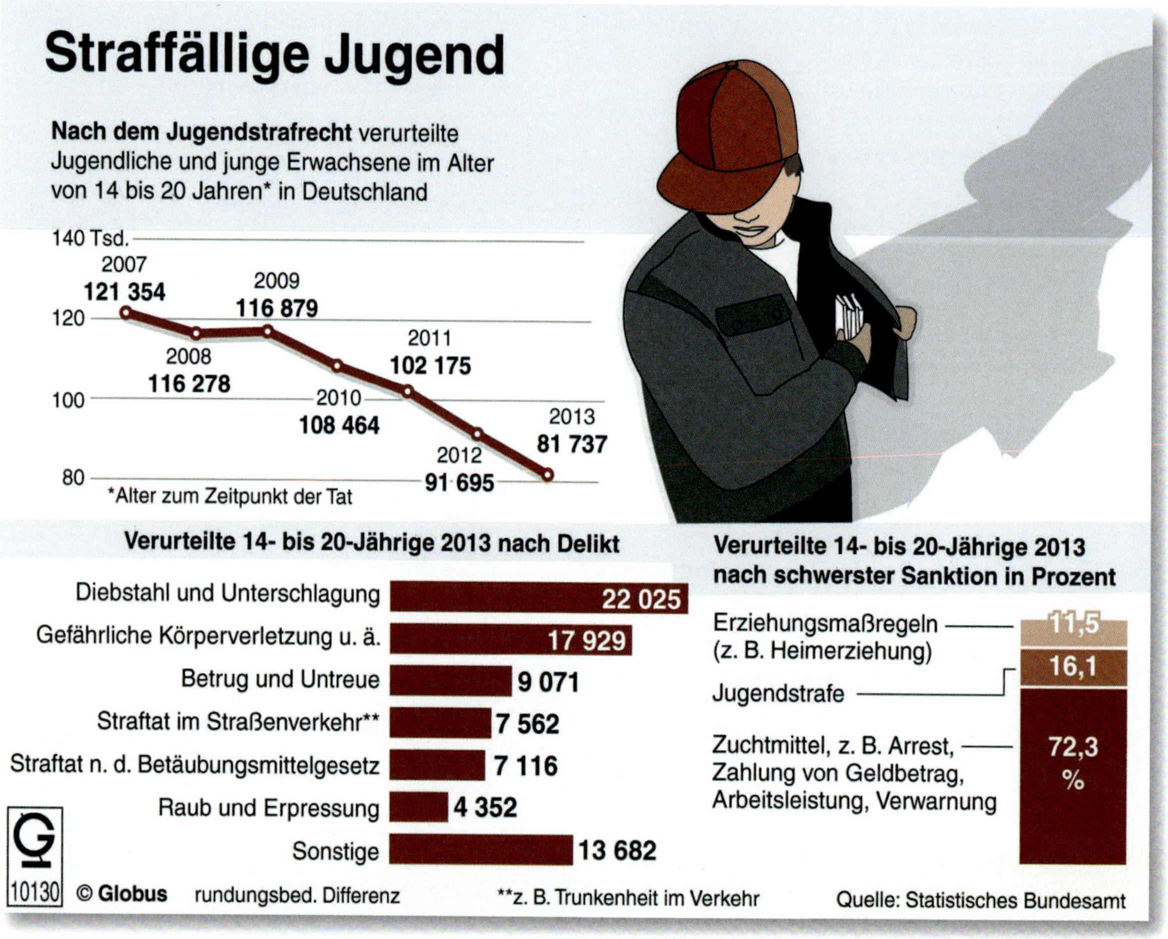

b Formulieren Sie mithilfe der Grafik Aussagen zu den folgenden Punkten.

- Entwicklung in den Jahren 2007–2013
- Häufigkeit bei den Delikten
- verschiedene Arten der Strafen
- Häufigkeit der Strafen

Im Vergleich zu 2007 ist die Zahl der …
▶ Ü 1 *Man kann deutlich sehen, dass …*

c Was könnten Gründe für Straftaten von Jugendlichen sein? Diskutieren Sie in Gruppen.

2.17 **3a** Hören Sie die Einleitung zu einer Radiodiskussion zum Thema „Kriminalität von Jugendlichen" mit der Strafrichterin Tamara Koops, der Polizistin Nadine Marani und dem Streetworker Hannes Wolfrath. Welche Fragen soll die Diskussion beantworten?

2.18 **b** Hören Sie jetzt den ersten Abschnitt der Diskussion und notieren Sie Informationen zu den Fragen aus 3a. Vergleichen Sie dann zu zweit.

2.19

c **Hören Sie den zweiten Abschnitt und notieren Sie: Wer nennt welche Gründe für den Rückgang der Jugendkriminalität?**

 Nadine Marani	 Tamara Koops	 Hannes Wolfrath

d **Im Konflikt mit dem Gesetz. Ordnen Sie die Verben den Ausdrücken aus der Radiodiskussion zu. Manchmal gibt es mehrere Möglichkeiten.**

A befreien B begehen C bestrafen D durchsetzen E erwischt werden F geraten G verhängen H verlieren I verringern

1. bei einer Straftat ____
2. die Kriminalität ____
3. eine Strafe ____
4. eine Straftat ____
5. einen Täter ____
6. den Kontakt zu Freunden ____
7. mit dem Gesetz in Konflikt ____
8. sich aus einer Situation ____
9. sich mit Gewalt ____

4a Welche Maßnahmen oder Strafen halten Sie zur Verringerung bzw. Vermeidung von Jugendkriminalität für sinnvoll? Notieren Sie Argumente für Ihren Standpunkt.

b **Diskutieren Sie nun in Gruppen.**

EINEN STANDPUNKT VERTRETEN/ DIFFERENZIEREN	WIDERSPRECHEN
Ich bin der Ansicht, dass …	Das sehe ich ganz anders, denn …
Für mich ist ganz klar, dass …	Ich möchte bezweifeln, dass …
Einerseits kann man beobachten, dass …	Das ist eine gängige Sichtweise, aber …
Andererseits darf man nicht unterschätzen, dass …	Da möchte ich widersprechen, weil …
Das Problem hat mehrere Seiten/Aspekte, z. B. …	So einseitig kann man das nicht sehen, denn …
	Man kann … beobachten, aber trotzdem …

▶ Ü 2

Da lacht Justitia …

1a Sehen Sie den Cartoon an. Worüber macht er sich lustig?

b Was bedeuten die Wörter zum Thema „Recht und Gesetz“? Ordnen Sie zu.

A die Bürokratie
B die Gesetzgeber
C die Bürger
D die Rechtsprechung

1. ____ Gremien, die Gesetze beschließen/ändern
2. ____ Entscheidungen der Richter
3. ____ Menschen, die in einem Land leben
4. ____ Institutionen der Verwaltung

2a Sehen Sie die Fotos im Artikel an. Um welche Regeln oder Gesetze könnte es gehen?

b Lesen Sie jetzt den Artikel. Notieren Sie die Themen, um die es geht und welche Regeln es dazu gibt.

Alles geregelt

Die deutsche Bürokratie und Gesetzgebung ist weit über die deutschen Grenzen hinaus dafür bekannt, dass sie versucht, alle Fragen des Alltags bis ins kleinste Detail zu beantworten. Viele sprechen sogar von einer Bürokratie-Wut.

Pro Jahr werden in Deutschland circa 150 neue Gesetze erlassen. Doch andere Länder sind auch nicht faul: Italien bringt es derzeit auf 500 neue Gesetze, der Bundesstaat Kalifornien in den USA auf über 1.000, die Schweiz sogar auf 5.500 neue gesetzliche Regelungen. Bei manchen Vorschriften und Gesetzen kann man sich schon fragen, ob das nicht etwas zu viel des Guten ist. Hier einige in Gesetzen zu findende, kuriose Vorschriften:

In Frankreich sollten sich Paare nicht auf Bahnübergängen küssen. Das ist verboten, denn die Wahrscheinlichkeit für Unfälle mit Zügen ist wohl nicht gerade gering. Dagegen sind in England Briefmarken mit dem Bild des königlichen Oberhaupts bitte nur korrekt mit dem Kopf nach oben aufzukleben. Alles andere fällt unter Landesverrat.

Auch Deutschland kann bei der Gesetzesflut für die zu wahrende Zucht und Ordnung leicht mithalten: sogar in der bekanntlich chaotischen Karnevalszeit. Man darf zwar, gerade in der närrischen Zeit, bunt kostümiert Auto fahren. Aber wenn die Maskierung Sicht oder Gehör behindert, andere gefährdet oder belästigt, dann ist Schluss mit lustig. Lenkt eine nicht zu erkennende Person das Auto, dann kontrolliert die Polizei gerne, ob King Kong oder der lustige Clown überhaupt noch in der Lage ist, die zu beachtenden Regeln einzuhalten.

Auch das Verhalten am Arbeitsplatz ist bei uns klar definiert: Schläft ein Mitarbeiter während der Arbeitszeit an seinem Schreibtisch ein und fällt dann vom Bürostuhl, gilt folgende Regelung: Steht die Müdigkeit klar in Verbindung mit der zu erbringenden Arbeit, kann der Sturz als betrieblicher Unfall betrachtet werden. Sonst leider nicht.

In all diesen Fällen kommen wir Bürger schon mal ins Grübeln … Ob die zu lösenden Probleme mit immer mehr gesetzlichen Regelungen kleiner werden, kann man bezweifeln. Vielleicht können wir ja auch mit dem einen oder anderen gesetzlich nicht zu regelnden Ereignis selbst fertig werden. Aber man weiß ja nie, was kommt! Wir, die Bürger, sind jedenfalls auf alles vorbereitet. Nicht nur in Deutschland.

c Welche Einstellung hat der Autor / die Autorin zu den Gesetzen und Regelungen? Welche Einstellung haben Sie? Sprechen Sie im Kurs.

Ich kann mir gar nicht vorstellen, dass man alles …
Gesetze sind absolut wichtig. Ohne Regeln …

3a Im Artikel finden Sie die folgenden markierten Formen. Wie werden sie gebildet? Was bedeuten sie? Ergänzen Sie die Regel.

eine nicht zu erkennende Person = eine Person, die nicht erkannt werden kann
die zu beachtenden Regeln = die Regeln, die beachtet werden müssen

Adjektiv	Modalverb	Partizip I	Relativsatz

Modales Partizip G

Das modale Partizip wird aus *zu* + ________________ gebildet. Es steht vor Nomen, deshalb muss es wie ein ________________ dekliniert werden. In seiner Bedeutung entspricht das modale Partizip einem ________________ im Passiv mit ________________ *(können, müssen/sollen, nicht dürfen).* Modale Partizipien findet man meist in formellen Texten wie z. B. Gesetzen, Regelungen oder Anweisungen.

b Formen Sie die Relativsätze in modale Partizipien um. Vergleichen Sie Ihre Lösungen mit dem Artikel.

1. die Probleme, die gelöst werden müssen
2. die Ordnung, die gewahrt werden muss
3. die Vorschriften, die gefunden werden können
4. die Arbeit, die erbracht werden soll
5. das Ereignis, das nicht geregelt werden kann

1. die zu lösenden Probleme

c Formulieren Sie den Infotext ohne modales Partizip neu und lesen Sie zu zweit abwechselnd Satz für Satz vor.

Neu zu beschließende Gesetze entstehen in einem langen Prozess. Zunächst wird dem Bundestag ein zu besprechender Vorschlag vorgelegt. Dieser wird dann öffentlich diskutiert. Soll die noch zu formulierende neue Regelung weiter ausgearbeitet werden, beschäftigt sich meist ein Ausschuss mit Experten weiter damit. Im Ausschuss sollen alle zu diskutierenden Aspekte ausgetauscht und zu erwartende Vor- und Nachteile verglichen werden. Danach teilt der Ausschuss dem Bundestag mit, ob es sich um einen zu befürwortenden oder einen abzulehnenden Vorschlag handelt. Bei einer positiven Bewertung stimmt zuerst der Bundestag über das Gesetz ab. Ist der Vorschlag angenommen, beschäftigt sich der Bundesrat mit dem zu bewertenden Entwurf. Ist auch der Bundesrat einverstanden, muss das neu einzuführende Gesetz an den/die Bundespräsidenten/-in weitergeleitet werden. Dort wird es ausgearbeitet und unterschrieben. Danach unterschreibt der/die zuständige Minister/in und der/die Bundeskanzler/in. Am Ende wird das Gesetz durch den/die Bundespräsident/-in veröffentlicht. Dann ist es gültig und es gibt eine zu schließende Gesetzeslücke weniger.

Gesetze, die neu beschlossen werden sollen, entstehen in einem …

▶ Ü 1–4

4 Recherchieren Sie kuriose Gesetze oder Regelungen und stellen Sie sie im Kurs vor.

Kriminell

1a Lesen Sie gerne Krimis? Sehen Sie sich Krimis im Fernsehen an? Berichten Sie kurz, was Sie daran mögen oder nicht mögen.

b Sammeln Sie in Gruppen bekannte Krimiautoren und Krimifiguren aus Buch und Film.

c Was sind die zentralen Elemente eines Krimis? Sammeln Sie im Kurs.

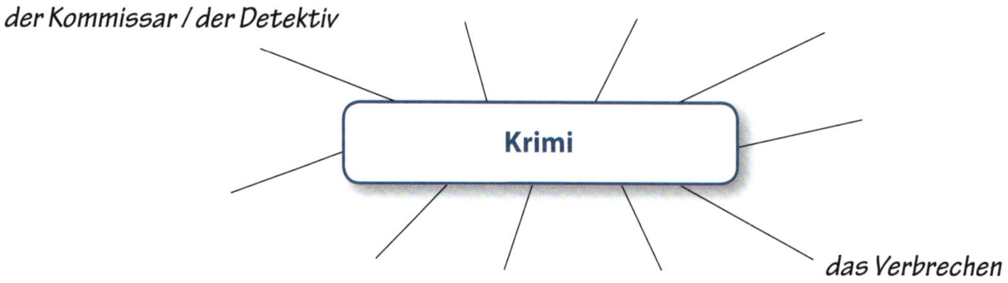

2a Lesen Sie den Artikel aus einer Schweizer Zeitung und notieren Sie wichtige Informationen zu den folgenden Themen.

Entwicklung der Kriminalliteratur

Gründe für die Beliebtheit von Krimis

Warum uns das Böse im Buch so fasziniert

Von Juliane Lutz

Jede Woche erscheinen neue Bücher, in denen offizielle oder selbst ernannte Ermittler in Los Angeles, Oslo oder auch am Thunersee Verbrechern auf der Spur sind. Warum bloss ist das Böse so beliebt?

Suter, Adler-Olsen und Leon. Diese drei Namen führen seit Wochen die Bestsellerliste Belletristik an. Kriminelle Machenschaften verkaufen sich also bestens und lassen die Kassen klingeln. Und dies keineswegs nur zur Ferienzeit, wenn man alles möchte, nur keine Langeweile. „Kriminalromane sind das ganze Jahr gefragt", sagt Stephanie Schaffer. Sie betreut seit 10 Jahren die Krimiabteilung in der Berner Buchhandlung Stauffacher und kann beobachten, dass immer mehr Titel die Tische und Regale füllen.

Aus wenigen wurden viele

Noch vor 25 Jahren war das Angebot in diesem Genre überschaubar. Grob eingeteilt gab es für Nostalgiker Agatha Christie, sozialkritisch Eingestellte kauften Bücher des schwedischen Paars Maj Sjöwall und Per Wahlöö, während USA-Liebhaber Krimis von Raymond Chandler und Dashiell Hammett verschlangen. Leute, die an einer anderen Sicht der Dinge interessiert waren, erfreuten sich an den charmanten Mördern Patricia Highsmiths, und alle lasen Georges Simenon.

Heute legen Buchhändler jede Woche Neuerscheinungen aus, in denen schon fast um die Wette gemordet wird. Allein Skandinavien brachte in den letzten paar Jahren so viele Autoren hervor, dass es schwierig ist, den Überblick über all die Edwardsons, Holts oder Indridasons zu behalten. „Seit 10 Jahren versuchen sich immer mehr Schriftsteller an diesem Genre und springen auf den erfolgreichen Zug auf", sagt Schaffer. „Es kam zu einer enormen Ausweitung der Titel." In der Schweiz könne man in den letzten zwei Jahren sogar von einem regelrechten Krimiboom sprechen. Warum sich so viele Autoren an das einstige Schmuddelkind der Literatur wagen, dafür hat Jochen Vogt einen Erklärungsversuch parat. Der deutsche Literaturwissenschaftler gilt als der einzige seriöse Krimiforscher im deutschsprachigen Raum. „Einen Krimi schreiben kann man lernen, da die Form leicht zu handhaben ist", sagt er. Und er fügt an: „Selbst wenn es dann kein guter wird, wie es öfter der Fall ist."

Reizvoller Kick für Normalos

Was aber reizt die Leser an der Beschreibung aufgedunsener Wasserleichen oder der Planung eines Verbrechens? Wenn in der Wirklichkeit fanatische Psychopathen Amok laufen oder nur ein Bekannter erzählt, dass er übel geprellt wurde, schrecken wir zurück. Und hoffen, dass uns das nicht passiert. Um später freiwillig zu lesen, wie gestörte Geister und Kriminelle Kinder töten oder Rachefeldzüge planen. Ist unser meist geregeltes Leben so langweilig, dass wir als Gegensatz wohldosiertes Erschauern benötigen?

Ja, meint Lars Schafft. „Wir wollen uns nicht mit dem unterhalten, was wir täglich erleben", sagt der Gründer von Krimi-Couch.de, einem der grössten Webportale zum Thema im deutschsprachigen Raum. „Deshalb greifen wir zum Krimi. Wie in den griechischen Dramen der Antike werden auch dort Menschen in Extremsituationen beschrieben. Das gibt uns einen Kick."

Tröstliches Happy End

„Ich mag einfach den Nervenkitzel beim Lesen", gibt Buchhändlerin Schaffer zu. „Eine derartige Spannung, wie sie in diesen Büchern vermittelt wird, erlebt man im Alltag nicht", bestätigt sie Lars Schaffts These. Beruhigend sei jedoch, dass am Ende die Schuldigen bestraft würden. Ähnlicher Meinung ist auch Krimiautor Paul Wittwer. „Die Angst vor irgendwelchen Bedrohungen spielt in unserem Leben eine grosse Rolle", sagt der studierte Arzt, der bei Burgdorf praktiziert. „Wir wissen aber, dass ein Krimi gut und mit einer Auflösung endet. Mit dem Vertrauen auf das Happy End können wir dann auch die Handlung ertragen und uns unseren Ängsten stellen." An brutalen Schilderungen und der Darstellung abartiger Persönlichkeiten, auf die viele seiner Kollegen setzen, ist Wittwer wenig interessiert. „Ich möchte das Rätsel, den Fall lösen. Deshalb lese ich Krimis selbst so gerne", sagt er.

Krimis für jede Befindlichkeit

Laut Experten findet der Krimi auch so grossen Anklang, weil er eine unendliche Vielfalt an Themen bietet. „Friedrich Glauser schrieb einmal, dass die Krimihandlung zwar nötig sei, aber dass der Krimi erst durch das Füllsel so richtig interessant werde: die Psychologie, die Menschen, die Schauplätze", sagt Literaturwissenschaftler Jochen Vogt. Der Fall an sich erscheint oft nebensächlich, heute überwiege das Füllsel. Vogt vergleicht ihn mit einem Fahrgestell: „Je nachdem, welche Karosserie darauf gesetzt wird, entsteht ein Psychodrama, ein Roman über die Mafia oder über die Beziehungsprobleme der Ermittler." So kann jeder in diesem Literatursegment den gerade zu seiner Befindlichkeit passenden Titel kaufen.

Und: Der Krimi schildert deutlicher als andere Genres das, was jetzt ist. So führt er uns längst überallhin. Dabei gibt er Einblicke in Gesellschaft und Sitten. „Mittlerweile dient der Krimi häufig als Ergän-

zung zum Reiseführer", stellt Krimi-Couch-Gründer Schafft fest. Gleichzeitig spiegelt der nicht enden wollende Strom an Regionalkrimis auch unsere stärkere Sehnsucht nach Heimat in Zeiten der Globalisierung wider. Es klingt etwas kitschig, aber es scheint so zu sein: Wie ein Freund in Buchform unterhält uns der Krimi, er gibt uns das, wonach wir momentan suchen, und konfrontiert uns auch mal mit unseren dunklen Seiten. Das macht ihn so beliebt. (Berner Zeitung)

b Arbeiten Sie zu zweit und vergleichen Sie Ihre Notizen aus 2a. Ergänzen Sie gegebenenfalls Stichpunkte.

c Ergänzen Sie die Aussagen zum Text.

1. Während es früher eher wenig Auswahl für Krimileser gab, …
2. Viele Autoren schreiben Krimis, weil …
3. Für die Beliebtheit der Krimis bei den Lesern gibt es mehrere Gründe, z. B. …
4. Regionalkrimis sind unter anderem so populär, weil …

d **Schreiben Sie mithilfe Ihrer Notizen aus 2a und b eine Zusammenfassung des Artikels.**

EINEN TEXT ZUSAMMENFASSEN	
Einleitung	In dem Text geht es um das Thema … Der Text befasst sich mit dem Thema …
Inhalte wiedergeben	Es wird erklärt/erläutert/beschrieben/dargelegt, … Zunächst wird … dargestellt/erklärt, dann folgt … Im Anschluss wird erläutert, … Folgendes Beispiel wird angeführt: … Die Beispiele zeigen / machen deutlich, … Laut … / Nach Meinung von …
Schluss	Insgesamt zeigt sich … Abschließend kann man sagen, …

STRATEGIE

Eine Zusammenfassung schreiben

Schreiben Sie die wichtigsten Aussagen nicht wörtlich aus dem Text ab. Achten Sie darauf, dass Sie die Sätze umformulieren und in einer sinnvollen Reihenfolge miteinander verknüpfen. Denken Sie daran, dass auch jemand, der den Originaltext nicht gelesen hat, die Zusammenfassung verstehen muss.

2.20-24

3 **Hören Sie ein Krimi-Hörspiel und beantworten Sie die Fragen.**

Abschnitt 1
- a Warum geht Petersen zu seinem Chef?
- b Wie reagiert Fossner?
- c Womit erpresst Petersen seinen Arbeitgeber?
- d Vermuten Sie: Wie könnte die Geschichte weitergehen?

SPRACHE IM ALLTAG

Mörderische Wendungen

Ich könnte mich totlachen.
Die Hitze bringt mich noch um.
Du bringst mich noch ins Grab.
Ich langweile mich zu Tode.
Er hat kein Sterbenswörtchen gesagt.

Abschnitt 2
- e Warum kann Petersen vor seinem nächsten Nachtdienst nicht schlafen?
- f Vermuten Sie: Was hat er vor?

Abschnitt 3
- g Wer ist Jahnke?
- h Warum trifft sich Petersen mit Jahnke?
- i Welche Information hat Jahnke für Petersen?

Abschnitt 4
- j Wer taucht plötzlich in dem Café auf?
- k Wie reagiert Petersen?
- l Vermuten Sie: Was werden die drei Personen jetzt tun?

Abschnitt 5
- m Warum ruft Petersen Fossner an und wie reagiert dieser?
- n Erklären Sie das Ende.
- o Geben Sie dem Hörspiel einen Titel.

▶ Ü 1–2

4 **Arbeiten Sie in Gruppen und denken Sie sich ein Krimi-Hörspiel aus. Sie können einen der Textanfänge nutzen oder sich eine eigene Geschichte überlegen. Schreiben Sie den Text und die Dialoge. Verteilen Sie die Rollen und spielen Sie Ihr Hörspiel vor oder nehmen Sie es auf.**

Verbrechen
- Diebstahl
- Betrug
- Erpressung
- …

Rollen
- Kommissar/in und Assistent/in
- Täter/in
- Zeugen
- Opfer
- Erzähler/in
- …

Situationen, die gespielt werden sollen
- Verbrechensplanung
- Verbrechen
- Verhöre durch die Polizei
- Zeugenbefragung
- Festnahme
- …

1 *Marina konnte sich nicht konzentrieren. Ihr Nachbar hatte die Musik schon wieder so laut aufgedreht. Alles Reden half bei diesem Menschen nicht. Sie musste wohl endlich zu anderen Mitteln greifen. Er würde schon sehen, was er von seiner Rücksichtslosigkeit hatte. Plötzlich klingelte es …*

2 Wurde er verfolgt? Ben drehte sich zum wiederholten Mal um. Seit Tagen bekam er immer wieder merkwürdige Mails und SMS. Konnte es sein, dass Marco wieder in der Stadt war und sich für diese dumme Geschichte vor zwei Jahren rächen wollte? Bei dem Gedanken brach Ben der Schweiß aus …

3 Die Party war in vollem Gange, als plötzlich ein lauter Schrei ertönte. Viktoria lag auf dem Boden und rührte sich nicht. War sie etwa tot? Den ganzen Abend war sie so anders gewesen, hatte angegeben mit ihrem Kleid und dem neuen Schmuck. Woher hatte sie eigentlich plötzlich so viel Geld? Nina ging langsam zu der Menschentraube, die sich um Viktoria gebildet hatte …

P GI

5 **Sie möchten einem Kollegen, einem großen Krimi-Fan, ein Geschenk zum Geburtstag machen. Vergleichen Sie die verschiedenen Vorschläge und begründen Sie Ihren Standpunkt. Widersprechen Sie Ihrem Partner / Ihrer Partnerin, wenn Sie nicht einverstanden sind. Kommen Sie am Ende zu einer gemeinsamen Lösung.**

Folgende Vorschläge stehen zur Auswahl:
- Eintrittskarten für die Lesung eines berühmten Krimiautors
- ein Schreibkurs für Krimiautoren
- Karten für einen Theaterbesuch
- ein Kinogutschein
- ein Buch über berühmte Krimischauplätze
- der neueste Krimi seines Lieblingsautors

VORSCHLÄGE MACHEN	VORSCHLÄGE ANNEHMEN UND ABLEHNEN	SICH EINIGEN
Was halten Sie davon, wenn wir …?	Das klingt gut, aber …	Dann sind wir uns einig und machen …, oder?
Wie finden Sie folgende Idee: …?	Das halte ich für eine/keine gute Idee, weil …	Dann machen wir also Folgendes: …
Ich würde vorschlagen, dass …	Ich verstehe Ihren Standpunkt, aber sollten wir nicht lieber …	Schön, dann können wir festhalten, dass …
Wären Sie einverstanden, wenn wir …?	Ja/Nein, dafür/dagegen spricht …	Dann können wir uns also auf … einigen, richtig?
Ich fände es gut, wenn …	Das kann ich gut / nicht so richtig nachvollziehen, denn …	
Ich hatte den Gedanken, dass …		
Mir scheint in diesem Fall … am geeignetsten.		

▶ Ü 3

Tatort

Eine Institution am Sonntagabend

Jeden Sonntagabend um 20:15 Uhr versammeln sich viele Leute in Deutschland, Österreich und der Schweiz vor dem Fernseher, um eine Folge der beliebten Krimireihe „Tatort" zu sehen. Es werden zwar auch andere Krimireihen gesendet, aber keine steht auf der Beliebtheitsskala der Zuschauer so hoch im Kurs wie der Tatort und keine gibt es bereits so lange.

Kommissar Thiel und Gerichtsmediziner Boerne aus Münster

Warum der Tatort so viele Fans hat, kann man nicht genau belegen. Die meist realistischen Geschichten, die Einbindung von lokalen Besonderheiten und auch die Beziehung und Dialoge zwischen den Ermittlern tragen sicher einiges dazu bei.

In den letzten Jahren ist ein regelrechter Kult um die Krimireihe entstanden. So gibt es zahlreiche Blogs über den Tatort, Fanclubs oder Tatort-Public-Viewing in der Kneipe. Während der Ausstrahlung eines Tatorts kann man online zahlreiche Kommentare und Twitternachrichten verfolgen, die sich mit den Dialogen zwischen den Kommissaren befassen oder den kompletten Fall kommentieren.

Der erste Tatort wurde bereits im Jahr 1970 ausgestrahlt und bis heute waren ca. 1000 Folgen zu sehen. Dabei geht jede Woche ein Team von Kommissaren in einer anderen Stadt auf Verbrecherjagd. Einige Ermittler erfreuen sich allerdings besonderer Beliebtheit, z. B. die Kommissare Batic und Leitmayr aus München oder Kommissar Thiel und Gerichtsmediziner Boerne aus Münster.

Die Themen und Fälle sind sehr unterschiedlich. Mal orientieren sie sich an aktuellen gesellschaftlichen Problemen und üben Sozialkritik, dann wieder steht eine deutschsprachige Region oder schlicht ein spannender Fall im Mittelpunkt. Gelegentlich gibt es auch Koproduktionen, in denen die Ermittler aus verschiedenen Städten zusammenarbeiten.

Momentan werden Tatorte aus rund 20 Städten gesendet, die meisten aus Deutschland, aber auch aus Luzern und Wien.

Das Lokalkolorit spielt dabei mal eine größere und mal eine kleinere Rolle. Die einzelnen Folgen sind dabei immer in sich geschlossene Geschichten.

Die Kommissare Leitmayr und Batic aus München

Wenn der Tatort im August Sommerpause macht, werden für mehrere Wochen nur Wiederholungen gezeigt und die Fans warten ungeduldig auf die neuen Folgen ab Herbst.

Produziert werden die Krimis von den verschiedenen Sendeanstalten der ARD, dem Österreichischen Fernsehen ORF und dem Schweizer Fernsehen SRF.

Im Lauf seiner langen Geschichte wurde der Tatort mit zahlreichen Preisen ausgezeichnet. So erhielt er auch mehrfach den begehrten Grimme-Preis.

www Mehr Informationen zum Tatort.

Sammeln Sie Informationen über Persönlichkeiten aus dem In- und Ausland, die für das Thema „Recht und Unrecht" interessant sind, und stellen Sie sie im Kurs vor. Sie können dazu die Vorlage „Porträt" im Anhang verwenden.

Beispiele aus dem deutschsprachigen Bereich: Friedrich Dürrenmatt – Friedrich Ani – Carla del Ponte – Ferdinand von Schirach – Ingrid Noll – Lore Maria Peschel-Gutzeit – Jost Reinecke – Nele Neuhaus – Volker Klüpfel und Michael Kobr

1 Unpersönliches Passiv

In Passivsätzen ohne Subjekt steht das Pronomen *es* als stellvertretendes Subjekt auf Position 1. Wenn möglich, wird *es* durch ein anderes Satzglied ersetzt.

***Es** wurde eingebrochen.* → *In viele Wohnungen wurde eingebrochen.*
***Es** wurde ermittelt.* → *In diesem Fall wurde ermittelt.*

es steht nur im Hauptsatz, nicht im Nebensatz.
***Es** wurde eingebrochen.* → *Die Nachbarn sahen, dass eingebrochen wurde.*

2 Passiv mit Modalverb

Präsens	Modalverb im Präsens + Partizip II + *werden*	*Der Täter muss gefasst werden.*
Präteritum	Modalverb im Präteritum + Partizip II + *werden*	*Der Täter musste gefasst werden.*
Perfekt	*haben* + Partizip II + *werden* + Infinitiv Modalverb	*Der Täter hat gefasst werden müssen.*

Im Nebensatz steht im Präsens und Präteritum das konjugierte Modalverb wie üblich am Ende:
Die Polizei gab bekannt, dass der Täter gefasst werden konnte.
Im Perfekt steht das konjugierte Verb vor dem Partizip II:
Die Zeitung schrieb, dass der Täter hat gefasst werden können.

Um Vergangenheit auszudrücken, wird im Passiv vor allem das Präteritum verwendet.
Im Konjunktiv II der Vergangenheit entspricht die Stellung der Verben dem Passiv Perfekt:
Der Täter hätte gefasst werden können.
Die Zeitung schrieb, dass der Täter hätte gefasst werden können.

3 Modales Partizip

Das modale Partizip wird aus *zu* + Partizip I gebildet. Es steht vor Nomen, deshalb muss es wie ein Adjektiv dekliniert werden: *eine **zu** beachten**de** Regel, die **zu** beachten**den** Regeln*

In seiner Bedeutung entspricht das modale Partizip einem Relativsatz im Passiv mit Modalverb. Es drückt eine Notwendigkeit (*muss/soll*), eine Möglichkeit (*kann*) oder ein Verbot (*darf nicht*) aus.
eine nicht zu erkennende Person = *eine Person, die nicht erkannt werden kann*
die zu beachtenden Regeln = *die Regeln, die beachtet werden müssen*

Das modale Partizip kann bei transitiven, passivfähigen Verben gebildet werden.
Im Relativsatz können auch Passiv-Ersatzformen verwendet werden.

Passiv + *können*	*eine Person, die*	*nicht zu erkennen ist* *nicht erkennbar ist* *sich nicht erkennen lässt* *man nicht erkennen kann*
Passiv + *müssen*	*die Regeln, die*	*zu beachten sind* *man beachten muss*

Modale Partizipien findet man meist in formellen Texten wie z. B. Gesetzen, Regelungen, Anweisungen, formellen Schreiben, wissenschaftlichen oder juristischen Texten im Nominalstil.

Computer vor Gericht

1 In welchen Bereichen sind Computer bzw. Roboter den Menschen voraus? Welche Tätigkeiten können sie besser ausführen, welche nicht?

2a Computer vor Gericht – Was stellen Sie sich darunter vor? Worum kann es in einem Film mit diesem Titel gehen?

b Sehen Sie den Film und erklären Sie kurz den Titel des Films.

c Was bedeuten die folgenden Ausdrücke aus dem Film? Ordnen Sie zu.

____ 1. die Fehlentscheidung	A die Verantwortung für einen Schaden übernehmen
____ 2. eine rechtliche Grauzone	B die Erlaubnis geben, am Verkehr teilzunehmen
____ 3. die Haftung	C ein Bereich, für den es keine eindeutigen Regeln gibt
____ 4. nachjustieren	D jmd. in Aktion treten lassen
____ 5. jmd. auf den Plan rufen	E ein falscher Entschluss
____ 6. ein Fahrzeug zulassen	F etw. nachträglich noch einmal genauer bestimmen/festlegen

d Ergänzen Sie die Ausdrücke aus 2c in den Sätzen.

Eric Hilgendorf

1. Auch intelligente Maschinen treffen manchmal ______________________________.
2. Das Problem, das die Würzburger Juristen ______________________________ ________________, war der Testlauf eines neuen Gerätes.
3. Es ist von Seiten des Staates noch nicht genau festgelegt, wer für manche Schäden haftet. Das ist ______________________________.
4. Bestimmte Punkte im Strafrecht müssen wohl ______________________________ werden.

1 **3a Sehen Sie die erste Filmsequenz. Welche Probleme werden geschildert? Machen Sie Notizen und erklären Sie.**

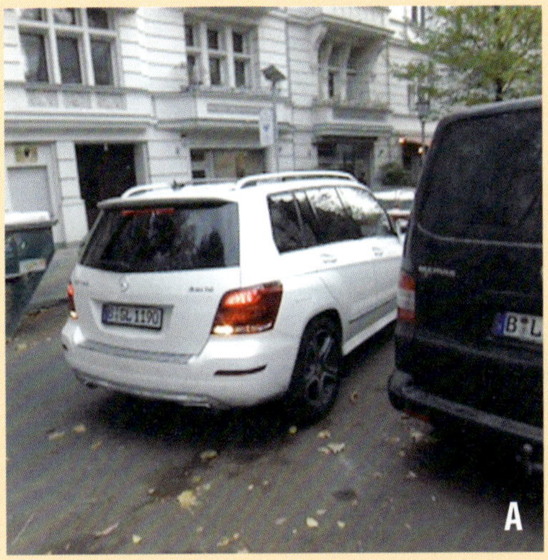

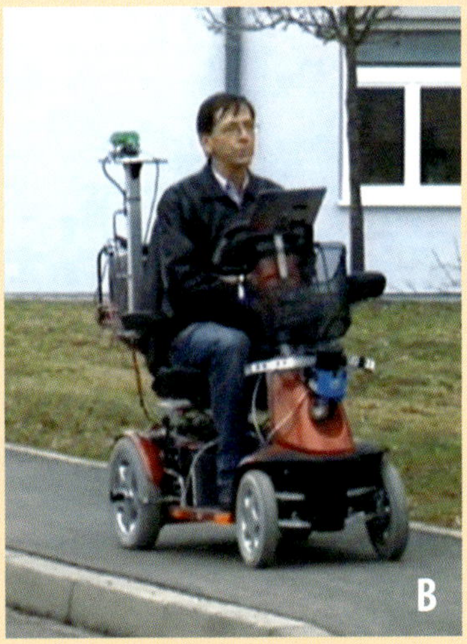

b Wer muss bezahlen, wenn Ihr internetfähiger Kühlschrank einfach Essen bestellt?

2 **4a Sehen Sie die zweite Filmsequenz und ergänzen Sie die Sätze.**

1. Es ist möglich, dass Cyberkriminelle ______________________________

   ____

2. Bereits heute kann man ______________________________

   ____

b Welche anderen Fehler könnten computergesteuerte Geräte, Fahrzeuge oder Roboter im Alltag machen? Arbeiten Sie in Gruppen und skizzieren Sie ähnliche Situationen wie in 3a.

Rasenmäher	Fahrstuhl	Klimaanlage	…
Alarmanlage	Züge	Smartphone	

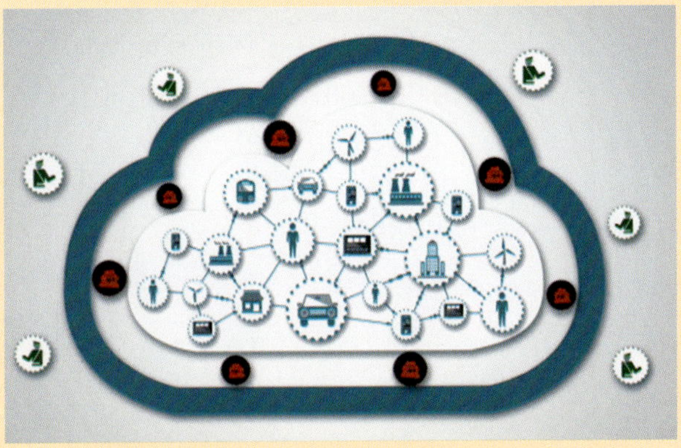

c Schreiben Sie in Ihrer Gruppe eine Zeitungsmeldung zu einer der Situationen in 4b.

In der Nacht von Samstag auf Sonntag geriet in München-Sendling ein Rasenmäher völlig außer Kontrolle. Der computergesteuerte Rasenmäher war darauf eingestellt, den Rasen der Familie S. zu mähen. Er durchbrach den Gartenzaun und drang in mehrere Nachbargärten ein. Dabei zerstörte er wertvolle Pflanzen und beschädigte mehrere Büsche und Zäune. Wer für den Schaden aufkommt, ist noch nicht geklärt.

Du bist, was du bist

Mensch

Herbert Grönemeyer

A

B

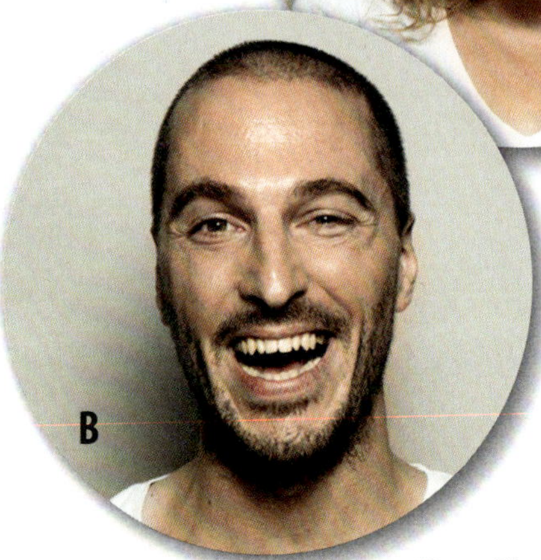

C

Momentan ist richtig,
momentan ist gut.
Nichts ist wirklich wichtig,
nach der Ebbe kommt die Flut.

Am Strand des Lebens,
ohne Grund, ohne Verstand,
ist nichts vergebens,
ich bau die Träume auf den Sand.

Und es ist, es ist ok,
alles auf dem Weg,
und es ist Sonnenzeit
unbeschwert und frei.
Und der Mensch heißt Mensch,
weil er vergisst,
weil er verdrängt,
und weil er schwärmt und stählt*,
weil er wärmt, wenn er erzählt,
und weil er lacht,
weil er lebt,
Du fehlst …

Das Firmament hat geöffnet,
wolkenlos und ozeanblau.
Telefon, Gas, Elektrik
unbezahlt, und das geht auch.
Teil mit mir Deinen Frieden,
wenn auch nur geborgt.
Ich will nicht Deine Liebe,
ich will nur Dein Wort.

Und es ist, es ist ok,
alles auf dem Weg,
und es ist Sonnenzeit
ungetrübt und leicht.
Und der Mensch heißt Mensch,
weil er irrt und weil er kämpft
und weil er hofft und liebt,
weil er mitfühlt und vergibt,
und weil er lacht,
und weil er lebt,
Du fehlst …

D

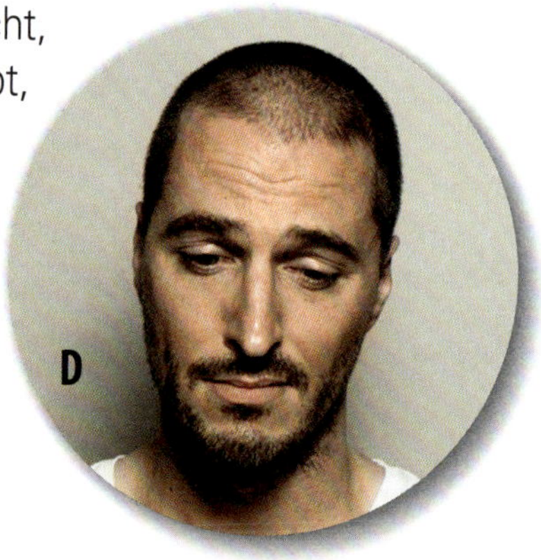

* hier: jmd. ermuntern, jmd. Mut machen

Sie lernen

Modul 1 | Ergebnisse von Experimenten zum Alltagsleben zusammenfassen

Modul 2 | Einen Vortrag zum Thema „Hirnforschung und Geschlechterverhalten" mitschreiben und einen Forumsbeitrag verfassen

Modul 3 | Eine Ratgebersendung über Hochbegabte verstehen und Vermutungen äußern

Modul 4 | Die eigene Meinung zu einem Artikel über aktuelle Erziehungsfragen äußern

Modul 4 | Eine Umfrage zu Aspekten, die uns glücklich machen, verstehen und eine Diskussion führen

Grammatik

Modul 1 | Subjektive Modalverben: Behauptungen ausdrücken

Modul 3 | Subjektive Modalverben: Vermutungen ausdrücken

▶ AB Wortschatz

Oh, weil er lacht,
weil er lebt,
Du fehlst …

Es ist ok,
alles auf dem Weg,
und es ist Sonnenzeit
ungetrübt und leicht.
Und der Mensch heißt Mensch,
weil er vergisst,
weil er verdrängt.
Und weil er schwärmt und glaubt,
sich anlehnt und vertraut.
Und weil er lacht,
und weil er lebt,
Du fehlst …

Oh, ist schon ok,
es tut gleichmäßig weh,
es ist Sonnenzeit
ohne Plan, ohne Geleit.

Der Mensch heißt Mensch,
weil er erinnert, weil er kämpft,
und weil er hofft und liebt,
weil er mitfühlt und vergibt.

Weil er lacht,
weil er lebt,
Du fehlst …

Oh, weil er lacht,
weil er lebt,
Du fehlst …

1a **Sehen Sie die Fotos an. Welche Emotionen werden dargestellt?**

b **Sammeln Sie weitere Emotionen im Kurs.**

3.2

2a **Hören Sie das Lied „Mensch" von Herbert Grönemeyer. Beschreiben Sie die Stimmung des Lieds.**

b **Hören Sie das Lied noch einmal und lesen Sie dabei den Text. Wie werden Emotionen durch die Musik und im Text ausgedrückt?**

3 **Herbert Grönemeyer beschreibt im Refrain, was für ihn typisch für den Menschen ist. Schreiben Sie den Satz aus dem Refrain frei zu Ende und vergleichen Sie im Kurs.**

Und der Mensch heißt Mensch, weil …

Wussten Sie schon ...?

1a Vermuten Sie: Welche vier Aussagen sind richtig? Warum?

1. Das Wetter beeinflusst unser Gedächtnis.

2. Viele Probleme lösen sich im Schlaf.

3. Zu viel Fernsehen gefährdet die Gesundheit.

4. Jeder ist sich selbst der Nächste.

5. Lachen steckt an.

6. Das Auge isst mit.

b Lesen Sie die vier Infotexte aus der Alltagsforschung. Welche Aussagen aus 1a werden bestätigt?

A

Wissenschaftler der Universität Oxford sind der Frage nachgegangen, welchen Einfluss Material, Größe und Farbe von Geschirr und Besteck auf unser Essverhalten haben können. Dazu führten sie Experimente mit dutzenden Teilnehmern durch, die von farblich unterschiedlichem Geschirr aßen. Die Ergebnisse sind verblüffend: Die Probanden mit rotem Teller sollen weniger gegessen haben als Probanden mit anderen Farben. Wer abnehmen will, sollte demnach von roten Tellern essen. Denn Essen sei eine Erfahrung, die viele Sinne anspreche, so die Wissenschaftler. Schon bevor wir Essen in unseren Mund nehmen, hat sich unser Gehirn eine Meinung dazu gebildet, die unseren Gesamteindruck beeinflusst.

B

Durch zu großen Fernsehkonsum soll unsere Gesundheit stark geschädigt werden. Das behauptet zumindest der australische Wissenschaftler David Dunstan vom Baker Herz- und Diabetes-Institut in Melbourne. In einer Studie untersuchte er mit seinem Team über mehrere Jahre hinweg den Lebensstil von 8.800 Australiern. Von den 284 Teilnehmern, die in dieser Zeit starben, litten 87 an einer Herz-Kreislauf-Erkrankung. Zwischen dem Fernsehkonsum und einer solchen Erkrankung zeigte sich ein erkennbarer Zusammenhang: Wer täglich mehr als vier Stunden fernsehe, habe ein 80 Prozent höheres Risiko, an einer derartigen Krankheit zu sterben, als jemand, der täglich weniger als zwei Stunden vor der Glotze sitze, meint Dunstan.

C

Bei schlechtem Wetter sollen wir uns Dinge besser einprägen. Um diese Behauptung zu untermauern, führte Joseph Forgas von der Universität New South Wales in Australien ein Experiment durch. 73 Kunden eines Zeitungsgeschäftes sollten sich an zehn Dinge erinnern, die auf dem Verkaufstisch gestanden hatten. Das Ergebnis war eindeutig: Die Teilnehmer, die an regnerischen Tagen befragt wurden, konnten sich an dreimal so viele Gegenstände erinnern als jene, die bei Sonnenschein befragt wurden. Das bestärkt nach Forgas den Verdacht, dass das Wetter unser Gedächtnis wirklich beeinflusst.

D

Wer jemanden lächeln sieht, lächelt fast automatisch mit. Den Grund dafür will Sophie Scott vom University College in London herausgefunden haben: Unser Gehirn spiegelt positive Emotionen besonders stark wider. Scott führte eine Studie durch und spielte darin den Testpersonen verschiedene Laute vor: Gelächter, Jubel, aber auch ängstliche Geräusche. Währenddessen erfasste sie mithilfe eines Hirnscans, was sich im Gehirn ihrer Probanden abspielte. Dabei beobachtete sie, dass die Emotionen eine unterschiedliche Resonanz erzeugen. Besonders starke Reaktionen sollen bei positiven Gefühlen gezeigt worden sein. Das legt den Schluss nahe, dass positive Emotionen generell anstecken.

▶ Ü 1

c Wählen Sie einen Text und beschreiben Sie die Studie oder das Experiment mit eigenen Worten: Wer? Was? Wie? Welches Ergebnis?

▶ Ü 2

2a Behauptungen ausdrücken. Welche Bedeutung haben die Sätze A und B?

A Bei schlechtem Wetter prägen wir uns Dinge besser ein.

B Bei schlechtem Wetter sollen wir uns Dinge besser einprägen.

____ 1. eine Behauptung, die man nicht überprüfen kann oder vielleicht bezweifelt

____ 2. eine Aussage, die man als Tatsache darstellt

b Ergänzen Sie: *jemand von sich selbst sagt – sie gelesen oder gehört hat.*

G

Umschreibung ohne Modalverb	Behauptung mit Modalverb	Eine Person gibt wieder, was …
In der Studie stand, dass die Probanden mit rotem Teller weniger gegessen haben.	Die Probanden mit rotem Teller **sollen** weniger gegessen haben.	____________ ____________
Die Probanden mit rotem Teller gaben an, dass sie weniger gegessen haben.	Die Probanden mit rotem Teller **wollen** weniger gegessen haben.	____________ ____________

c Unterstreichen Sie die Verben in den Sätzen und ergänzen Sie die Regel mit *Vergangenheit, subjektiven* und *objektiven.*

Aktiv: objektiv: *Der Kranke hat Suppe essen sollen.*
subjektiv: *Von roten Tellern sollen die Probanden weniger gegessen haben.*
Passiv: objektiv: *Die Suppe hat gegessen werden sollen.*
subjektiv: *Von roten Tellern soll weniger gegessen worden sein.*

G

Subjektive und objektive Modalverben in der Vergangenheit

In der ____________ unterscheiden sich die Formen von subjektiven und objektiven Modalverben. In der ____________ Form wird das Hilfsverb *haben* konjugiert, in der ____________ Form wird das Modalverb *sollen* oder *wollen* konjugiert.

	objektiv	subjektiv
Aktiv	*haben* + Infinitiv + Infinitiv Modalverb	*sollen/wollen* + Partizip II + *haben/sein*
Passiv	*haben* + Partizip II + *werden* + Infinitiv Modalverb	*sollen/wollen* + Partizip II + *worden sein*

Im Präsens Aktiv und Passiv unterscheiden sich die Formen nicht. Der Kontext entscheidet, welche Bedeutung gemeint ist: *Der Kranke soll Suppe essen. / Von roten Tellern soll man weniger essen.*

▶ Ü 3–6

3 Was schreibt die Zeitung über den Wissenschaftler? Schreiben Sie Behauptungen mit *sollen/wollen.*

1. Ich habe schon mehrere Preise gewonnen.
2. Seine letzte Studie ist ein großer Erfolg gewesen.
3. Ich bekomme viele Forschungsaufträge.
4. Er hat schon zwei Dissertationen geschrieben.

1. Er will schon mehrere Preise gewonnen haben.

4 Recherchieren Sie interessante Erkenntnisse aus der Wissenschaft. Formulieren Sie Behauptungen mit *wollen* und *sollen* und stellen Sie Ihre Ergebnisse im Kurs vor.

Von Anfang an anders?

1a Typisch Junge, typisch Mädchen? Wie finden Sie die Aussagen? Sprechen Sie zu zweit.

Mädchen sind einfach sozialer veranlagt als Jungen.

Jungen werden auch heute noch anders erzogen als Mädchen.

Jungen interessieren sich für ganz andere Spiele als Mädchen.

▶ Ü 1 **b Vergleichen Sie Ihre Meinungen im Kurs. Wo gibt es die größte Übereinstimmung?**

3.3

2a Sie hören jetzt einen Vortrag zum Thema „Entwicklung der Geschlechter – Neues aus der Hirnforschung". Ein Freund hat Sie gebeten, sich Notizen zu machen, weil er den Vortrag nicht hören kann. Sie hören den Vortrag nur einmal. Machen Sie beim Hören Notizen zu den Stichworten.

a Rolle des Y-Chromosoms

– ______________________

b geschlechtsspezifische Verhaltensunterschiede

– *Spiel: Jungen in größeren Gruppen, Mädchen in kleinen*
– ______________________
– ______________________
– ______________________
– ______________________
– ______________________

c geschlechtsspezifische Vorteile

Mädchen:

– ______________________
– ______________________
– *können sich besser konzentrieren*

Jungen:

– ______________________
– ______________________
– ______________________

d rechte und linke Gehirnhälfte – Nutzung

– Mädchen: ______________________

– Jungen: ______________________

e Konsequenzen für die Zukunft

– ______________________

b Vergleichen Sie Ihre Notizen zu zweit. Besprechen Sie Ihre Lösungen dann im Kurs.

c Welche drei Informationen finden Sie wichtig, neu oder überraschend? Einigen Sie sich in Gruppen. Stellen Sie dann Ihre Ergebnisse im Kurs vor und begründen Sie. ▶ Ü 2

3a Lesen Sie die Forumsbeiträge zum Vortrag. Welchen Aussagen stimmen Sie zu, welchen nicht? Warum?

Soffi2399

8.8. / 22:24 Uhr

Ich finde es schon interessant, dass Chromosomen so eine entscheidende Rolle bei unserer Entwicklung spielen. Viel wichtiger fand ich aber, dass Männer und Frauen ihr Gehirn so unterschiedlich einsetzen. Das würde doch dafür sprechen, dass bei der Lösung unterschiedlicher Probleme immer Männer und Frauen zusammenarbeiten sollten. Aber davon sind wir in manchen Berufen noch weit entfernt.

verstehste

8.8. / 22:21 Uhr

Das war ja unerträglich! Wieder einmal eine Forschung, die uns weismachen will, dass die alten Rollenbilder richtig sind. Ich dachte, wir wären in der Diskussion weiter als über Frauen, die schlecht einparken, und Männer, die nur so schlichte Interessen wie Fußball teilen, zu sprechen. Ich finde, heute können alle alles machen.

SuperWauzi

8.8. / 22:17 Uhr

Zuerst war ich ja skeptisch, weil sich das alles so nach Klischees anhörte. Aber eigentlich geht es ja nur um Feststellungen. Jeder hat bestimmte Neigungen oder Tendenzen oder eben nicht – ganz ohne Bewertung in gut/schlecht, schwarz/weiß usw. Die Gesellschaft sollte viel mehr darüber nachdenken, ob sie Kinder ihre Vorlieben auch entdecken lässt und diese dann fördert. Dazu müssen wir unsere Vorurteile ablegen.

zahlenpapst

8.8. / 22:03 Uhr

Ich bin Grundschullehrer (typisch weiblich) und ich unterrichte am liebsten Mathe (männlich). Meine Freunde sagen, ich sei eine Labertasche (weiblich), wenn ich mich mit ihnen zum Fußball treffe (männlich). Ich bin eine Niete beim Einparken (weiblich), finde in einer neuen Umgebung aber schnell den Weg zum Ziel (männlich). Veranlagungen haben wir, stimmt! Aber an den Kindern in der Schule sehe ich, wie unterschiedlich sie Aufgaben lösen. Mal schneller, mal langsamer, aber zusammen schaffen sie es. Und der Erfolg fördert spätere Vorlieben, das ist meine Erfahrung.

Ich finde, Zahlenpapst hat nicht ganz unrecht, wenn er auf … hinweist. ▶ Ü 3

b Schreiben Sie einen eigenen Beitrag. Vergleichen Sie dann im Kurs.

Voll auf Zack!

1 **Denken Sie an Ihre Schulzeit: Woran erinnern Sie sich gern, woran nicht so gern?**

Ich erinnere mich noch gut an meine Freunde. Wir haben uns ständig getroffen. Das war eine tolle Zeit!

Ich denke sofort an Mathe. Das war wirklich schwierig für mich …

3.4 **2a** **Hören Sie den ersten Teil der Radiosendung „Elternsprechstunde". Machen Sie Notizen zu Jonas.**

b **Was vermuten Sie: Welche Ursachen haben Jonas' Probleme? Benutzen Sie die Redemittel.**

VERMUTUNGEN AUSDRÜCKEN	
Etwas ist sicher.	Ich bin sicher, dass … Ich bin überzeugt, dass … Alles deutet darauf hin, dass … Alle Anzeichen sprechen dafür, dass … Bestimmt/Sicher/Gewiss/Zweifellos …
Etwas ist sehr wahrscheinlich.	Aller Wahrscheinlichkeit nach … Wahrscheinlich/Vermutlich … Ich vermute, dass … Ich nehme an, dass … Ich bin ziemlich sicher, dass … Es sieht so aus, als ob …
Etwas ist möglich.	Es ist möglich/denkbar / nicht ausgeschlossen, dass … Vielleicht/Möglicherweise/Eventuell/Angeblich … Es besteht die Möglichkeit, dass … … lässt darauf schließen, dass … … lässt vermuten, dass …

▶ Ü 1

3.5 **c** **Hören Sie den zweiten Teil der Radiosendung. Haben sich Ihre Vermutungen über Jonas bestätigt? Welche Argumente führt Frau Professor Hoffmann für Ihre Diagnose an? Kreuzen Sie an.**

☐ 1. lernt früh andere Sprachen
☐ 2. ist gut im Problemlösen
☐ 3. liest von allein
☐ 4. hohe schulische Motivation
☐ 5. lernt von allein schreiben
☐ 6. kann sich gut ausdrücken

3.6 **d** **Hören Sie den dritten Teil der Radiosendung und beantworten Sie die Fragen.**

1. Wann kann man sagen, dass jemand hochbegabt ist?
2. Warum ist es für Eltern schwierig, eine Hochbegabung zu erkennen?
3. Was können Anzeichen für eine Hochbegabung sein?
4. Was sollte man tun, wenn man sein Kind für hochbegabt hält?

▶ Ü 2

SPRACHE IM ALLTAG

Wenn jemand klug ist

ein helles Köpfchen sein
nicht auf den Kopf gefallen sein
etwas auf dem Kasten haben
etwas in der Birne haben
helle sein

e Ordnen Sie die Verben zu.

1. ____ kreative Lösungsansätze — a hervortun
2. ____ sich an eine Beratungsstelle — b entsprechen
3. ____ etw. lässt auf etw. — c schließen
4. ____ einem Klischee — d wenden
5. ____ sich auf seltenen Gebieten — e finden

3 In der Radiosendung werden Vermutungen über Jonas mit Modalverben ausgedrückt. Sehen Sie sich die Sätze aus dem Interview an und formulieren Sie sie mithilfe der Redemittel aus 2b um.

G

(hoch ↑ niedrig)

Grad der Sicherheit	Modalverb	Umschreibung ohne Modalverb
Etwas ist sicher.	***müssen*:** Die Diagnose des Psychologen **muss** falsch sein.	*Zweifellos ist die Diagnose des Psychologen falsch.*
	***nicht können*:** Er **kann nicht** zu den besonders Begabten gehören.	
Etwas ist sehr wahrscheinlich.	***dürfen*** (nur Konjunktiv II): Jonas **dürfte** zu den hochbegabten Kindern gehören.	
	***können*:** Jonas **kann** hochbegabt sein.	
Etwas ist möglich.	***können*** (nur Konjunktiv II): Die Eltern **könnten** durchaus recht haben.	

▶ Ü 3–4

4 Sehen Sie sich die Situationen an. Formulieren Sie zu zweit mit Modalverben Vermutungen.

1. Die Schüler könnten gerade Hitzefrei bekommen haben.

Kindertage … schönste Jahre!?

1a Lesen Sie den Anfang einer Geschichte aus dem Buch „Der Struwwelpeter" von Heinrich Hoffmann aus dem Jahr 1845. Wie geht die Geschichte weiter? Vergleichen Sie Ihre Ideen mit der Fortsetzung auf Seite 205.

Der Kaspar, der war kerngesund,
ein dicker Bub und kugelrund.
Er hatte Backen rot und frisch;
die Suppe aß er hübsch bei Tisch.
Doch einmal fing er an zu schrei'n:
„Ich esse keine Suppe! Nein!
Ich esse meine Suppe nicht!
Nein, meine Suppe ess' ich nicht!"

▶ Ü 1–2

b Kennen Sie ähnliche Geschichten? Würden Sie Kindern heute solche Geschichten vorlesen?

2a Klären Sie zu zweit die folgenden Begriffe zum Thema „Erziehung".

der Pädagoge · Ratschläge parat haben · sich in der Gesellschaft behaupten · der Förderunterricht · Leistungsdruck haben · Kontrolle ausüben · sich entfalten · eine Norm erfüllen · ein hohes Maß an Konzentration aufbringen · etw. vorleben · einen Gang zurückschalten · Zeit verbummeln

P
TELC
→ www

b Lesen Sie zuerst die Aussagen und dann den Artikel. In welchen Abschnitten finden Sie die Aussagen?

1. Familien sollen den Kindern eine positive Perspektive vermitteln. Z. ________
2. Eltern sollen Vorbilder sein und zeigen, wie man sich an Leistung und Freizeit freuen kann. Z. ________
3. Kinder sind die ganze Woche beschäftigt und vielleicht doch nicht gut genug auf ihre Zukunft vorbereitet. Z. ________
4. Kinder müssen heute widersprüchliche Kompetenzen entwickeln. Z. ________
5. In der Erziehung kann man auch viel Positives bei den Eltern beobachten. Z. ________
6. Kinder stehen heute unter anderem Druck als Kinder früher. Z. ________
7. Heute müssen nicht nur die Kinder, sondern auch die Eltern mehr leisten. Z. ________

Von Gummibärchen und Salat

Über die Erziehung der eigenen Kinder nachzudenken, bewegt Eltern bereits seit Anfang des letzten Jahrhunderts. Methoden und Regeln werden von Pädagogen und Psychologen entwickelt, von Eltern und Lehrern diskutiert und ausprobiert, von Kindern angenommen oder abgelehnt.

Kinder stehen unter Beobachtung. Kaum jemand, der nicht einen guten Ratschlag parat hätte, wenn wir ihr Spiel beobachten. „Mach dir doch Licht an", empfehle ich der Kleinen, wenn sie mit ganzer Hingabe im Halbdunklen ihr Bild auf dem Fußboden malt. „Ihr könnt ja mal eine Burg bauen", schlage ich ungefragt vor, wenn die Geschwister scheinbar ohne Orientierung am Strand Sand schippen. Aber brauchen Kinder stets den Hinweis, die Aufforderung, das Ziel vor Augen? Viele Eltern stöhnen darüber, dass ihre Kinder gestresst sind. Sie müssen sehr viel in der Schule leisten, haben jede Menge Termine in der Woche und trotzdem scheint alles noch nicht ausreichend zu sein, um sich später auf dem Arbeitsmarkt und in unserer von Konkurrenz geprägten Gesellschaft behaupten zu können.

Kinder besprechen heute bereits in der Grundschule mit ihren Lehrern die Ziele, die erreicht werden sollen. Sie bekommen Förderunterricht, lernen zusätzliche Fremdsprachen, nehmen am Musikunterricht, am Reiten, an Karate oder an Kunstkursen teil. Aber ist das denn so anders als in unserer Kindheit? Auch wir hatten Schule, Hobbys und manchmal auch Nachhilfe in Mathe oder Englisch. Könnten wir nicht sagen, dass auch wir Leistungsdruck hatten und trotzdem klargekommen sind? Leider nein.

Friederike Otto, Leiterin des Forschungsverbandes Familiengesundheit der Medizinischen Hochschule Hannover, hat sogar festgestellt, dass das Gegenteil der Fall ist, da „Eltern heute viel stärkeren Zugriff auf alle Bereiche des Lebens der Kinder haben, sie üben viel stärkere Kontrolle aus."

Kinder und Eltern sind sich heute also näher als früher. Und sie sehen sich auch ähnlichen Anforderungen ausgesetzt. Michael Schulte-Markwort von der Kinder- und Jugendpsychiatrie am Universitätsklinikum Hamburg-Eppendorf sieht das Grundproblem in der „durchdringenden Ökonomisierung der Gesellschaft". Das bedeutet, dass Eltern und Kinder heute deutlich mehr an Leistung zeigen müssen als noch vor wenigen Jahrzehnten.

Und so macht sich etwas wie Mitleid breit, wenn wir auf unsere Kinder schauen. Einerseits sollen sie sich ganz in ihrer Individualität entfalten, sollen aber auch die Norm erfüllen. Sie sollen entspannen, aber auch Aufgaben ordentlich erledigen und sich mal durchbeißen, wenn es keinen Spaß macht. Wir wissen, dass sie sich mehr bewegen müssen, gleichzeitig sollen sie aber konzentriert an ihren Hausaufgaben sitzen. Wir fühlen so sehr mit ihnen, denn uns geht es genauso. Wir wären gerne glücklicher und auch entspannter.

Gibt es einen Ausweg aus diesem Dilemma? Ein Vorschlag des Kinderpsychiaters setzt vor allem bei den Eltern selbst an: „Wir können den Druck aus der Gesellschaft nicht von den Kindern fernhalten, und wenn wir sagen: ‚Jetzt entspann dich doch mal!', dann machen die Kinder dreimal so viel. Wir müssen es den Kindern stattdessen vorleben, indem wir unsere eigenen Leistungserwartungen überprüfen, also wie viel wir arbeiten, wie sehr wir stöhnen. Es ist wie beim Essen: Es muss Gummibärchen und Salat geben. Und auch im Leistungsbereich müssen die Kinder von uns lernen, dass es beides gibt – Spaß am Lernen, Freude an der Leistung, aber auch am Nichtstun, am Faulenzen, am Singen und Spielen."

Die Pädagogin Friederike Otto empfiehlt dazu den „Blick über den Tellerrand": „Sich bewusst machen, dass die meisten Berufsbiografien längst nicht so gerade und ohne Brüche sind, wie immer getan wird. Die wichtigste Botschaft, die man einem Kind mitgeben kann, ist: ‚Man muss auch mal einen Gang zurückschalten.' und ‚Das wird schon.' Also einen Zukunftsoptimismus, dass wir als Familie zusammenhalten."

Das stimmt auch meine Zukunft optimistischer: Ich versuche jetzt weniger, immer die Kontrolle über Hausaufgaben, Trainings- und Übungszeiten aufrechtzuerhalten, sondern zeige den Kindern auch mal, wie man ein Wochenende verbummelt. Ich nehme mir einfach einen Nachmittag frei und frage, ob eins der Kinder mitkommt auf einen Spaziergang, dessen Ziel wir noch nicht kennen. Und ich halte einfach mal den Mund, wenn die Kinder ganz versunken im Sand wühlen, ganz bei sich sind. Ich mische mich einfach mal nicht ein, bin ganz unwichtig und blättere in einer Zeitschrift. Denn eines sollten wir nicht vergessen: Neben allen Zweifeln und Unsicherheiten in der Erziehung gibt es in unserem ganz normalen Familienalltag auch vieles, was wir Eltern richtig machen. Wie beruhigend.

c Was bedeuten die Phrasen und Wendungen aus dem Artikel? Sprechen Sie zu zweit und ordnen Sie zu.

1. etw. macht sich breit (Z. 52)
2. sich durch etw. durchbeißen (Z. 56)
3. über den Tellerrand blicken (Z. 83)
4. das wird schon (Z. 88)
5. den Mund halten (Z. 97)

A etw. wird gut werden
B ruhig sein, nichts sagen
C etw. wird stärker, etw. nimmt zu
D sich für Neues öffnen
E eine Sache bis zum Ende durchhalten

d Welchen Aussagen aus 2b können Sie zustimmen? Welchen nicht? Begründen Sie und ergänzen Sie eigene Erfahrungen.

▶ Ü 3

Kindertage … schönste Jahre!?

3a Wie werden aus Kindern glückliche Erwachsene? Notieren Sie drei Stichworte.

3.7

b Hören Sie eine Straßenumfrage zum Thema „Was macht uns zu glücklichen Erwachsenen?". Welche Kriterien oder Ansichten vertreten die Personen? Notieren Sie Stichworte.

c Vergleichen Sie mit Ihren Stichworten aus 3a. Welche wurden auch in der Umfrage genannt?

4a Was hat Sie in Ihrer Kindheit positiv beeinflusst oder nachhaltig beeindruckt? Welche Personen haben dabei eine Rolle gespielt? Schreiben Sie einen kurzen Text.

Selbstbewusstsein stärken – Talente fördern – Neugierde wecken – zuhören – Unterstützung geben – gemeinsam Probleme lösen – zusammenhalten – Erfolge feiern – loben – gegen andere verteidigen/schützen – Liebe geben – Fehler akzeptieren – …

b Hängen Sie Ihre Texte im Kurs auf. Lesen Sie mindestens vier Texte und sprechen Sie im Kurs über Ansichten und Erfahrungen, die Sie besonders auffällig/beeindruckend/interessant/… fanden.

5a Diskussion: Glück und Erfolg im Leben. Welche Rolle spielt die Erziehung dabei? Wählen Sie zuerst einen Moderator / eine Moderatorin und bilden Sie zwei Gruppen. Jede Gruppe bekommt eine Rollenkarte und sammelt Aussagen und Argumente für ihre Rolle.

A Sie vertreten die Position, dass eine gerechte Erziehung mit klaren Regeln die Kinder am besten auf das Leben vorbereitet. Kinder sollten wissen, was sie dürfen, aber auch, wo ihre Grenzen sind. So werden sie später ohne größere Probleme alle Situationen meistern und einschätzen können, was von ihnen erwartet wird.

B Sie sind der Meinung, dass Kinder großen spielerischen und kreativen Freiraum bekommen sollten, damit sie selbst herausfinden, was sie mögen und können. Darum betrachten Sie Regeln als etwas, das man gemeinsam diskutiert und festlegt. So sind die Kinder an der Gestaltung ihrer Zukunft aktiv beteiligt.

▶ Ü 4

b Sammeln Sie Redemittel, die Sie für die Diskussion nutzen können.

ZUSTIMMEN/ABLEHNEN	DAS WORT ERGREIFEN	ZWEIFELN
	Entschuldigung, dass ich unterbreche, aber …	
	Wenn ich da kurz einhaken/unterbrechen darf, …	
	Eine kurze Bemerkung zum Stichwort …	
	Nur kurz zu …	

c Führen Sie nun die Diskussion. Der Moderator / Die Moderatorin darf Fragen stellen, zusammenfassen und zu Äußerungen auffordern.

▶ Ü 5

P TELC

6 Die Aufgabe ist, für Ihren Partner / Ihre Partnerin einen kurzen Vortrag zu halten. Wählen Sie Karte A oder B und entscheiden Sie sich für ein Thema. Dazu haben Sie eine kurze Bedenkzeit. Sie sollen etwa drei Minuten sprechen. Danach fasst Ihr Partner / Ihre Partnerin Ihren Vortrag zusammen und stellt Ihnen Fragen.

STRATEGIE

Vorträge üben

Nutzen Sie jede Gelegenheit, um kurze Vorträge zu üben. Wählen Sie regelmäßig ein Thema oder einen Text aus (z. B. aus dem Lehrbuch, aus der Zeitung …) und halten Sie dazu einen kurzen Vortrag. Stoppen Sie die Zeit, um ein Gefühl dafür zu bekommen, wie lange Ihr Vortrag etwa dauern darf.

A
- Beschreiben Sie die Vor- und Nachteile einer strengen Erziehung.
- Erzählen Sie von einem Schulerlebnis, das typisch für den pädagogischen Stil an Ihrer Schule war.

B
- Berichten Sie über die Rolle der Eltern bei der Erziehung in Ihrem Land.
- Beschreiben Sie positive und negative Aspekte einer liberalen Erziehung.

Porträt

Remo Largo

(*24. November 1943)

Kinderforscher

„Bildungspolitiker sollten entmachtet werden"

Seine Erziehungsbücher machten den Kinderarzt Remo Largo bei Eltern zum Star, nun fordert er eine pädagogische Revolution an den Schulen. Im Interview spricht er über Autorität und Vertrauen, die fatale Kluft zwischen Kindern und Lehrern.

Remo Largo

Kaum ein anderer Erziehungsexperte ist bei Eltern so bekannt und beliebt wie Remo Largo. Seine Bücher haben eine Gesamtauflage von deutlich mehr als einer Million Exemplaren – allein der Klassiker „Babyjahre" wurde mehr als 600.000 Mal verkauft. Largo rät Eltern zu mehr Gelassenheit, denn Kinder seien heute oft „überfördert". „Eltern haben den Anspruch, dass ihr Kind nicht durchschnittlich ist", sagt Largo, „dadurch entsteht die furchtbare Hysterie: Wie fördert man Kinder am besten?"

SPIEGEL ONLINE: Herr Largo, wenn Eltern heute mehr denn je eine optimale Förderung für ihre Kinder wollen – warum steht es dann um deren Bildung angeblich schlechter denn je?

Remo Largo: Seit 150 Jahren wird Bildung im Sinne des Bildungsbürgertums verstanden: Alles dreht sich um Fachwissen. Das ist ein Auslaufmodell, aber die Widerstandskraft bildungsbürgerlicher Eltern ist groß. Sie wollen, dass ihre Kinder weiter erfolgreich sind. Dabei muss sich die Arbeit der Lehrer grundlegend wandeln.

Wieso?

Die Position der Lehrer gegenüber Schülern hat sich geändert. Früher wuchs die Autorität eines Menschen im Laufe seines Lebens ganz natürlich, weil er Erfahrungen sammelte. Heute wandelt sich die Welt durch Computer und Internet rasant und die Hierarchie kehrt sich um: Junge Leute sind auf einem wichtigen Feld plötzlich kompetenter. Das hat es noch nie gegeben und verängstigt die Lehrer.

Manche Experten fordern eine autoritäre Erziehung. Muss Disziplin wieder in den Mittelpunkt der Pädagogik?

Einerseits sollten Lehrer mit Schülern nicht auf Augenhöhe sein – das Kind spürt ja, dass der Erwachsene anders ist. Andererseits können Sie Kinder zu nichts zwingen. In Schulen mangelt es also nicht an Disziplin, sondern an einer persönlichen Beziehung zwischen Lehrern und Schülern. Zwölf- bis 16-Jährige beklagen in Umfragen sehr oft, dass der Lehrer nur das Fachliche vermittle und nicht als Persönlichkeit erkennbar sei.

Wie soll sich das ändern?

Mehr Unterrichtsstunden als bisher müssen allein dem Austausch in der Klasse gewidmet werden. Lehrer müssen die Chance auf ein engeres Verhältnis zu Schülern bekommen.

Sie fordern ernsthaft noch mehr Unterrichtsstunden?

Nein. Im Gegenzug müsste der Fachunterricht reduziert werden, die Lehrpläne gehören entschlackt. Man muss den Stoff endlich mal ausmisten, nur das lehren, wofür es stichhaltige Gründe gibt.

Dann macht jede Schule, was sie will – und es gibt keine vergleichbaren Abschlüsse mehr.

Kollektive Lehrpläne sind doch ein Witz! Sehen Sie sich die Pisa-Ergebnisse an: 15 bis 20 Prozent der 15-Jährigen sind auf dem Lernniveau von Zehn- oder Elfjährigen. Man muss individualisieren, und dass das gelingen kann, ist keine pädagogische Utopie. Man hat in altersgemischten Klassen gesehen, dass die Kinder bis zu 40 Prozent des Stoffs voneinander lernen – nicht vom Lehrer. Zu der falschen Gleichmacherei gehören übrigens auch die Noten …

…, die Sie auch abschaffen würden?

Das Notensystem zwingt Kinder und Jugendliche, Stoff auswendig zu lernen. Das sitzt so tief, dass wir inzwischen glauben, Kinder würden gar nichts mehr lernen, wenn wir Noten abschaffen würden. Aber so ist es nicht. Kinder lernen in den ersten fünf Lebensjahren unglaublich viel – aus sich selbst heraus, ohne von Noten motiviert zu sein. Das würden sie auch danach, wenn man sie kindgerecht lernen lassen würde.

www Mehr Informationen zu Remo Largo.

Sammeln Sie Informationen über Persönlichkeiten aus dem In- und Ausland, die für das Thema „Psychologie" interessant sind, und stellen Sie sie im Kurs vor. Sie können dazu die Vorlage „Porträt" im Anhang verwenden.

Beispiele aus dem deutschsprachigen Bereich: Heinz Klippert – Emmi Pikler – Alice Miller – Richard David Precht – Julia Onken – Verena Kast

1 Subjektive Bedeutung von Modalverben: Behauptungen ausdrücken

Mit den Modalverben *wollen* und *sollen* wird eine Behauptung ausgedrückt, die man nicht überprüfen kann oder vielleicht bezweifelt.

Bedeutung	Behauptung mit Modalverb	Umschreibung ohne Modalverb
Eine Person gibt wieder, was sie gelesen oder gehört hat.	***sollen:*** *Die Probanden mit rotem Teller* ***sollen*** *weniger gegessen haben.*	*In der Zeitung / Im Artikel steht/stand, dass …* *Man sagt/berichtet/behauptet, dass …* *In der Studie stand, dass die Probanden mit rotem Teller weniger gegessen haben.*
Eine Person gibt wieder, was jemand von sich selbst sagt.	***wollen:*** *Die Probanden mit rotem Teller* ***wollen*** *weniger gegessen haben.*	*Er/Sie erzählt/behauptet / gibt vor, dass …* *Er/Sie sagt von sich selbst, dass …* *Die Probanden mit rotem Teller gaben an, dass sie weniger gegessen haben.*

Bildung
Im Präsens Aktiv und Passiv unterscheiden sich die objektive und die subjektive Form nicht. Der Kontext entscheidet, welche Form gemeint ist. In der Vergangenheit wird in der objektiven Form das Hilfsverb *haben* konjugiert, in der subjektiven Form das Modalverb *sollen* oder *wollen*.

		objektiv	subjektiv
Aktiv	**Gegenwart**	*wollen/sollen* + Infinitiv	
	Vergangenheit	*haben* + Infinitiv + Infinitiv Modalverb*	*sollen/wollen* + Partizip II + *haben/sein*
Passiv	**Gegenwart**	*wollen/sollen* + Partizip II + *werden*	
	Vergangenheit	*haben* + Partizip II + *werden* + Infinitiv Modalverb	*sollen/wollen* + Partizip II + *worden sein*

* Meistens wird das Präteritum verwendet: *Er sollte weniger essen.*

2 Subjektive Bedeutung von Modalverben: Vermutungen ausdrücken

Grad der Sicherheit	Modalverb + Infinitiv*	Umschreibung ohne Modalverb
hoch **Etwas ist sicher.**	***müssen:*** Die Diagnose des Psychologen **muss** falsch sein. ***nicht können:*** Er **kann nicht** zu den besonders Begabten gehören.	Ich bin sicher, dass … Ich bin überzeugt, dass … Alles deutet darauf hin, dass … Alle Anzeichen sprechen dafür, dass … Bestimmt/Sicher/Gewiss/Zweifellos …
Etwas ist sehr wahrscheinlich.	***dürfen*** (nur Konjunktiv II): Jonas **dürfte** zu den hochbegabten Kindern gehören. ***können:*** Jonas **kann** hochbegabt sein.	Aller Wahrscheinlichkeit nach … Wahrscheinlich/Vermutlich … Ich vermute / nehme an, dass … Ich bin ziemlich sicher, dass … Es sieht so aus, als ob …
niedrig **Etwas ist möglich.**	***können*** (nur Konjunktiv II): Die Eltern **könnten** durchaus recht haben.	Es ist möglich/denkbar / nicht ausgeschlossen, dass … Vielleicht/Möglicherweise/Eventuell/Angeblich … Es besteht die Möglichkeit, dass … … lässt darauf schließen, dass … … lässt vermuten, dass …

* Formen für Gegenwart und Vergangenheit wie in 1

Intuition – das schlaue Gefühl

1 **Wie spontan und intuitiv handeln Sie? In welchen Alltagssituationen entscheiden Sie eher rational, wann eher intuitiv?**

Wenn ich etwas kaufe, dann …
Bei meinem Studienfach habe ich …

2a **Was ist Intuition? Sehen Sie den Film und notieren Sie alles, was für eine Definition des Begriffs „Intuition" wichtig ist.**

b **Formulieren Sie mithilfe Ihrer Notizen eine Definition und vergleichen Sie im Kurs.**

1

3a **Sehen Sie die erste Sequenz und beschreiben Sie das Experiment „Wiedererkennungsintuition". Gehen Sie besonders auf die Vorkenntnisse und auf die Entscheidungsfindung der Testpersonen ein.**

b **„Intuitive Entscheidungen (z. B. beim Kauf eines Produktes) müssen nicht immer richtig sein." Begründen Sie diese Behauptung.**

4a **Wissenschaftler an der Harvard-Universität haben einige Experimente zu intuitivem und rationalem Handeln durchgeführt. Führen Sie ein Experiment jetzt selbst durch. Arbeiten Sie zu viert.**

Jedes Mitglied der Gruppe soll einen beliebigen Anteil (in Prozent) seines Lohnes in eine Gemeinschaftskasse einzahlen. Die eingezahlten Beträge werden verdoppelt und der Gesamtbetrag wird dann unter allen vier Gruppenmitgliedern zu gleichen Teilen aufgeteilt. Das heißt, auch wer gar nichts abgibt, bekommt den gleichen Anteil wie die anderen Gruppenmitglieder.
Jeder trifft seine Entscheidung allein und notiert die Prozentzahl und die Zeit, die er für die Entscheidung gebraucht hat.

b Vergleichen Sie die Ergebnisse im Kurs. Wer gibt wie viel Prozent seines Lohnes ab?

c Lesen Sie das Ergebnis der Harvard-Wissenschaftler auf Seite 205. Vergleichen Sie es mit Ihren Ergebnissen im Kurs.

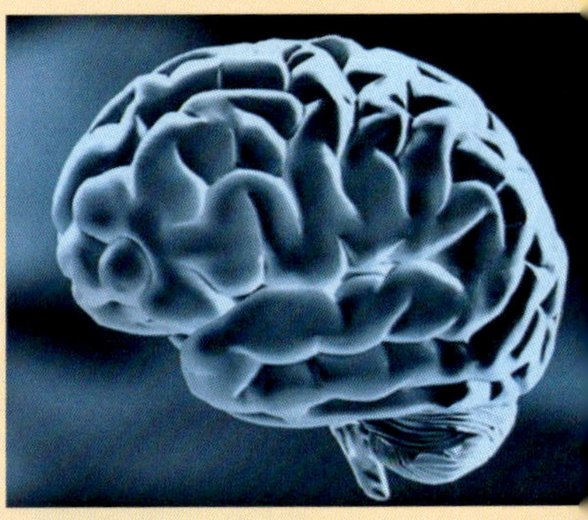

2

5a Sehen Sie die zweite Sequenz. Notieren Sie, wie Intuition aus medizinischer Sicht erklärt wird. Berichten Sie kurz.

b Der Bauch wird oft als Ort unserer Intuition genannt. Welche Redewendungen gibt es in Ihrer Sprache?

Mein Bauch sagt mir, dass ...
Beim Einkaufen entscheide ich meist aus dem Bauch heraus.

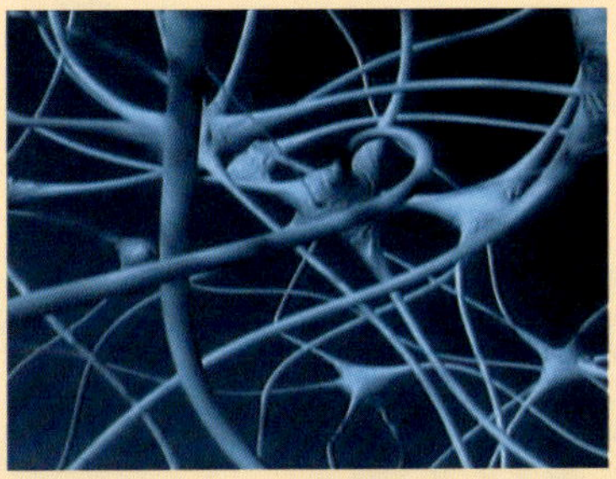

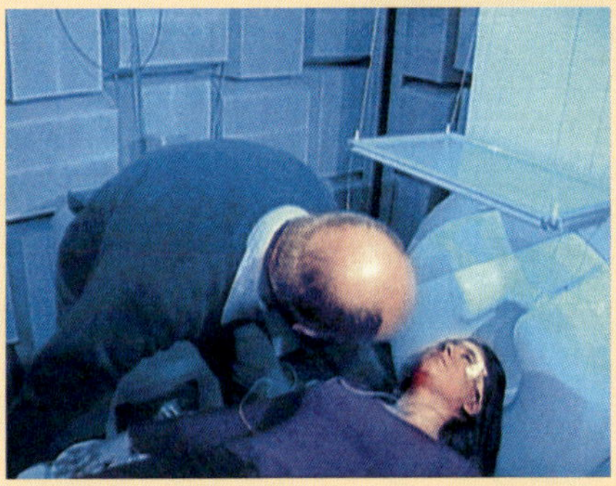

3

6a Sehen Sie die dritte Sequenz. Welche Wege gibt es, um intuitives Verhalten zu begünstigen und zu trainieren?

b Entscheiden Sie sich für eine Aufgabe und schreiben Sie einen kurzen Text.

A Beschreiben Sie Situationen, in denen intuitive Entscheidungen nicht passend bzw. gefährlich sein können.

B Beschreiben Sie ein Erlebnis, bei dem Sie intuitiv richtig oder falsch gehandelt haben.

Die schöne Welt der Künste

A

Graffiti in Berlin

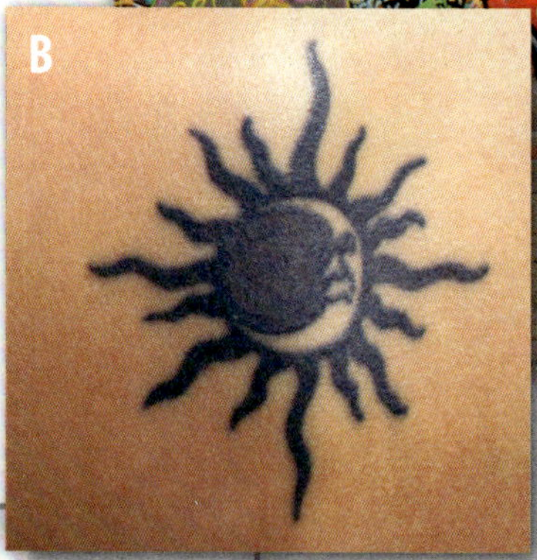
B

Tattoo

C

Design von lala Berlin

D

Meissner Porzellan

Sie lernen

Modul 1 | Ein Fazit aus Texten über Methoden der Kreativität ziehen

Modul 2 | Filmbeschreibungen zusammenfassen und über eine Grafik zum Filmkonsum schreiben

Modul 3 | Einen Artikel über das Leben als Künstler kommentieren und in einer E-Mail Ratschläge geben

Modul 4 | Einen autobiografischen Text verstehen und über Lesegewohnheiten sprechen

Modul 4 | Ein Interview mit einem Buchkritiker zusammenfassen

Grammatik

Modul 1 | Nominalisierung und Verbalisierung von Präpositionalergänzungen

Modul 3 | Konnektoren *(allerdings, mittlerweile, vielmehr …)*

▶ AB Wortschatz

E

MedienHafen, Düsseldorf

Katharina Grosse: Father and daughter

F

Zeichnung von Jakob, 7 Jahre alt

G

Kunsthandwerk aus dem Erzgebirge

H

I

Stuhl von Konstantin Grcic

1a Sehen Sie die Bilder an. Ist das für Sie Kunst? Begründen Sie.

b „Kunst liegt im Auge des Betrachters." Was bedeutet das?

c Welche Bereiche der Kunst interessieren Sie besonders bzw. überhaupt nicht?

Ich finde Architektur sehr spannend, weil …

2 Recherchieren Sie Informationen zu einem Künstler / einer Künstlerin, dessen/deren Arbeiten Ihnen gefallen, und stellen Sie die Person im Kurs vor.

Kreativ

1 In welchen Situationen ist unsere Kreativität gefragt? Sammeln Sie.

2a Lesen Sie die Thesen. Welchen stimmen Sie zu, welchen nicht? Begründen Sie.

A In Krisen sind wir besonders kreativ.
B Nur wer viel über ein Thema weiß, kann auf geniale Ideen kommen.
C In der Gruppe sind wir einfallsreicher als allein.
D Ablenkung hilft bei der Problemlösung.

b Lesen Sie die Texte über Methoden der Kreativität. Welcher Text bezieht sich auf welche These in 2a?

1 _____ Brainstorming setzt man für die Entwicklung neuer Ideen ein. Dabei sitzt man zusammen mit mehreren Leuten in der Gruppe und „brainstormt". Diese beliebte Kreativtechnik basiert auf der Anwendung folgender Regeln: Man äußert jeden Einfall, der einem durch den Kopf geht, auch wenn er zunächst nicht so brillant erscheint. Und man bewertet weder die eigenen Ideen noch die anderer.
Aber funktioniert das auch in der Praxis? Menschen haben oft Probleme damit, ihre nicht ganz ausgereiften Ideen ungehemmt hinauszuposaunen. Manch einer hat einfach Angst vor einer Blamage. Denn den meisten fällt es ziemlich schwer, die zweite Regel einzuhalten, und die Vorschläge und Ideen werden dann doch sofort kommentiert. Außerdem entsteht Konkurrenzdruck: Hat der oder die andere etwa bessere Ideen als ich? Das bedeutet wiederum Gift für die Kreativität.

2 _____ Die besten Ideen kommen tatsächlich eher beim Abwaschen oder Einkaufen als am Schreibtisch. Eine bekannte Situation: Man beschäftigt sich stundenlang mit der Lösung eines Problems, aber der zündende Einfall lässt auf sich warten. Wenn man eigentlich schon fast aufgibt, fällt einem oft ganz unerwartet die Lösung ein, während man einkauft oder in der Straßenbahn sitzt. Der berühmte Physiker Albert Einstein meinte dazu: „Wir können die Probleme nicht auf der gleichen Ebene lösen, auf der wir sie geschaffen haben."
Was macht man also am besten in unkreativen Phasen? Kreativitätstrainer raten zur gedanklichen Loslösung vom Problem. Besonders monotone Tätigkeiten wie Autofahren, Bügeln oder Spazierengehen helfen beim Finden kreativer Ideen. Denn dabei wird das Gehirn abgelenkt und kann gleichzeitig nach Lösungen suchen. Doch kann man den Chef wirklich von der positiven Wirkung eines Spazierganges überzeugen?

3 _____ Berühmte Dichter wie beispielsweise Ingeborg Bachmann schrieben ihre Gedichte in Phasen, in denen sie sehr verzweifelt waren. Auch Johann Wolfgang von Goethe hatte Liebeskummer, als er seinen „Werther" schrieb. Viele Menschen glauben an eine Steigerung der Kreativität in Lebenskrisen. Das wird von Psychologen allerdings nicht bestätigt. Studien und Versuche zeigen, dass wir eher dann ideenreich und kreativ sind, wenn wir in einer stabilen und psychisch ausgeglichenen Verfassung sind, und nicht dann, wenn es uns schlecht geht. So hat Edward R. Hirt von der Indiana-Universität in Bloomington herausgefunden, dass gut gelaunte und positive Menschen kreativer sind als Miesepeter. Er führte Probanden lustige und traurige Filme vor, um ihre Stimmung zu beeinflussen. Im Anschluss testete er ihren Ideenreichtum. Das Ergebnis: Gute Laune trägt zur Kreativität der Menschen bei.

4 _____ Nur wer auf die Entwicklung von Werbung spezialisiert ist, kann auch einen erfolgreichen Werbeslogan formulieren. Diese Meinung ist weit verbreitet. Also kann nur jemand, der sich in einem Bereich besonders gut auskennt, verblüffende Ideen entwickeln?
Eine große Menge an Wissen und Erfahrungen führt oft zum Rückgriff auf Altbewährtes. Gedanken und Handlungen laufen automatisch ab; der Blick auf Neues ist dadurch versperrt. Das zeigen auch Untersuchungen mit Schachspielern. Erfahrene Spieler wählen oft die konventionellste Lösung. Sie können sich nur schwer von jahrelang eingeübten Spielzügen lösen und brauchen deshalb für den Sieg ein paar Züge mehr als nötig.
Lösen Sie sich also von Ihren Gewohnheiten und betreten Sie neue Wege. Ihr Umfeld wird sich über Ihre Kreativität freuen.

c Welche These aus 2a wird in den Texten bestätigt, welche widerlegt?

d Welche Konsequenzen könnte man aus den Texten ziehen? Formulieren Sie in Gruppen zu jedem Text einen Tipp.

Tipp zu Text 1: Jeder/Jede sollte zuerst für sich allein Ideen sammeln und aufschreiben. Anschließend lesen alle ihre Liste der Gruppe vor. Diese einigt sich auf eine Idee.

▶ Ü 1–2

3a Notieren Sie die passende Präposition und den Kasus zu den Verben und Ausdrücken.

1. basieren *auf + D.*	5. überzeugen ______	9. spezialisiert sein ______
2. helfen ______	6. glauben ______	10. sich beschäftigen ______
3. beitragen ______	7. raten ______	11. führen ______
4. Angst haben ______	8. einsetzen ______	12. sich freuen ______

b Arbeiten Sie zu zweit. Jede/r sucht in zwei Texten zu den Verben in 3a einen Beispielsatz.

c Lesen Sie die Beispiele und formen Sie die Sätze aus 3b in Verbalform um. Vergleichen Sie dann mit einem anderen Paar.

Nominalform	Verbalform
*Brainstorming **setzt** man **für** die Entwicklung neuer Ideen **ein**.* *Ihr Umfeld wird **sich über** Ihre Kreativität **freuen**.*	*Brainstorming **setzt** man **dafür ein**, neue Ideen zu entwickeln.* *Ihr Umfeld wird **sich darüber freuen**, dass Sie kreativ sind.*

▶ Ü 3–6

d Ergänzen Sie die Regel mit *Hauptsatz*, *dass-Satz* und *Infinitivsatz*.

G

Nominalisierung und Verbalisierung von Präpositionalergänzungen

Präpositionalergänzungen können in einen ______________ oder ______________ umgeformt werden. Bei der Umformung wird die Präposition zu einem Präpositionaladverb im ______________. Bei vielen Verben kann das Präpositionaladverb weggelassen werden:

Ihr Umfeld wird sich (darüber) freuen, dass Sie kreativ sind.

4 Arbeiten Sie in Gruppen. Formulieren Sie Aufgaben oder Problemsituationen (in der Uni, bei der Arbeit, mit Freunden …) oder wählen Sie eine Situation 1–3. Eine andere Gruppe findet möglichst kreative Lösungen dazu.

1 Sie haben angeboten, einen Artikel für die Uni-Zeitung zu schreiben. Aber Sie haben keine Idee, welches Thema Sie nehmen sollen.

2 Ihr Bruder hat ein Café eröffnet. Wenn nicht bald mehr Gäste kommen, muss er es wieder schließen.

3 Ihr bester Freund hat morgen Geburtstag. Sie haben leider vergessen, ein Geschenk zu besorgen. Dummerweise sind die Geschäfte jetzt schon geschlossen.

▶ Ü 7–8

Kino, Kino

1a Welche Filme aus dem deutschsprachigen Raum oder mit deutschsprachigen Schauspielern kennen Sie? Erzählen Sie, worum es geht.

b Arbeiten Sie in Gruppen. Welche der folgenden Ausdrücke können Sie erklären?

1. jmd. in einem Heim unterbringen
2. über sich hinauswachsen
3. sich als Herausforderung gestalten
4. von der Vergangenheit eingeholt werden
5. ausreißen
6. taumeln
7. etw. verdrängen

EINEN BEGRIFF ERKLÄREN	
Unter „…" versteht man …	„…" verwendet/sagt man, wenn man ausdrücken möchte, dass …
„…" bedeutet/heißt, dass …	Ich möchte erklären, was es bedeutet, wenn man „…" sagt: …
Mit „…" meint man, dass jemand/etwas …	

c Fragen Sie andere Gruppen nach Erklärungen der Ausdrücke, die Ihnen fehlen.

3.8

2a Hören Sie das Filmmagazin und notieren Sie A, B oder C: Zu welchem Film passt welche Aussage?

____ 1. Der Film lief kürzlich auf einem Festival.

____ 2. Eine Hauptrolle wird von der Tochter des Regisseurs gespielt.

____ 3. Es handelt sich um eine Buchverfilmung.

____ 4. Der Film erzählt von der Reise eines vergesslichen alten Mannes und eines Mädchens.

____ 5. Die Schauspieler des Theaterstücks haben große Probleme und Sorgen.

____ 6. Die Hauptfigur ist ein älterer Mann im Ruhestand, der nicht in Ruhe gelassen wird.

____ 7. Der Film ist vor Kurzem auf DVD erschienen.

____ 8. Der Film hat einen Preis bekommen.

____ 9. Einer der Charaktere wird von einem bekannten älteren Komiker verkörpert.

____ 10. Es geht um eine Frau, die sich aus einer Lebenskrise retten will.

____ 11. Im Mittelpunkt steht ein Ex-Kommissar, der sich angeblich das Leben nehmen wollte.

A

B

C

b Welchen Film finden Sie am interessantesten? Welchen würden Sie gerne ansehen? Warum?

Mich spricht … am meisten an und ich würde …

3a Im Folgenden sollen Sie eine Grafik beschreiben, die zeigt, wie und wo Kinofilme in Deutschland gesehen werden. Ergänzen Sie zuerst die Redemittel.

mich sehr überraschend.	auch bei …	Tatsache, dass …	klar/deutlich voneinander.	
die Situation mit …	für mich, dass …	der Umfrage …	~~man große Übereinstimmungen.~~	sich … dar.

AUF ÄHNLICHKEITEN VERWEISEN

Vergleicht man … und … erkennt *man große Übereinstimmungen.*

Genauso verhält es sich ______

Vergleichbar ist ______

UNTERSCHIEDE HERVORHEBEN

Ganz anders stellt ______

Anders als in ______

… und … unterscheiden sich ______

ÜBERRASCHENDES NENNEN

Überraschend ist die ______

Völlig neu war/ist ______

Die Ergebnisse von/aus … sind für ______

P GI

b Ihre Aufgabe ist es, sich dazu zu äußern, wie und wo in Deutschland Kinofilme angesehen werden.

Schreiben Sie,

- was die wichtigsten Informationen der Grafik sind.
- was Sie an diesen Zahlen überrascht.
- welche Filme in Ihrem Land besonders beliebt sind.
- wann und wie Sie Filme meistens ansehen.
- wie sich Ihrer Meinung nach das Sehverhalten in den letzten Jahren verändert hat.

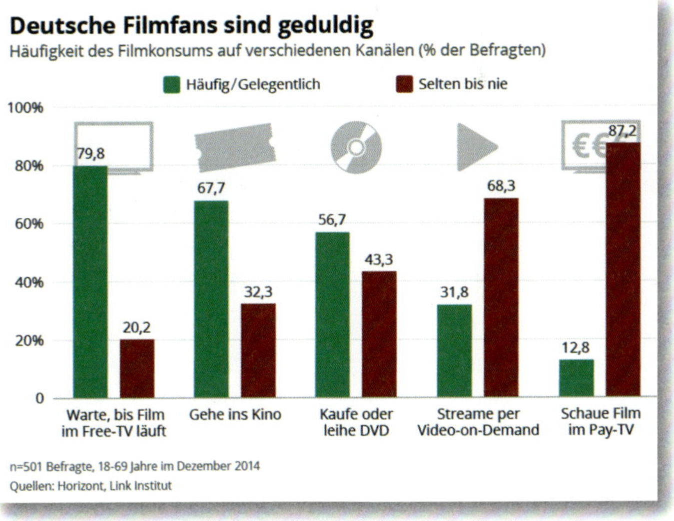

Hinweise:
Bei der Beurteilung wird u. a. darauf geachtet,
- ob Sie alle Inhaltspunkte berücksichtigt haben,
- wie korrekt Sie schreiben,
- wie gut Sätze und Abschnitte sprachlich miteinander verknüpft sind.

Schreiben Sie mindestens 200 Wörter.

▶ Ü 1

Ein Leben für die Kunst

1 **Welche Eigenschaften und Fähigkeiten braucht man für ein Leben als Künstler/in? Sammeln Sie.**

Man muss leicht Kontakte knüpfen können.

2a **Lesen Sie den Artikel und sammeln Sie Informationen zu den beiden Themen.**

SPRACHE IM ALLTAG

Redewendungen mit Kunst

eine Kunst für sich sein
etwas nach allen Regeln der Kunst tun
brotlose Kunst sein
keine Kunst sein

Bedingungen für den künstlerischen Erfolg

Künstleralltag

Ein Leben für die Kunst

Von der Kunst leben zu können – davon träumen viele junge Künstler. Die große Karriere winkt am Horizont. *Demgegenüber* steht die harte Realität. Und dort wartet auf die meisten kein einfacher Alltag. Doch wer wirklich für die Kunst brennt, den schreckt das nicht. Der Andrang an den Kunstakademien und Schauspielschulen ist nach wie vor ungebrochen hoch. Dort durchläuft man eine Ausbildung, die einem viel abverlangt – vorausgesetzt, man meistert die Aufnahmeprüfung. Generell gilt, wer sich der Kunst verschreibt, hat einen unsicheren Weg gewählt. Die Konkurrenz ist groß, die Erwartungen hoch, feste Arbeitszeiten selten und finanzielle Unsicherheit ein gängiges Los. *Inzwischen* setzen viele Schulen auf eine möglichst breite Ausbildung, um ihren Absolventen bessere Berufsmöglichkeiten zu schaffen. So sind beispielsweise die Absolventen der Hamburger Stage School nicht nur auf der Bühne zu finden, sondern auch beim Film und Fernsehen, als Moderatoren, Komponisten, Drehbuchautoren, Regisseure oder Choreografen.

Eine Ausbildung im Kunstbereich verlangt einem einiges ab. *Währenddessen* sollte man sich bereits ein breites Netzwerk aufbauen, denn dies ist neben Talent und Handwerk nicht zu unterschätzen. Wer über gute Kontakte verfügt, tut sich in der Kunstwelt leichter.

Langfristig sichert aber nur eines den Erfolg: der unbändige künstlerische Drang. Anders ist dieses Leben auf Dauer nicht durchzuhalten. Darauf achtet Kim Moke, künstlerische Direktorin der Hamburger Stage School, schon bei der Aufnahmeprüfung: „Dieses Funkeln in den Augen. Auf die Bühne zu wollen, koste es, was es wolle. Ohne diesen Willen geht es nicht." Das Gleiche gilt für Opernsänger, weiß Norma Sharp, Professorin für Gesang an der Hochschule für Musik Hanns Eisler in Berlin. „Diesen Beruf sollten nur die wählen, die es unbedingt wollen, denn man muss viele Schwierigkeiten aushalten. Etwa damit umgehen können, zehn oder 15 Mal vorzusingen, ohne genommen zu werden – und trotzdem weiterzumachen." Auch Studenten der Kunstakademie brauchen enormes Durchhaltevermögen und den Glauben an sich selbst. Sonst sollte man lieber einen anderen Studiengang wählen.

Sich nicht entmutigen zu lassen und immer wieder aufs Neue zu versuchen, sich gegen die Konkurrenz durchzusetzen, sind die entscheidenden Karrierefaktoren im Kunstbereich.

Fred Könnek, Kunsthochschule Kassel:

Manchmal frage ich mich natürlich, ob das der richtige Weg ist. *Mittlerweile* haben meine alten Freunde alle in irgendeiner Art Karriere gemacht. *Dagegen* dreht sich bei mir immer noch alles primär darum zu überleben. Neulich habe ich ein Bild zu einem ziemlich guten Preis verkauft. *Daraufhin* habe ich mir gleich viele neue Materialien angeschafft, in der Hoffnung auf mehr Verkäufe. Leider hat sich seitdem nichts getan. Noch kann ich von meiner Kunst nicht leben. *Bis dahin* brauche ich noch die finanzielle Unterstützung meiner Eltern. Die sind natürlich darüber nicht sonderlich erfreut und mir wäre es auch lieber, finanziell endlich unabhängig zu sein. *Allerdings* will ich ohne dieses Kribbeln, diese Aufregung, wenn ich meine Ideen entwickle, nicht leben. Deswegen bin ich Künstler geworden.

Astrid Wellman, Hochschule für bildende Künste Hamburg:
Früher habe ich mir ein Künstlerleben immer irgendwie romantisch vorgestellt. Jetzt muss ich sagen, dass es mit Romantik wenig zu tun hat. *Vielmehr* ist es vor allem harte Arbeit. Meine größte Angst ist, dass ich irgendwann aufgebe, weil sich kein materieller Erfolg einstellt. Es wäre natürlich ganz gut, ein zweites Standbein zu haben. Im Moment lebe ich von dem bisschen Geld, das ich als Museumspädagogin verdiene. Ich hätte auch einfach Medizin studieren können wie meine Schwester, *stattdessen* habe ich mich für die oft brotlose Kunst entschieden. Manchmal bin ich deswegen ein bisschen verzweifelt. *Gleichzeitig* bekomme ich viele positive Reaktionen auf meine Werke. Auch wenn der große Durchbruch nicht kommt, werde ich sicherlich trotzdem immer etwas mit Kunst machen.

b Könnten Sie sich vorstellen, als Künstler zu leben und zu arbeiten? Begründen Sie.

3a Wie werden die folgenden Konnektoren im Artikel verwendet? Ordnen Sie sie den Bedeutungen zu.

währenddessen	vielmehr	stattdessen	allerdings	daraufhin	
demgegenüber	bis dahin	inzwischen	dagegen	gleichzeitig	mittlerweile

G

Konnektoren

Gegensatz	**Zeit**
Einschränkung	

Diese Konnektoren leiten einen Hauptsatz ein. Konnektoren machen einen Text flüssiger und abwechslungsreicher.

▶ Ü 1–3

b Schreiben Sie die Sätze weiter.

1. Viele Kunststudenten träumen davon, von ihrer Kunst zu leben. Allerdings …
2. Eine Ausbildung an einer guten Schule ist wichtig. Gleichzeitig …
3. Einige bekannte Künstler verdienen mit ihrer Kunst viel Geld. Demgegenüber …
4. Ein Kunststudium dauert ungefähr fünf Jahre. Währenddessen …
5. Eltern möchten meistens, dass ihre Kinder einen sicheren Beruf wählen. Stattdessen …

c Schreiben Sie drei Sätze ohne Konnektor und drei Sätze, die mit einem Konnektor beginnen, auf Kärtchen. Tauschen Sie mit einem Partner / einer Partnerin und ergänzen Sie je nach Kärtchen einen Satz mit oder ohne Konnektor.

Ich sollte für die Aufnahmeprüfung lernen.
Stattdessen bin ich …

Er malt …
Gleichzeitig hört er Musik.

4 Ihre Freundin Olivia schreibt Ihnen: Sie überlegt, ob sie ihrer Leidenschaft für Kunst nachgehen und Malerei an der Kunstakademie studieren soll oder doch lieber Wirtschaft, um später im Betrieb der Eltern zu arbeiten. Sie möchte Ihren Ratschlag. Schreiben Sie eine Antwort (ca. 150 Wörter).

STRATEGIE

Texte abwechslungsreich gestalten

Denken Sie daran, Ihre Texte sprachlich auszufeilen:
– Verknüpfen Sie die Sätze mit Konnektoren.
– Verwenden Sie gelegentlich auch Nominalisierungen.
– Variieren Sie die Satzanfänge.

▶ Ü 4

Leseratten

1a Leseratten sind Menschen, die gerne und viel lesen. Welche Wörter für Lesefreunde gibt es in Ihrer Sprache?

b Welche Bücher oder Texte lesen Sie gerne? Was gefällt Ihnen daran?

2a Lesen Sie den Text von Doris Dörrie über das Lesen und beantworten Sie die Fragen.

1. Wie kam es, dass sie mit dem Lesen begann?
2. Was meint die Autorin mit der Äußerung, sie habe zwei Leben?
3. Wie äußert sich die Autorin zu Literaturverfilmungen?
4. Welche Bücher las sie als Erstes, welche danach?
5. Was sagt sie über das Vorlesen?
6. Wie beschreibt sie ihr Verhältnis zum Lesen?
7. Was erhofft sie sich von einem Buch?

Lesen

Ich betrachte es als mein großes Glück, dass meine Eltern Leseratten sind und waren und ich mit sehr vielen Büchern und ohne Fernseher aufgewachsen bin. Nach dem Abendessen setzten sich meine Eltern im Wohnzimmer aufs Sofa und lasen. Das war so langweilig, dass man als Kind irgendwann auch zu einem Buch griff, um herauszubekommen, wie man das aushalten kann: einfach still dazusitzen und in ein Buch zu schauen. Ich kann mich sehr gut an das Wunder erinnern, das geschah, als ich lesen lernte und sich mit einem Mal auf den weißen Seiten mit den bis dahin langweiligen schwarzen Buchstaben eine riesige, bunte, unbekannte Welt auftat, in der ich ganz allein herumreisen konnte. Von da an hatte ich mindestens zwei Leben: Ich erinnere mich an das Gefühl, auf dem Sofa meiner Großmutter mit einem Buch in der Hand zu liegen, gleichzeitig aber auf einem Pferderücken zu sitzen und zusammen mit Winnetou durch die Prärie zu galoppieren. Bald stand ich auf einem schwankenden Schiff und segelte mit Graf von Luckner durch einen schweren Sturm, jagte mit Sigismund Rüstig am Strand Schildkröten oder erlebte die Meuterei auf der Bounty.

Doris Dörrie, Autorin und Regisseurin

Mein Vater gab mir die Kinderbücher seiner Kindheit, und aufgeregt erzählte ich ihm von meinen Abenteuern, die ich nun erlebte und an die er sich gut erinnern konnte. Das war eine Welt, an der meine Mutter und meine kleineren Geschwister, die noch nicht lesen konnten, keinen Anteil hatten. Sie wussten ja noch nicht einmal, was ein Greenhorn war!

Mit meinem Vater sah ich auch die ersten Filme meines Lebens, natürlich alles Winnetou-Filme, und verstehe sehr gut die unvermeidliche Enttäuschung des treuen Lesers: Der eigene Film, der beim Lesen entsteht, ist immer besser, großartiger, schöner.

Irgendwann wechselte ich von der Jugendwelt meines Vaters in die meiner Mutter. Ich las „Flicka" und „Die Familie auf Jalna", „Vom Winde verweht". Unvergleichlich das Gefühl, mit einem Buch zu leben. Es nicht erwarten zu können, weiter zu lesen, mit den Charakteren die anregendsten Gespräche zu führen, mit Herzklopfen den Fortgang der Ereignisse zu erwarten und gleichzeitig das Ende zu fürchten. Ein tolles Buch ausgelesen zu haben ist ein Abschied der besonderen Art. Manche Figuren verlassen einen nie mehr, manche Schicksale lassen einen nicht mehr los. Sie bleiben für immer in Erinnerung.

Meine Lehrerin in der Volksschule, Frau Müller, erkannte meinen Lesefimmel und ermunterte mich, an Vorlesewettbewerben teilzunehmen. Fasziniert stellte ich fest, dass man einer Geschichte, wenn man sie laut und deutlich und mit richtiger Betonung vorliest, zu einem virtuellen Leben im Raum verhelfen kann, das von anderen wahrgenommen und geteilt wird. Das begeistert mich bis heute.

Später, als Teenager, waren meine Eltern so klug, kein Buch ihres umfangreichen Bücherregals wegzusperren oder zu zensieren, und so las ich – in den meisten Fällen viel zu früh – Bücher von Grass, Böll, Gordimer, Dostojewski, D. H. Lawrence, Remarque, Zweig, Andersch, Lenz. Was ich nicht verstand, übersprang ich. Ich fraß mich durch diese Bücher wie eine Raupe, und wie die Raupe Nimmersatt konnte ich nicht mehr aufhören. Bis heute. Ich kann mir gar nicht vorstellen, an einem Abend nicht zu lesen. Ohne Buch ins Bett zu gehen ist für mich, wie in eine Badewanne ohne Wasser zu steigen. Wenn ich nicht mindestens ein Mal am Tag dieses Fenster öffnen darf in eine andere Welt, habe ich das Gefühl, nicht genug Luft zu bekommen. Lesen ist wie atmen, eine Inspiration. Und immer noch bin ich auf der Suche nach Büchern, die mich durch den Tag und die Nacht begleiten. Das wird leider mit zunehmendem Alter schwieriger. Mein Vater liest immer noch zwischen sechzig und siebzig Bücher im Jahr. Für die anderen Leser in der Familie hat er notiert, wie ihm ein Buch gefallen hat. Oft steht „Großer Mist" auf der ersten Seite. Manchmal jedoch: „Hat mich nicht losgelassen." Und davon träume ich jedes Mal, wenn ich ein Buch öffne: dass es mich nicht loslassen möge, weit über die letzte Seite hinaus.

b Möchten Sie ein Buch lieber lesen oder die Verfilmung sehen? Oder erleben Sie beides gern? Welche Reihenfolge finden Sie besser: erst lesen und dann ins Kino gehen oder umgekehrt? Begründen Sie.

▶ Ü 1–2

3a Rund ums Lesen: Was passt? Ergänzen Sie die Sätze.

verlesen	lesen	auslesen	~~belesen~~	durchlesen	ablesen	vorlesen

1. Jemand, der viele Bücher liest, ist *belesen* ____________.
2. Er hat seine Brille nicht dabei. Deswegen muss sie ihm die Speisekarte ________________.
3. Warte, ich will das Buch noch schnell ________________.
4. Oh je, ich habe mich ________________: Der Zug fährt schon um 13:45 Uhr.
5. Diesen interessanten Artikel musst du dir unbedingt ________________.
6. Er will ihr jeden Wunsch von den Augen ________________.
7. Dieses Buch solltest du unbedingt mal ________________. Es ist sehr spannend!

b Arbeiten Sie zu zweit. Jede/r wählt drei Redewendungen und recherchiert: Was bedeuten sie und woher kommen sie? Berichten Sie sich gegenseitig.

1. Das kann doch kein Schwein lesen!
2. Er ist ein Buch mit sieben Siegeln.
3. Dem werde ich die Leviten lesen!
4. Sie lügt wie gedruckt!
5. Er redet wie ein Buch.
6. Hier muss man zwischen den Zeilen lesen.

4a Was ist für Sie ein gutes Buch? Woran merken Sie, dass Sie ein gutes Buch lesen? Erstellen Sie eine Mindmap und sprechen Sie in Gruppen.

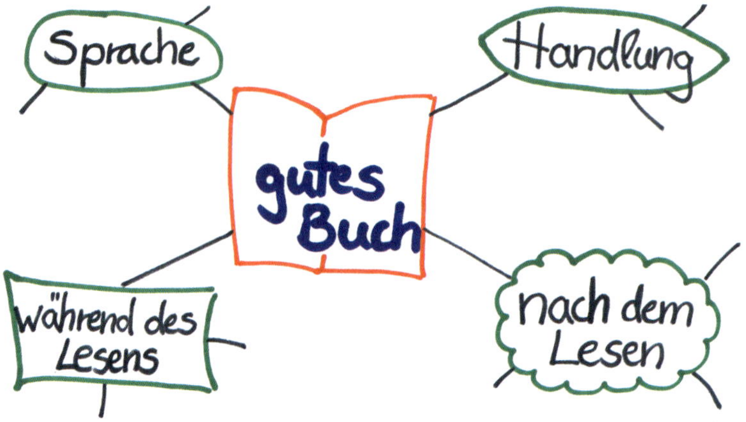

3.9

b Hören Sie das Interview mit Andreas Wirthensohn über seine Arbeit als Buchkritiker. Arbeiten Sie zu dritt. Jede/r wählt eine Spalte A–C und macht Notizen.

A	B	C
Ausbildung und Berufserfahrung	**Kriterien für Buchkritik**	**Bücher oder Verfilmungen**
– *keine klassische Ausbildung zum Buchkritiker*		
Zahlen	**Lesen in Beruf und Freizeit**	**Auswahl der Bücher**

c Fassen Sie gemeinsam die Hauptinformationen aus dem Interview zusammen.

5a Lesen Sie die Buchkritik zu Martin Suters Roman „Montecristo“. Wie ist die Besprechung aufgebaut? Notieren Sie eine Überschrift zu jedem Abschnitt.

Martin Suter: Montecristo
Von Claudine Borries

Worum geht es? Im Mittelpunkt des Geschehens steht Jonas Brand, ein mäßig erfolgreicher Videojournalist, der lieber Filmregisseur wäre. — *Vorstellung der Hauptperson*

Auf einer Zugfahrt mit Personenschaden, sehr häufig verursacht durch Suizid, lernt er die Eventmanagerin Marina Ruiz kennen. Man kommt sich rasch näher, und beide haben sich viel zu erzählen. — ____________

In wechselnden Szenen erfährt man, dass in Jonas' Wohnung eingebrochen wurde. Kurz darauf wird er auch noch auf der Straße überfallen. Was nur ist die Ursache dieser verschiedenen Überfälle? — ____________

Suter führt uns in die aufregende und skrupulöse Welt der Banker, Gewinnler und Börsenmakler. Bis in die höchsten Kreise gibt es unerklärliche Morde und Totschlag. Über fatale Verdächtigungen bis zum vollendeten Mord weiß Suter in seinem Roman zu berichten.

Er steigert den Thriller zu einem wüsten Bankenskandal mit Ausläufern in die höchsten Schweizer Regierungskreise. Das alles ist spannend und reizvoll und man kann sich vorstellen, dass sich in diesem Thriller Anteile aus dem wahren Leben wiederfinden. — ____________

Das Buch liest sich spannend, kurzweilig und unterhaltsam. Die Vielfalt und Verschiedenartigkeit der Einfälle von Martin Suters Romanen sind immer wieder überraschend. Man kann sich zuversichtlich auf gute Unterhaltung freuen! — ____________

b Ergänzen Sie Redemittel aus der Buchkritik in 5a.

EINE BUCHBESPRECHUNG SCHREIBEN

Rubrik/Genre nennen	**Inhalt/Handlung zusammenfassen**
Man kann das Buch folgender Rubrik zuordnen: …	In dem Buch „…“ geht es um Folgendes: …
Das Buch gehört zum Genre …	Zur Handlung kann man sagen, dass …
Das Buch ist ein Krimi / ein klassisches Familiendrama / …	Schauplatz ist (dabei) …
	Spannung wird dadurch aufgebaut, dass …

eine positive/negative Bewertung abgeben

Ich halte … für ein sehr lesenswertes/überbewertetes/… Buch.

Die Geschichte ist unterhaltsam/spannend/kurzweilig/tiefsinnig / gut durchdacht / …

Auf mich wirkt die Erzählung/Geschichte oberflächlich/unrealistisch / nicht schlüssig / …

6 Ein Stadtmagazin bittet seine Leser und Leserinnen, Kritiken zu neuen Büchern oder Filmen einzusenden, die sie empfehlen können. Schreiben Sie eine Besprechung zu einem Buch, das Sie vor Kurzem gelesen haben, oder zu einem Film, den Sie vor Kurzem gesehen haben (ca. 150 Wörter).

Porträt

Kunstsammlungen in D-A-CH

Fondation Beyeler

Die Fondation Beyeler in Riehen bei Basel ist eines der international bedeutendsten Museen moderner und zeitgenössischer Kunst. Das von dem italienischen Architekt Renzo Piano entworfene Gebäude wurde im Oktober 1997 eröffnet und ist ein Publikumsmagnet: Die helle und offene, klare Architektur zeigt die einzigartigen Kunstschätze der Sammlung in einem natürlichen Licht. Das Museum beherbergt die Sammlung Beyeler, gegründet von Ernst und Hildy Beyeler, die über 300 Werke der Moderne und der Gegenwart umfasst. Zusätzlich präsentiert das Museum drei bis vier hochkarätige Ausstellungen im Jahr, darunter z. B. „Paul Gauguin", „Max Ernst" oder „Gerhard Richter". Und der Blick aus dem Museum lässt auch keine Wünsche offen: Kühe weiden friedlich unter Obstbäumen.

Lentos Kunstmuseum Linz

Im Jahr 2003 war es soweit: Das LENTOS Kunstmuseum in Linz eröffnete und damit eines der wichtigsten Museen für moderne Kunst in Österreich. In der Sammlung des Museums befinden sich von der klassisch-historischen Kunst des frühen 20. Jahrhunderts bis heute rund 15.000 Werke. Neben Malereien, Skulpturen und Objekten zeigt das Museum auch Arbeiten auf Papier, darunter sehr viele Fotografien. Der Schwerpunkt des Museums liegt auf aktueller österreichischer Kunst.

Kunstareal München

Seit 1825 entstehen im Münchner Kunstareal dicht an dicht kulturelle und künstlerische Einrichtungen, Museen und Kunstsammlungen. Über die Zeit entwickelte sich hier ein Zentrum für Kunst, Kultur und Wissen, das sich auch im Bereich der modernen Kunst seit der Eröffnung der Pinakothek der Moderne (2002) und dem Museum Brandhorst (2009) nicht verstecken muss. Auf ca. 66 Hektar findet man mittlerweile 16 Museen und Ausstellungshäuser, die ein Spektrum von der Antike bis zur Gegenwart abdecken, sechs Hochschulen und zahlreiche Galerien. Diese ungewöhnliche Bandbreite macht das Areal so beachtens- und sehenswert.

Pinakothek der Moderne

www Mehr Informationen zur Fondation Beyeler, zum Lentos Kunstmuseum Linz und zum Kunstareal München.

Sammeln Sie Informationen über Museen, Unternehmen oder Persönlichkeiten aus dem In- und Ausland, die für das Thema „Kunst" interessant sind, und stellen Sie sie im Kurs vor. Sie können dazu die Vorlage „Porträt" im Anhang verwenden.

Beispiele aus dem deutschsprachigen Bereich: Til Schweiger – Katharina Grosse – Franz Marc – Marc Foster – Urs Widmer – Marlene Dietrich – Martin Suter – Sebastian Schipper – lala Berlin – Konstantin Grcic

1 Nominalisierung und Verbalisierung von Präpositionalergänzungen

Präpositionalergänzungen können in einen dass-Satz oder Infinitivsatz umgeformt werden. Einen Infinitivsatz kann man nur bilden, wenn das Subjekt des Nebensatzes mit einer Ergänzung des Hauptsatzes identisch oder das Subjekt des Nebensatzes *man* ist.
Bei der Umformung wird die Präposition zu einem Präpositionaladverb im Hauptsatz. Bei vielen Verben kann das Präpositionaladverb weggelassen werden.

Nominalform	Verbalform
Brainstorming setzt man **für** die Entwicklung neuer Ideen ein.	Brainstorming setzt man **dafür** ein, neue Ideen zu entwickeln.
Ihr Umfeld wird sich **über** Ihre Kreativität freuen.	Ihr Umfeld wird sich (**darüber**) freuen, dass Sie kreativ sind.

2 Konnektoren

Die folgenden Konnektoren leiten immer einen Hauptsatz ein. Sie machen Texte flüssiger und abwechslungsreicher.

Bedeutung	Konnektor	Beispielsatz
Einschränkung	*allerdings*	Ein Künstlerleben bedeutet finanzielle Unsicherheit. **Allerdings** will ich ohne dieses Kribbeln, wenn ich meine Ideen entwickle, nicht leben.
Gegensatz	*dagegen*	Meine Freunde haben alle Karriere gemacht. **Dagegen** dreht sich bei mir immer noch alles darum zu überleben.
	demgegenüber	Die Karriere winkt am Horizont. **Demgegenüber** steht die harte Realität.
	stattdessen	Ich hätte einfach Medizin studieren können. **Stattdessen** habe ich mich für die oft brotlose Kunst entschieden.
	vielmehr	Mit Romantik hat ein Künstlerleben wenig zu tun. **Vielmehr** ist es vor allem harte Arbeit.
Zeit	*bis dahin*	Noch kann ich von meiner Kunst nicht leben. **Bis dahin** brauche ich noch die finanzielle Unterstützung meiner Eltern.
	daraufhin	Neulich habe ich ein Bild verkauft. **Daraufhin** habe ich mir gleich viele neue Materialien angeschafft.
	gleichzeitig	Manchmal bin ich ein bisschen verzweifelt. **Gleichzeitig** bekomme ich viele positive Reaktionen auf meine Werke.
	inzwischen	Wer sich der Kunst verschreibt, hat einen unsicheren Weg gewählt. **Inzwischen** setzen viele Schulen deshalb auf eine möglichst breite Ausbildung.
	mittlerweile	Manchmal frage ich mich, ob das der richtige Weg ist. **Mittlerweile** haben meine alten Freunde alle Karriere gemacht.
	währenddessen	Eine Ausbildung im Kunstbereich verlangt einem einiges ab. **Währenddessen** sollte man sich bereits ein breites Netzwerk aufbauen.

Der Schimmelreiter

1 a Die Fotos geben die Stimmung in Theodor Storms Novelle „Der Schimmelreiter" wieder. Beschreiben Sie die Stimmung anhand von fünf passenden Adjektiven.

unbeschwert düster lebhaft romantisch idyllisch unheimlich beängstigend heiter gespenstisch
verträumt gruselig friedlich aufregend malerisch geheimnisvoll abgeschieden dunkel

b Welche Geschichte könnte zu den Fotos passen? Überlegen Sie zu dritt: Genre (Liebesgeschichte, Krimi …), Ort, Zeit, handelnde Personen, Thema. Stellen Sie Ihre Geschichte im Kurs vor.

1

c Sehen Sie die erste Sequenz. Was erfahren Sie über die Novelle von Theodor Storm? Vergleichen Sie mit Ihrer Geschichte.

d Ordnen Sie die Wörter aus dem Film den Fotos zu.

1. der Deich
2. der Schimmel
3. die Hallig
4. klönen
5. das Skelett
6. die Spukgestalt

____

____

klönen

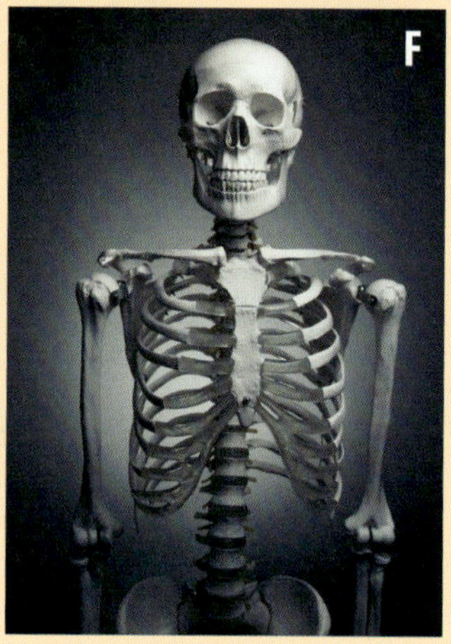

____

____

____

2 (Sequenz 2) **Sehen Sie die zweite Sequenz, in dem die Geschichte von Hauke Haien, dem Schimmelreiter, erzählt wird. Notieren Sie Stichpunkte.**

1. Hauptperson: _Hauke Haien, Deichgraf_
2. Neuentwicklung: ______________________
3. Meinung der Dorfbewohner dazu: ______________________
4. Pferd: ______________________
5. Sturmflut: ______________________
6. Ende: ______________________

3 (Sequenz 3) **Sehen Sie die dritte Sequenz über den Schriftsteller Theodor Storm. Beantworten Sie die Fragen.**

1. Wo wurde Theodor Storm geboren?
2. Was ist aus seinem Wohnhaus geworden?
3. Welche literarische Textsorten schrieb er?
4. Was ist der Inhalt seines Spätwerks?

4 **In der Novelle „Der Schimmelreiter" sollen die Deiche die Küstenbewohner vor der Sturmflut schützen. Sie stehen für den Kampf des Menschen gegen die Kräfte der Natur. Arbeiten Sie in Gruppen. Lesen Sie die Zitate zum Thema „Mensch und Natur". Welches Zitat ist für Ihre Gruppe am aussagekräftigsten? Erklären Sie es und finden Sie Beispiele dafür.**

Die Natur gehorcht dem Menschen nur,
wenn der Mensch zuerst auf die Natur gehorcht hat.
(Friedrich Eduard Beneke)

Alles, was gegen die Natur ist,
hat auf die Dauer keinen Bestand.
(Charles Darwin)

Wo die Natur nicht will,
da ist die Arbeit umsonst.
(Seneca)

Wir leben in einem gefährlichen Zeitalter.
Der Mensch beherrscht die Natur, bevor er gelernt hat,
sich selbst zu beherrschen.
(Albert Schweitzer)

Früher wurde der Mensch mit der Natur nicht fertig.
Heute wird die Natur mit dem Menschen nicht mehr fertig.
(Waltraud Puzicha)

Die Natur komponiert,
der Mensch dirigiert.
(Erhard Horst Bellermann)

Erinnerungen

A

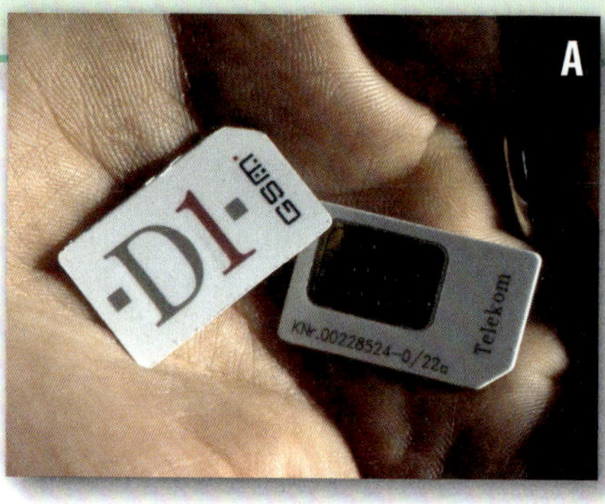

1

Liebe Jenny, lieber George,
herzliche Urlaubsgrüße aus Sydney! 🙂 Wir wünschen euch eine tolle Silvesterfeier. Hier ist das neue Jahr gerade ein paar Stunden alt. Das Feuerwerk an der Harbour Bridge war unglaublich! Die Leute feiern hier einfach auf den Straßen. Wir haben so viel Spaß. Am Abend hatten wir noch Geld getauscht und daran gedacht, dass es die DM in wenigen Stunden ja nicht mehr gibt. Das neue Jahr macht vieles neu. Ein Grund mehr zum Feiern!
Wir sind schon richtig gespannt und wollen in Deutschland am Flughafen gleich die frisch gedruckten Geldscheine abheben. Ihr macht das bestimmt noch in der Silvesternacht, oder? Euch einen guten Rutsch ins neue Jahr! Prosit!
Liebe Grüße
Angela und Frank

B

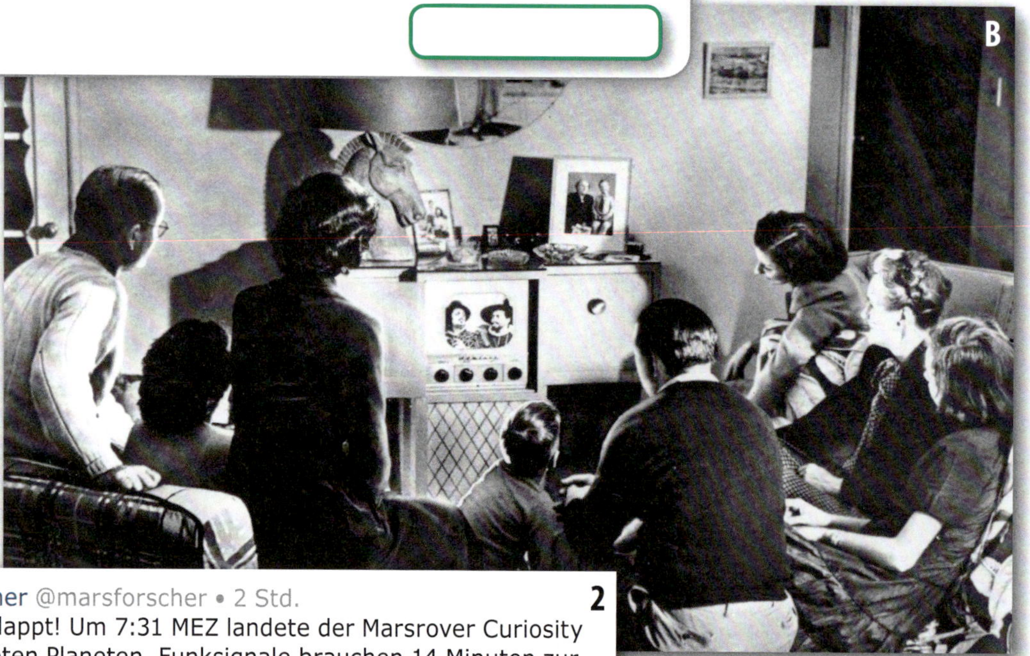

2

Marsforscher @marsforscher • 2 Std.
Es hat geklappt! Um 7:31 MEZ landete der Marsrover Curiosity auf dem roten Planeten. Funksignale brauchen 14 Minuten zur Erde. Erste Fotos eingetroffen. Wahnsinn! #curiosity

↰ ⇅ 8 ✶ 3

Sie lernen

Modul 1 | Informationen zu Texten über die Funktion des Gedächtnisses geben

Modul 2 | Einen Forumsbeitrag zu einer Radiosendung zum Thema „Falsche Erinnerungen" schreiben

Modul 3 | Fragen zu einem Artikel über Gesichtsblindheit stellen und beantworten

Modul 4 | Ausschnitte aus einem literarischen Text über Erinnerungen verstehen

Modul 4 | Darüber schreiben, woran man sich in fünf Jahren erinnern wird, und über ein Lied sprechen

Grammatik

Modul 1 | Besonderheiten von Konditionalsätzen

Modul 3 | Modalitätsverben

C

▶ AB Wortschatz

D

4

Liebe Oma,
Papa kam am Freitag mit einer Überraschung nach Hause. Ein Riesenkarton! Ich durfte auspacken. Kein Spielzeug, sondern ein großer brauner Kasten. Als Papa ihn heute anmachte, staunten wir alle. Denn im Kasten kann man Menschen sehen, natürlich nur ganz klein. Das ist toll! Bei uns im Wohnzimmer ist es jetzt wie im Kino. Abends wird es nie mehr langweilig. Ich hoffe, du kommst uns bald besuchen und schaust dir den Kasten an.
Bis bald
Petra

3

Der digitale Mobilfunk zieht in Deutschland ein

Berlin. Mit dem gestrigen Tag startete der digitale Mobilfunk in Deutschland. Die beiden Netze D1 (T-Mobile) und D2 (Vodafone) funktionieren problemlos und arbeiten nach dem neuen GSM-Standard (Global System for Mobile Communications). Bisher gibt es allerdings erst wenige Geräte für diese neue Technik. Das erste deutsche Handy kommt von Siemens: Das Siemens S1 wiegt 382 Gramm, ist 197 Millimeter lang und 57 Millimeter breit. Noch sind die Kundenzahlen bescheiden, denn die Geräte sind ziemlich teuer. Allerdings stehen weitere Anbieter in den Startlöchern, sodass die Tarife in Zukunft wohl erschwinglicher werden. Die neuen Netze werden das Telefonieren revolutionieren.

E

5

Als ich vor ein paar Tagen auf dem Heimweg war, sah ich etwas Unglaubliches: Da raste eine Kutsche ohne Pferde an mir vorbei. Viele Leute blieben wie ich stehen und staunten – nicht nur über diesen Motorwagen, sondern auch darüber, wer darauf saß: eine Frau mit zwei Kindern.
Die Leute erzählten, dass das Bertha Benz war, die Frau des Erfinders Carl Friedrich Benz. Sie wollte mit ihren Söhnen die Großeltern in Pforzheim besuchen. Angeblich ahnte ihr Mann nichts von diesem abenteuerlichen Plan. Er soll noch geschlafen haben, als sich seine Frau mit dem Gefährt auf den Weg machte. In der Zeitung stand, dass es einige Stunden gedauert hat, bis die drei Wiesloch erreichten. Tank und Kühlwasser gingen aus und die Söhne mussten Wasser aus dem Brunnen und Waschbenzin aus der Apotheke besorgen. Dann konnten sie weiterfahren, aber nicht lange. Kurz vor Bruchsal riss die Kette. In einer alten Schmiede fanden sie zum Glück Hilfe. Aber dann verstopfte auch noch der Vergaser. Mithilfe ihrer Hutnadel machte Bertha Benz den Motorwagen wieder flott. So kamen die drei nach 106 km abends bei Großmama und Großpapa in Pforzheim an. Wirklich unglaublich!

1a **Lesen Sie die Texte und ordnen Sie die Fotos zu.**

b **Schreiben Sie die Daten zu den Texten.**

06.08.2012 30.06.1992 01.01.2002 05.08.1888 25.12.1952

2 **Was wäre, wenn …? Können Sie sich ein Leben ohne diese Entwicklungen vorstellen?**

Erinnern und Vergessen

1 **Woran erinnern Sie sich noch gut, wenn Sie an Ihre Kindheit zurückdenken? Erzählen Sie.**

Ich erinnere mich noch gut an meinen ersten Schultag. Ich wollte nicht in die Schule …

Ich denke gern an meine Großmutter. Sie hat mir oft vor dem Einschlafen tolle Geschichten erzählt …

2a **Lesen Sie den Artikel. Geben Sie jedem Textteil eine Überschrift.**

SPRACHE IM ALLTAG

Wenn man sich schlecht erinnern kann

ein Gedächtnis wie ein Sieb haben
einen Blackout haben
kein Gedächtnis für etw. haben
eine Gedächtnislücke haben
eine Gedächtnisstütze brauchen

b **Arbeiten Sie zu dritt. Jede/r liest einen Textteil und beantwortet anschließend „seine" Frage zum Text in der Gruppe.**

Text 1: Wie wird Neues aufgenommen und behalten?
Text 2: Welche drei Hauptsysteme unseres Gedächtnisses werden genannt und wie werden sie unterteilt?
Text 3: Wie detailliert sind unsere Erinnerungen und welche Theorie des Vergessens ist schlüssiger?

1 Jedes Wort, jeden Gedanken, sogar das Gefühl für uns selbst und andere verdanken wir unserem Gedächtnis. Ohne seine bindende Kraft zerfiele unser Bewusstsein in Einzelteile, in gelebte Augenblicke. Seit frühesten Zeiten rätseln Philosophen und Wissenschaftler über die Natur des Gedächtnisses. Noch immer ist die komplizierte Sprache unseres Gehirns nicht entschlüsselt. Unser Hirn besteht, grob geschätzt, aus etwa 100 Milliarden Nervenzellen (Neuronen), die zu einem riesigen Netz verbunden sind. Wird eine Nervenzelle von einem ankommenden Reiz erregt, leitet sie einen elektrischen Impuls mithilfe von Botenstoffen an ihre Nachbarzellen weiter: Sie „feuert", bildlich ausgedrückt, auf ihre Nachbarzelle.

Wenn wir etwas Neues lernen und unser Gedächtnis dies speichert, dann verstärken sich die Verbindungen zwischen bestimmten Neuronen. Je häufiger sich das Erlebnis wiederholt, desto stärker wird das Neuronennetz zusammengeschweißt, desto dauerhafter ist die Erinnerung. Unser Gedächtnis teilt sich die anfallende Arbeit auf: Die Eigenschaften der Dinge, an die wir uns erinnern, sind denjenigen Regionen zugeteilt, die auch für die Wahrnehmung dieser Eigenschaften zuständig sind. Erinnern wir uns etwa an einen Ball, so ruft unser Gedächtnis die Informationen über Farbe, Form und Funktion dieses Balls von verschiedenen Orten des Gehirns ab. Alle zusammen lassen in Sekundenbruchteilen das Bild des Balls vor unserem geistigen Auge entstehen.

2 Unser Gedächtnis besteht, streng genommen, aus drei Hauptsystemen. Das sensorische Gedächtnis speichert eintreffende Reize für Bruchteile von Sekunden. Was wichtig ist, gelangt ins Kurzzeitgedächtnis. Hier bleibt die Information einige Sekunden lang erhalten. Zeit genug, um etwa einen Satz zu begreifen, ohne seinen Anfang schon wieder zu vergessen.

Ins Langzeitgedächtnis gelangt, was wir für längere Zeit oder dauerhaft behalten. Genau betrachtet kann das Langzeitgedächtnis noch weiter unterteilt werden: Gespeicherte Informationen stehen uns entweder bewusst oder unbewusst zur Verfügung. Bewusst sind uns die Inhalte des episodischen Gedächtnisses. Es speichert unsere eigene Lebensgeschichte: Erinnerungen an den ersten Kuss, die Flitterwochen, an das heutige Frühstück. Das semantische Gedächtnis dagegen ist für unser Faktenwissen zuständig. Es nimmt den Namen der japanischen Hauptstadt ebenso auf wie die chemische Formel für Wasserstoff. Unser Gehirn erinnert sich an viel mehr, als uns bewusst ist. Etwa an Bewegungsabläufe: Beim Gehen oder Radfahren erinnern wir uns unbewusst daran, welche Muskeln wann aktiviert werden müssen. Diesen Gedächtnistyp nennt man das prozedurale Gedächtnis.

3 Noch bis vor wenigen Jahrzehnten glaubten die Wissenschaftler, unser Gedächtnis funktioniere, verglichen mit einem Computer, genauso unbestechlich: Es zeichne getreulich alles auf, was wir erleben. Heute steht fest, dass Erinnern wohl eher einem Puzzlespiel gleicht. Die Lücken füllen wir aus, indem wir raten. Erinnern wir uns etwa an einen Porsche, den wir am Vormittag an der Ampel gesehen haben, mag uns das Bild zwar klar vor Augen stehen. Würden wir seine Einzelheiten aber noch einmal mit dem Original vergleichen, fänden sich gewiss bedeutende Unterschiede. Beim Prozess des Merkens spielen Gefühle eine große Rolle. Wir speichern vor allem das, was uns an einem Erlebnis interessiert. Je stärker unsere emotionale Beteiligung, desto dauerhafter die Speicherung. Was aber passiert, wenn wir etwas vergessen? Darüber gibt es zwei Theorien. Die eine geht davon aus, dass die in unserem Gehirn gespeicherte Erinnerung einfach mit der Zeit verblasst und schließlich ganz verschwindet. Dann müssten wir jedoch umso mehr vergessen, je mehr Zeit seit dem zu erinnernden Ereignis vergangen ist. Dies konnte bislang noch nicht bewiesen werden. Die zweite Theorie ist plausibler: Sie besagt, dass wir bestimmte Dinge vergessen, weil sie von neuen, interessanteren Eindrücken überlagert oder gestört werden. Wir finden somit nur noch schwer Zugang zu alten Informationen.

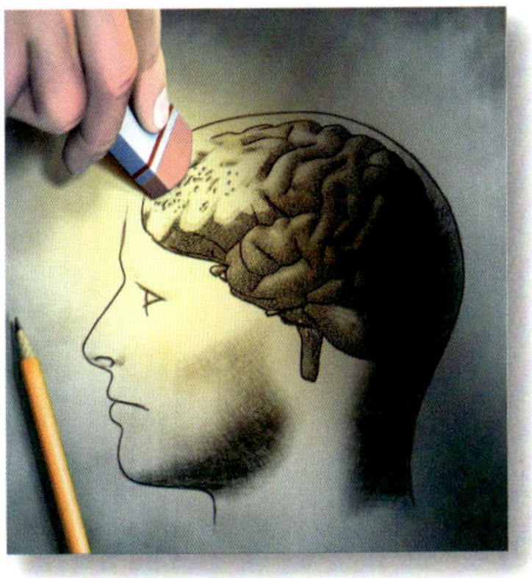

▶ Ü 1–3

3 **Vergleichen Sie zwei Versionen eines Satzes aus dem Artikel. Was ist anders? Ergänzen Sie die Regel.**

A Wenn unser Gedächtnis etwas Neues speichert, dann verstärken sich die Verbindungen zwischen bestimmten Neuronen.

B Speichert unser Gedächtnis etwas Neues, dann verstärken sich die Verbindungen zwischen bestimmten Neuronen.

G

Uneingeleitete Konditionalsätze

Konditionalsatz mit *wenn:*	Das Verb steht ______________________.
Konditionalsatz ohne *wenn*:	Das Verb steht ______________________.

▶ Ü 4

4a **Lesen Sie die Sätze aus dem Artikel. Unterstreichen Sie jeweils den Hauptsatz.**

1. Unser Gedächtnis besteht, streng genommen, aus drei Hauptsystemen.
2. Genau betrachtet kann das Langzeitgedächtnis noch weiter unterteilt werden.
3. Unser Hirn besteht, grob geschätzt, aus etwa 100 Milliarden Nervenzellen.
4. Die Nervenzelle feuert, bildlich ausgedrückt, auf ihre Nachbarzelle.

b **Lesen Sie die Regel und formen Sie die Partizipialgruppen aus 4a in Konditionalsätze um.**

G

Partizipialgruppen

Partizipialgruppen sind oft verkürzte Konditionalsätze und werden als feste Wendung gebraucht: *genau/kurz/anders gesagt, anders formuliert, genauer/oberflächlich betrachtet, genau/streng / im Grunde genommen, grob geschätzt*
Dem Partizip kann manchmal eine Präpositionalergänzung oder ein dass-Satz folgen: *verglichen* ***mit*** + Dat., *abgesehen* ***von*** + Dat., *ausgehend* ***von*** + Dat., *angenommen,* ***dass***

1. Wenn man es streng nimmt, besteht unser Gehirn aus drei Hauptsystemen.

▶ Ü 5–7

5 **Was können Sie machen, um Ihr Gedächtnis zu trainieren? Recherchieren Sie Aufgaben und stellen Sie sie im Kurs vor.**

Falsche Erinnerungen

1 Lesen Sie die Zitate zum Thema „Erinnerung". Was bedeuten sie?

Ach, mein Gott, wenn man ganz ehrlich zu sich ist, färbt die Zeit die Erinnerungen natürlich schön.

Wolfgang Niedecken – Musiker und bildender Künstler

Kinder sind Raupen und Erwachsene sind Schmetterlinge. Und kein Schmetterling erinnert sich mehr daran, wie es sich anfühlte, eine Raupe zu sein.

Cornelia Funke – Schriftstellerin

Erinnern heißt auswählen.

Günter Grass – Schriftsteller

P GI 3.10-13

2a Sie hören ein Interview zum Thema „Falsche Erinnerungen". Kreuzen Sie die richtige Antwort (a, b oder c) an. Sie hören den Text zweimal.

1. Professor Jakobsen definiert falsche Erinnerungen …
   - [a] als selektive Rekonstruktion vergangener Erlebnisse.
   - [b] als Ausdruck unseres körperlichen und emotionalen Zustands.
   - [c] als abweichende oder frei erfundene Erinnerung.
2. Was nahm die Hälfte der Versuchspersonen im Experiment mit dem Heißluftballon an?
   - [a] Dass das Erlebnis im Heißluftballon real war.
   - [b] Dass die Fotos Fälschungen waren.
   - [c] Dass das kein wissenschaftliches Experiment war.
3. Wissenslücken entstehen im Gedächtnis, …
   - [a] weil neue Informationen nicht immer zu bereits vorhandenem Wissen passen.
   - [b] weil sich unser Gedächtnis nicht alle Informationen ständig merken kann.
   - [c] weil unser Gehirn neue und alte Informationen vermischt.
4. Ins Langzeitgedächtnis kommen Erlebnisse, …
   - [a] die von unserem Wissen gefiltert wurden.
   - [b] die sehr oft weitererzählt wurden.
   - [c] die uns emotional sehr berührt haben.
5. Manipulationen von Erinnerungen sind möglich, …
   - [a] wenn man nur einen groben Eindruck von einem Geschehen gespeichert hat.
   - [b] wenn man Informationen in einen bereits bestehenden Kontext einordnen kann.
   - [c] wenn man sich an viele Details erinnern kann.
6. Negative Erinnerungen …
   - [a] geraten schneller in Vergessenheit.
   - [b] spielen eine große Rolle in Psychotherapien.
   - [c] dürfen positive Erinnerungen nicht verdrängen.

7. Woran erinnert sich ein Mensch am intensivsten?
   - [a] Daran, was besonders wichtig gewesen ist.
   - [b] Daran, was erst vor Kurzem passiert ist.
   - [c] Daran, was zum ersten Mal geschehen ist.

8. Für Historiker ist es besonders schwierig einzuschätzen, …
   - [a] ob Zeitzeugen etwas real erlebt haben.
   - [b] ob Zeitzeugen das Erlebnis aus den Medien kennen.
   - [c] ob Zeitzeugen sich immer so detailliert erinnern können.

9. Warum identifizieren Opfer Unschuldige als Täter?
   - [a] Weil das Gehirn falsche Basisinformationen über den Täter gespeichert hat.
   - [b] Weil die ursprünglichen Informationen mit neuen vermischt werden.
   - [c] Weil das Gedächtnis Teile der Erinnerung nicht wie ein Puzzle zusammenfügen kann.

10. Wir glauben in einem Prozess eher …
   - [a] den Aussagen von Zeugen.
   - [b] den genauen Messdaten.
   - [c] unserem gesunden Menschenverstand.

b Notieren Sie drei für Sie wichtige Aussagen aus dem Interview. Vergleichen Sie dann in Gruppen.

3a Lesen Sie den Forumseintrag. Fassen Sie Christines Problem kurz zusammen. Ist Ihnen so etwas auch schon mal passiert?

was-denkste.de

Forum ▸ Fragen

28.10./18:29
Christine

Falsche Erinnerung?
Ich habe eine drei Jahre ältere Schwester. Neulich haben wir uns alte Fotos angeschaut. Auf einem Foto sind wir beide zusammen beim Bowling. Das ist jetzt fünfzehn Jahre her. In unserer Mannschaft spielte Jochen mit, den man im Hintergrund auf dem Foto sieht. Jochen war ein Schulfreund von mir. Meine Schwester Anna aber behauptet, Jochen sei ein ehemaliger Arbeitskollege von ihr gewesen. Sie ist sich absolut sicher und kann sich an bestimmte Einzelheiten und Situationen erinnern. Ich aber auch! Schließlich bin ich mit Jochen zur Schule gegangen. Ich frage mich, wie das sein kann. Auf dem Foto ist eine Person zu sehen, an die wir beide völlig unterschiedliche Erinnerungen haben. Wie ist das möglich?

b Schreiben Sie einen Forumsbeitrag. Beziehen Sie sich auf Christines Problem und gehen Sie auf die Radiosendung ein. Benutzen Sie die Redemittel.

VERSTÄNDNIS ZEIGEN	ETWAS ERKLÄREN	AUF ETWAS BEZUG NEHMEN
Ich habe auch schon mal erlebt, dass/wie …	Das liegt daran, dass …	Ich habe gehört, dass …
Es ist nicht ungewöhnlich, wenn …	Die Ursache ist, dass …	Nach Aussagen von Wissenschaftlern …
Es kommt öfter vor, dass …	Ein Grund dafür könnte sein, dass …	Wie man herausgefunden hat, …
Es ist schon vielen Leuten passiert, dass …	Dafür lässt sich durchaus ein Grund finden, z. B. …	Laut den neuesten Forschungen von …
Mach dir bloß keine Sorgen, weil …		

▶ Ü 1

Kennen wir uns …?

1 **Hören Sie das Telefongespräch. Was ist Utes Problem und welche Erklärung könnte es geben?**

3.14

2a **Ergänzen Sie mithilfe der Bedeutungen die Sätze aus dem Gespräch mit den passenden Modalitätsverben.**

ist … aufzuklären | scheint … zu handeln | droht … kaputtzugehen | hat … gutzumachen | braucht … zu lächeln | versteht … zu bringen

Beispielsatz	Bedeutung
1. Bist du sicher, dass er es war? Es *scheint* ______ sich um eine Verwechslung ______.	anscheinend
2. Wir arbeiten jetzt seit fünf Wochen zusammen. Und er ______ es immer, mich zum Lachen ______.	können
3. Ich bin wirklich sauer. Der ______ erst gar nicht nett ______!	nicht sollen
4. Vielleicht lädt er dich ja auf einen Kaffee ein. Er ______ schließlich was bei dir ______!	müssen
5. Frag ihn doch einfach, was er am Wochenende gemacht hat. Das Missverständnis ______ bestimmt schnell ______.	können
6. Unsere Freundschaft hat gerade erst angefangen und durch sein Verhalten ______ sie schon wieder ______.	in Gefahr sein

Modalitätsverben G

Bildung: Modalitätsverb + *zu* + Infinitiv
Die Bedeutung kann je nach Kontext variieren:
*Die Situation **ist** nicht **zu** unterschätzen.* → *Die Situation **darf nicht** unterschätzt werden.*
*Die Aufgabe **ist** schnell **zu** erledigen.* → *Die Aufgabe **muss** schnell erledigt werden.*

b **Formulieren Sie Satz 4 und 5 aus 2a ohne Modalitätsverb neu. Benutzen Sie ein passendes Modalverb und kreuzen Sie die Regel an.**

4. *Er* ______________________________

5. *Das Missverständnis* ______________________________

G

Modalitätsverb ***haben*** + *zu* + Infinitiv → Umschreibung im ☐ Aktiv ☐ Passiv
Modalitätsverb ***sein*** + *zu* + Infinitiv → Umschreibung im ☐ Aktiv ☐ Passiv

c **Formulieren Sie die Sätze mithilfe von Modalitätsverben um.**

1. Anscheinend hat er ein Problem.
2. Wir müssen das Problem schnell lösen.
3. Das Problem darf nicht unterschätzt werden.
4. Er kann das Problem gut ignorieren.
5. Unser Arbeitsverhältnis ist in Gefahr, sehr schwierig zu werden.

▶ Ü 1–3

3a Sehen Sie die Fotos an und lesen Sie die Überschrift des Artikels in 3b. Welche Erklärung für Utes Problem könnte der Artikel geben?

b Lesen Sie nun den Artikel und formulieren Sie dazu fünf Fragen.

Von Christian Stöcker

Wenn alle gleich aussehen

Menschen, die an Prosopagnosie leiden, können Gesichter nur mit Mühe voneinander unterscheiden. Einst galt die Störung als exotisch und selten, nun zeigt sich: Millionen von Menschen haben dieses Problem – meist, ohne es zu ahnen.

„Eines Tages um die Mittagszeit", erzählt Bill Choisser, „traf ich meine Mutter auf dem Gehsteig und erkannte sie nicht." Sie sei „gar nicht amüsiert" gewesen über den Fauxpas ihres Sohnes, berichtet der auf seiner Webseite, und habe ihm „bis heute nicht vergeben". Für Choisser sind derartige Ereignisse keine lustigen Anekdoten, sondern ein lästiger Teil seines Alltags. Choisser leidet an einer Störung mit dem unhandlichen Namen Prosopagnosie – er tut sich schwer damit, Gesichter zu erkennen.

Obwohl dieses Problem in der Weltliteratur das eine oder andere Mal auftaucht, ist Prosopagnosie als definiertes Störungsbild erst 1947 zum ersten Mal wissenschaftlich beschrieben worden. Bis heute, glaubt man aktuellen Forschungsergebnissen, ist das Wissen um den Defekt so wenig verbreitet, dass weltweit Millionen von Menschen keine Ahnung haben, dass viele ihrer Schwierigkeiten auf ihn zurückzuführen sind. Zwei Prozent aller Menschen, schätzen Ken Nakayama von der Harvard University und seine Kollegen, leiden an Prosopagnosie, meist von Geburt an. Wer nie gelernt hat, wie es ist, Gesichter ohne Anstrengung unterscheiden zu können, merkt gar nicht, was ihm fehlt.

Martina Grüter kam in einer Studie an der Universität Münster für Deutschland auf einen ähnlichen Prozentsatz wie ihre US-Kollegen. Besonders angeborene Prosopagnosie sei sehr viel weiter verbreitet, als man bislang vermutet habe, sagt sie. Stimmen die Schätzungen, haben Hunderttausende von Deutschen Schwierigkeiten, Nachbarn, Kollegen und Freunde auf der Straße oder anderswo zu erkennen – ohne zu wissen warum.

Diese verblüffend anmutende Erkenntnis verwundert Grüter allerdings nicht übermäßig. Sie weiß, wovon sie spricht – ihr Ehemann, der ebenfalls auf diesem Gebiet forscht, ist selbst prosopagnostisch. Das sei aber „nicht so beeinträchtigend, wie man sich das vorstellt", sagt sie, und fügt hinzu: „An mir ist mein Mann noch nie vorbeigelaufen, ohne mich zu erkennen."

Erwachsene, die mit der Störung leben, kommen oft hervorragend zurecht – Martina Grüter kennt „Rechtsanwälte, Ärzte, Schulrektoren" mit Prosopagnosie – was vermutlich einer der Gründe ist, warum bis vor einigen Jahren „nur 100 Fälle weltweit dokumentiert waren", wie Nakayama erklärt. Erwachsene mit der Störung haben „Probleme in einer Verwechslungskomödie oder mit einem Film, in dem lauter ähnlich aussehende blonde Frauen vorkommen", sagt Grüter, aber im Alltag hätten sie Strategien entwickelt, um Menschen trotzdem zu unterscheiden.

Das Problem, sagt Grüter, seien die Kinder. 50 Prozent des Nachwuchses von Prosopagnostikern hätten selbst Probleme mit Gesichtern – und das kann, etwa im Kindergarten, durchaus zu sozialer Ausgrenzung führen. Würden Kindergärtner und Eltern aber richtig instruiert, könnten sie frühzeitig gegensteuern und auch Tipps geben. „Zum Beispiel, dass man sich Jana nicht darüber merkt, dass sie ein rotes Kleid anhat, sondern lieber über die Form ihrer Ohren", sagt Grüter. „Das Bewusstsein allein macht vielen Betroffenen das Leben leichter." Wenn das eigene Kind im Kindergarten also Schwierigkeiten hat, sich in eine Gruppe zu integrieren, muss man nicht gleich an Autismus oder Ähnliches denken – vielleicht kann es seine neuen Spielkameraden einfach nicht auseinanderhalten.

c Arbeiten Sie zu zweit und beantworten Sie gegenseitig Ihre Fragen.

Vergangene Tage

1 **Welche Romane, die von Familiengeschichten oder Kindheitserinnerungen handeln, kennen Sie?**

Kennt ihr „Die Asche meiner Mutter" von Frank McCourt? Darin geht es um …

2a **Lesen Sie die kurze Darstellung wichtiger Personen in „Der Geschmack von Apfelkernen" von Katharina Hagena und erstellen Sie ein Schema.**

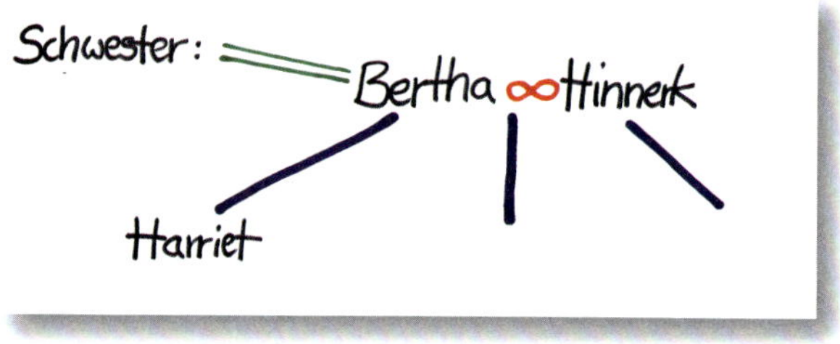

Die Personen:
Anna und Bertha waren Schwestern. Bertha ist die verstorbene Großmutter der Familie, um die es im Roman geht. Sie und ihr bereits seit einigen Jahren verstorbener Mann Hinnerk haben drei Töchter: Harriet, Inga und Christa. Harriet ist die Mutter von Rosmarie, die mit fast 16 Jahren tödlich verunglückte, als sie durch das Glasdach des Wintergartens brach. Inga hat keine Kinder und Christa ist die Mutter von Iris. Christa, ihr Mann und die Tochter Iris leben in Süddeutschland, Iris arbeitet als Bibliothekarin. Die Sommerferien haben die Cousinen Rosmarie und Iris immer im Haus ihrer Großmutter Bertha verbracht und dort mit der gemeinsamen Freundin Mira und manchmal auch deren jüngerem Bruder Max gespielt.

b **Lesen Sie einen Ausschnitt aus dem Roman. Wer ist die Erzählerin? Was erfahren Sie über sie, die Orte und die Situation?**

Meine Großmutter Bertha Lünschen, geborene Deelwater, starb etliche Jahrzehnte nach Tante Anna, doch da wusste sie längst nicht mehr, wer ihre Schwester gewesen war, wie sie selbst hieß oder ob es Winter oder Sommer war. Sie hatte vergessen, was man mit einem Schuh, einem Wollfaden oder einem Löffel anfangen konnte. Im Laufe von zehn Jahren streifte sie ihre Erinnerungen mit derselben fahrigen Leichtigkeit ab, mit der sie sich die kurzen weißen Locken aus dem Nacken strich oder unsichtbare Krümel auf dem Tisch zusammenfegte.

[…]

Bertha musste sich daran erinnert haben, wie sehr ich das Haus früher liebte. Von ihrem Letzten Willen erfuhren wir aber erst nach der Beerdigung. Ich reiste allein, es war eine weite, umständliche Fahrt in verschiedenen Zügen: Ich kam von Freiburg und musste längs durch das ganze Land, bis ich schließlich oben in dem Dorf Bootshaven an der Haltestelle gegenüber dem Haus meiner Großmutter aus einem fast leeren Linienbus ausstieg, der mich von einem geisterhaften Kleinstadtbahnhof aus durch die Ortschaften geschaukelt hatte. Ich war zermürbt von der Reise, der Trauer und den Schuldgefühlen, die man immer hatte, wenn jemand gestorben war, den man liebte, aber nicht gut kannte.

c **Erschließen Sie die Bedeutungen aus dem Kontext: Wo steht das im Text?**

1. Die Großmutter litt im Alter an Demenz. Zeile ______
2. Sie hat das Haus ihrer Enkelin Iris vererbt. Zeile ______
3. Ich bin mit dem Bus übers Land zu einer kleinen Ortschaft gefahren. Zeile ______
4. Ich war müde und traurig. Zeile ______

STRATEGIE

Literarische Texte erschließen

Schlagen Sie nicht jedes Wort nach, sondern lesen Sie zunächst über unbekannte Wörter hinweg. Prüfen Sie dann, ob Sie die Handlung verstanden haben. Wenn ja, lesen Sie weiter. Wenn Sie merken, dass bestimmte Wörter immer wieder vorkommen, schlagen Sie die Übersetzung erst nach, wenn Sie die Bedeutung auch nicht aus dem Kontext erschließen können.

d **Lesen Sie weiter und erklären Sie die Überlegung der Erzählerin, das Haus zu verkaufen.**

Ich setzte mich auf das Sofa neben dem schwarzen Kamin und schaute nach draußen. Vom Wintergarten war nichts mehr zu sehen, er war ein durchsichtiges, elegantes Konstrukt gewesen, das so gar nicht zum robusten Backsteinhaus passen mochte. Nur Glas und ein Stahlskelett. Tante Harriet hatte es vor dreizehn Jahren entfernen lassen. Nach Rosmaries Unfall. Allein die hellen Steinplatten, die eigentlich zu empfindlich waren für draußen, erinnerten an den gläsernen Anbau.

Plötzlich merkte ich, dass ich es nicht haben wollte, dieses Haus, es war längst kein Haus mehr, es war nur noch eine Erinnerung, genau wie dieser Wintergarten, den es nicht mehr gab.

3a Lesen Sie einen weiteren Auszug aus dem Buch und erzählen Sie, was passiert.

An jenem Tag an der Schleuse las ich nicht.

[...]

Rosmarie sprang auf.

– Kommt, wir hüpfen von der Brücke.

Mira erhob sich langsam und streckte sich. In ihrem Bikini sah sie aus wie eine schwarz-weiß gefleckte Katze.

– Muss das sein?

Sie gähnte.

– Ja, es muss sein, meine Süße. Komm auch mit, Iris.

Mira sträubte sich:

– Kinderchen, geht woanders spielen, aber lasst bitte die Erwachsenen sich ein bisschen ausruhen, ja?

Rosmarie schaute mich an, ihre wasserfarbenen Augen schillerten. Sie reichte mir die Hand. Dankbar ergriff ich sie, und wir rannten zusammen zur Brücke. Mira folgte langsam.

Die Brücke war höher, als wir dachten, aber nicht so hoch, dass man es nicht hätte wagen können. Im Hochsommer sprangen hier die größeren Jungen hinunter. Heute war niemand auf der Holzbrücke.

– Schau mal, Mira, da unten sitzt dein kleiner Bruder. Hey! Niete!

Rosmarie hatte recht. Da unten saß Max mit einem Freund auf einem Handtuch. Sie aßen Butterkekse und hatten uns noch nicht gesehen. Als Rosmarie rief, schauten sie hoch.

– Okay. Wer zuerst? fragte Rosmarie.

– Ich.

Ich hatte keine Angst vor dem Springen, ich konnte gut schwimmen. Und wenn ich schon hässlich war, so war ich wenigstens mutig.

– Nein, Mira springt zuerst.

– Wieso? Lass doch Iris, wenn sie will.

– Ich will aber, dass du springst, Mira.

– Ich will aber nicht springen.

– Na komm. Setz dich auf das Geländer.

– Das mache ich gern, aber das war's dann auch.

– Schon klar.

Rosmarie schaute mich wieder an mit diesem Schillern im Blick. Ich wusste plötzlich, was sie wollte. Sie und Mira hatten mich gerade noch ausgelacht, und nun verbündete sich meine Kusine mit mir. Ich war immer noch verärgert wegen vorhin und fühlte mich doch geschmeichelt. Ich nickte Rosmarie zu. Sie nickte zurück. Mira saß auf dem Geländer, ihre Füße baumelten über dem Wasser.

– Bist du kitzlig, Mira?

– Ihr wisst, dass ich es bin.

– Bist du hier kitzlig?

Rosmarie pikste ein bisschen gegen ihren Rücken.

– Nein, lass das.

– Oder hier?

Rosmarie kitzelte sie halbherzig an der Schulter.

– Geh weg, Rosmarie.

Ich stellte mich daneben und rief:

– Oder hier?

Und dann kniff ich Mira kräftig in die Seite. Sie zuckte und schrie und verlor das Gleichgewicht und fiel von der Brücke.

Rosmarie und ich schauten uns nicht an. Wir beugten uns über das Geländer, um zu sehen, was Mira tun würde, wenn sie wieder auftauchte.

Wir warteten.

Nichts.

Sie tauchte nicht wieder auf.

b Beschreiben Sie die Beziehung der Mädchen untereinander.

c Lesen Sie weiter. Wer hat welche Gefühle? Sprechen Sie im Kurs.

Trauer	Erleichterung	Hysterie	Hass	Panik	Reue
Schock	Sprachlosigkeit	Freude	Verachtung	Wut	...

Bevor ich sprang, sah ich noch, wie Max ins Wasser rannte, dass es nur so spritzte.

Als ich wieder auftauchte, zog Max seine Schwester schon Richtung Ufer. Sie hustete, aber sie schwamm.

Sie taumelte an Land und legte sich ins hohe Gras am Ufer. Max saß neben ihr. Sie sprachen nicht miteinander. Als ich aus dem Wasser stieg und Rosmarie von oben angerannt kam, sah er uns drei der Reihe nach an, spuckte ins Wasser, stand auf und ging weg. Schwang sich mit der nassen Badehose aufs Rad und fuhr davon.

Rosmarie und ich setzten uns neben Mira, die immer noch die Augen geschlossen hatte und schnell atmete.

– Ihr spinnt.

Sie stieß die Worte hervor.

– Es tut mir leid, Mira, ich ...

Ich fing an zu weinen.

Rosmarie schwieg, blickte auf Mira. Als Mira endlich die Augen aufmachte, um Rosmarie anzuschauen, legte diese den Kopf in den Nacken und lachte. Miras kleiner roter Mund verzog sich – war es vor Schmerz, aus Hass, oder musste sie auch weinen? Ihr Mund öffnete sich, es folgte ein kurzer röchelnder Laut, dann begann sie zu lachen, erst leise, dann laut, hilflos, schrill. Rosmarie ließ sie dabei nicht aus den Augen. Ich saß daneben und heulte.

4a Nach Rosmaries tödlichem Unfall ist Iris nicht mehr zu ihrer Großmutter Bertha gefahren und hatte keinen Kontakt zu Mira oder Max. Lesen Sie das Ende des Romans. Was ist nach Berthas Beerdigung in Iris' Leben passiert?

Epilog

Ich sitze an Hinnerks Schreibtisch und schaue auf den Hof. Die Linden sind kahl.

[...]

Mein Sohn fährt mit seinen Freunden Skateboard zwischen den Linden im Hof. Ich muss mich beherrschen, nicht an die Scheibe zu klopfen, um ihn zu bitten, die Hose höher zu ziehen und die Jacke zuzumachen. Aber lange werde ich wohl nicht durchhalten.

Es friert.

Seit ein paar Tagen bin ich dabei, die oberen Zimmer für meine Eltern herzurichten. Mein Vater hat beschlossen, aus Süddeutschland wegzuziehen, weil das Heimweh meiner Mutter überhandgenommen hat. Sie weint viel und isst wenig. Sie zieht sich zurück.

Sie vergisst.

Manchmal weiß sie nicht, ob sie schon gekocht hat oder nicht. Manchmal vergisst sie auch, wie man etwas kocht. Vielleicht wird es hier im Haus für sie einfacher, aber ich glaube nicht daran. Und ich glaube auch nicht, dass mein Vater daran glaubt.

Mira habe ich immer noch nicht wiedergesehen, obwohl sie ja nun zur Familie gehört, aber ab und zu rufen wir uns an. Max hat mehr Kontakt. Sie ist immer noch Partnerin in der Kanzlei und lebt seit elf Jahren mit einer Lehrerin in einer Berliner Altbauwohnung. Wenn ich mit ihr telefoniere, sprechen wir beide nicht von Rosmarie. So sehr sprechen wir nicht von ihr, dass wir ihren Atem in der Leitung hören können. Und das Rauschen des Nachtwinds in den Zweigen der Weide.

▶ Ü 1–2 **b Iris hat das Haus der Großmutter doch behalten. Warum hat sie ihre Meinung wohl geändert?**

5 Was denken Sie? Woran werden Sie sich in fünf Jahren erinnern? Wählen Sie drei Kärtchen oder schreiben Sie über Ihre eigenen Ideen einen Text.

Privates | politische Ereignisse | Musik | Fernsehsendungen/Filme | berühmte Persönlichkeiten | neue Dinge / Erfindungen | Sonstiges

Ich denke, in fünf Jahren werde ich mich noch sehr gut an das große Open-Air-Konzert auf dem Königsplatz in München erinnern. Es war ein Benefizkonzert für …

3.15

6a Lieder und Erinnerungen hängen eng zusammen. Hören Sie das Lied „Tage wie dieser" von der Band Juli. Wie gefällt Ihnen das Lied: Text, Melodie, Rhythmus, Stimme?

b Welche Tage könnten im Lied gemeint sein? Beschreiben Sie einen solchen Tag.

„Tage wie dieser" sind für mich Tage, an denen die Sonne scheint, es warm ist und ich Zeit habe, gemeinsam etwas mit meiner Familie zu machen. Zum Beispiel …

7 Bringen Sie ein Lied mit, das Sie mit bestimmten Erinnerungen verbinden. Spielen Sie das Lied vor und erzählen Sie.

VON ERINNERUNGEN BERICHTEN	
Ich erinnere mich noch genau, wie …	Ich weiß noch genau, wie ich …
Mir kommt es vor, als wenn es gestern gewesen wäre: …	Ich war damals … und konnte mir nicht vorstellen, dass …
Als … ständig im Radio lief, war ich …	Es war in/bei …, als ich … das erste Mal hörte.
Als ich zum ersten Mal … hörte, …	Mir wird immer in Erinnerung bleiben, wie …
Damals / Zu dieser Zeit war ich oft …	

Porträt

Aleida und Jan Assmann

Kulturwissenschaftler und Erinnerungsforscher

Das in Konstanz am Bodensee wohnende Forscherehepaar Jan und Aleida Assmann wurde international bekannt durch seine Forschungen zur Kultur des Erinnerns und prägte den Begriff „Kulturelles Gedächtnis". Sie erforschen, wie in einer Gemeinschaft Erfahrungen und Erlebnisse „aufbewahrt" werden und welche vergessen werden. Außerdem erklären sie, was innerhalb einer Kultur in das „Kulturelle Gedächtnis" aufgenommen wird, wie sich diese Erinnerungen verändern und erneuern und welche Normen oder Werte als Bezugspunkte für das Erinnern dienen. Weiter hinterfragen sie, wie Erinnerungen weitergegeben werden und so lebendig gehalten werden. Dabei erforschen die beiden bekannten Ägyptologen die Verbindung zwischen Kultur und Gedächtnis systematisch und interdisziplinär. So verdeutlichen sie Zusammenhänge von kollektiver Identität und politischen Legitimierungen innerhalb einer Gemeinschaft mit einem kulturellen Gedächtnis. Es geht dem Ehepaar beim Erforschen des kulturellen Gedächtnisses also auch darum, wie Erinnerungen und Traditionen Selbst- und Weltbilder prägen.

Beide haben zahlreiche Preise und Auszeichnungen erhalten, u. a. für ihre gemeinsamen Forschungen die Stiftungsprofessur der Johannes Gutenberg-Universität für das Jahr 2015 oder den Friedenspreis des Deutschen Buchhandels 2018. Sie haben zusammen fünf Kinder.

Aleida Assmann (*22. März 1947)
Anglistin, Ägyptologin und Literaturwissenschaftlerin

1993–2014	Lehrstuhl für Anglistik und allgemeine Literaturwissenschaft an der Uni Konstanz Gastprofessuren in Rice, Princeton, Yale, Chicago und Wien
2009	Ehrendoktorwürde der Universität Oslo und Max-Planck-Forschungspreis „Geschichte + Gedächtnis"
2014	A.H.-Heineken-Preis für Geschichte der Königlichen Niederländischen Akademie der Wissenschaften

Jan Assmann (*7. Juli 1938)
Ägyptologe, Religions- und Kulturwissenschaftler

1976–2003	Lehrstuhl für Ägyptologie an der Uni Heidelberg
1998	Ehrendoktorwürde der Theologischen Fakultät der Wilhelms-Universität Münster
ab 2003	Honorarprofessor für allgemeine Kulturwissenschaft an der Uni Konstanz Gastprofessuren in Paris, Jerusalem und den USA
2004	Ehrendoktorwürde der Yale University
2005	Ehrendoktorwürde der Hebräischen Universität Jerusalem

Die Vergangenheit [...], das ist unsere These, entsteht überhaupt erst dadurch, dass man sich auf sie bezieht.

Ein solcher Satz muss zunächst befremden. Nichts erscheint natürlicher als das Entstehen von Vergangenheit; sie entsteht dadurch, dass Zeit vergeht. So kommt es, dass das Heute morgen „der Vergangenheit angehört". Es ist zum Gestern geworden. Zu diesem natürlichen Vorgang können sich aber Gesellschaften auf ganz verschiedene Weise verhalten. Sie können – wie Cicero von den „Barbaren" behauptet – „in den Tag hineinleben" und das Heute getrost der Vergangenheit anheimfallen lassen, die in diesem Fall Verschwinden und Vergessen bedeutet, sie können aber auch alle Anstrengungen darauf richten das Heute auf Dauer zu stellen, etwa dadurch, dass sie – wie Ciceros Römer – „alle Pläne auf die Ewigkeit ausrichten" [...]. Wer in dieser Weise schon im „Heute" auf das „Morgen" blickt, muss das „Gestern" vor dem Verschwinden bewahren und es durch Erinnerung festzuhalten suchen. In der Erinnerung wird Vergangenheit rekonstruiert. In diesem Sinne ist die These gemeint, dass man sich auf sich bezieht. [...]

www Mehr Informationen zu Aleida und Jan Assmann.

Sammeln Sie Informationen über Persönlichkeiten aus dem In- und Ausland, die für das Thema „Erinnerung" interessant sind, und stellen Sie sie im Kurs vor. Sie können dazu die Vorlage „Porträt" im Anhang verwenden.

Beispiele aus dem deutschsprachigen Bereich: Katharina Hagena – Christa Wolf – Uwe Timm – Joachim Bodamer – Monika Maron – Deutsche Alzheimer Gesellschaft

Grammatik-Rückschau

1 Uneingeleitete Konditionalsätze

Konditionalsatz mit *wenn*	Verb am Ende	***Wenn*** *unser Gedächtnis etwas Neues speichert, dann verstärken sich die Verbindungen zwischen bestimmten Neuronen.*
Konditionalsatz ohne *wenn*	Verb auf Position 1	*Speichert unser Gedächtnis etwas Neues, dann verstärken sich die Verbindungen zwischen bestimmten Neuronen.*

2 Partizipialgruppen

Partizipialgruppen sind oft verkürzte Konditionalsätze und werden als feste Wendung gebraucht.

Partizipialgruppe	Konditionalsatz
Genau betrachtet kann das Langzeitgedächtnis noch weiter unterteilt werden.	**Wenn man es genau betrachtet**, kann das Langzeitgedächtnis noch weiter unterteilt werden.
Unser Hirn besteht, **grob geschätzt**, aus etwa 100 Milliarden Nervenzellen.	**Wenn man grob schätzt**, besteht unser Hirn aus etwa 100 Milliarden Nervenzellen.

Dem Partizip kann manchmal eine Präpositionalergänzung oder ein dass-Satz folgen:
verglichen ***mit*** + Dat., *abgesehen* ***von*** + Dat., *ausgehend* ***von*** + Dat., *angenommen,* ***dass***

Häufige Partizipialgruppen: *genau/kurz/anders gesagt, anders formuliert, genauer/oberflächlich betrachtet, genau/streng / im Grunde genommen, grob geschätzt*

3 Modalitätsverben

Modalitätsverb + *zu* + Infinitiv	Beispielsatz	Umschreibung	Bedeutung (je nach Kontext)
sein*	Das Missverständnis **ist** schnell auf**zu**klären.	Das Missverständnis kann schnell aufgeklärt werden.	können
	Das Problem **ist** unbedingt **zu** lösen.	Das Problem muss unbedingt gelöst werden.	müssen
	Das Risiko **ist** nicht **zu** unterschätzen.	Das Risiko darf nicht unterschätzt werden.	nicht dürfen
haben*	Er **hat** was gut**zu**machen.	Er muss was gutmachen.	müssen
	Du **hast** hier nichts **zu** kritisieren.	Du darfst hier nichts kritisieren.	nicht dürfen
nicht brauchen	Er **braucht** gar **nicht** nett **zu** lächeln.	Er soll gar nicht nett lächeln.	nicht sollen
	Du **brauchst** dich **nicht** zu entschuldigen.	Du musst dich nicht entschuldigen.	nicht müssen
scheinen	Es **scheint** sich um eine Verwechslung **zu** handeln.	Anscheinend handelt es sich um eine Verwechslung.	anscheinend, scheinbar
drohen	Unsere Freundschaft **droht** kaputt**zu**gehen.	Unsere Freundschaft ist in Gefahr kaputtzugehen.	in Gefahr sein, Gefahr laufen
verstehen/ wissen	Er **versteht/weiß** mich zum Lachen **zu** bringen.	Er kann mich zum Lachen bringen.	können

* Sätze mit dem Modalitätsverb *sein* werden mit einem Passivsatz (oder einer Passiv-Ersatzform) umschrieben, Sätze mit dem Modalitätsverb *haben* mit einem Aktivsatz.

Es war einmal

1a Lesen Sie die Titel der bekanntesten Märchen der Brüder Grimm. Welche dieser Märchen kennen Sie? Sagen Sie in ein bis zwei Sätzen, worum es darin geht.

Aschenputtel	*Hänsel und Gretel*
Dornröschen	*Rotkäppchen*
Der Froschkönig	*Rumpelstilzchen*
Der gestiefelte Kater	*Schneewittchen*
Frau Holle	*Rapunzel*

b Märchen raten: Nennen Sie zu einem Märchen typische Gegenstände, Orte, Tiere oder Personen. Die anderen raten.

c Sehen Sie den Film und nennen Sie die drei Schwerpunkte, um die es geht.

2a Was wissen Sie über die Brüder Grimm? Sammeln Sie im Kurs.

1 **b Sehen Sie die erste Filmsequenz. Notieren Sie dabei Informationen zu den folgenden Punkten. Vergleichen Sie Ihre Notizen dann zu zweit.**

- Lebenslauf
- Märchensammlungen
- Arbeiten zur deutschen Sprache

DEUTSCHES

WÖRTERBUCH

VON

JACOB GRIMM UND WILHELM GRIMM.

ERSTER BAND.

A — BIERMOLKE.

LEIPZIG

VERLAG VON S. HIRZEL.

1854.

3 Sehen Sie den Film noch einmal ganz und achten Sie auf die Einrichtung des Grimm-Museums in Kassel. Beantworten Sie die folgenden Fragen:

- Welche Exponate sind im Museum zu sehen?
- Welche Angebote gibt es speziell für Kinder?

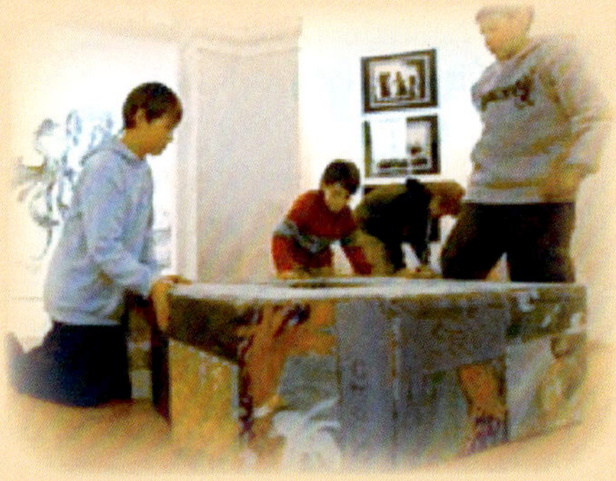

4 Wählen Sie eine der folgenden Aufgaben und bereiten Sie sich allein oder in Gruppen auf die Präsentation im Kurs vor.

A Erzählen Sie Ihr Lieblingsmärchen der Brüder Grimm wie ein/e Märchenerzähler/in.

B Erzählen Sie ein Märchen aus Ihrem Land, wie es Eltern oder Großeltern erzählen würden.

C Spielen Sie ein Märchen Ihrer Wahl als Theaterstück vor. Spielen Sie als Gruppe mit verteilten Rollen, mit Requisiten, einem Erzähler usw.

5 Recherchieren Sie im Internet nach Informationen zu den Brüdern Grimm und ihren Märchen.

Meinungen ausdrücken

B1+K1M2/B1+K1M4/B2K1M2/B2ABK1M4/C1K2M4

Ich bin der Meinung/Ansicht/Auffassung, dass …
Meiner Meinung/Auffassung nach …
Ich stehe auf dem Standpunkt, dass …
Meines Erachtens ist das …
Ich denke/meine/glaube/finde, dass …
Ich finde erstaunlich/überraschend, dass …
Ich bin (davon) überzeugt, dass …
Ich bin da geteilter Meinung: Auf der einen Seite …, auf der anderen Seite …
Ich bin der festen Überzeugung, dass …
Ich vertrete die Ansicht, dass …
Für mich steht fest, dass …

eine Begründung ausdrücken

B1+K1M4/B1+K5M1/C1K2M4

… hat folgenden Grund / folgende Gründe: …
Dazu möchte ich folgende Gründe anführen: …
… halte ich für positiv/interessant/…, da …
Ich … nicht so gerne, weil …
Am wichtigsten ist für mich …, denn …
Man muss hierbei berücksichtigen, dass …

Zustimmung ausdrücken

B1+K1M4/B1+K3M2/B1+K5M4/B1+K8M2/B1+K9M2/B2K1M4/B2K2M2/C1K2M4/C1ABK8M2/C1K8M4

Der Meinung/Ansicht bin ich auch.
Das ist auch meine Meinung, da …
Ich bin ganz deiner/Ihrer Meinung.
Das stimmt. / Das ist richtig. / Ja, genau.
Das ist eine gute Idee.
Es ist mit Sicherheit so, dass …
Ja, das sehe ich auch so / genauso …
Ich finde, … hat damit recht, dass …
Da hast du / haben Sie völlig recht.
Da kann ich dir/Ihnen nur völlig recht geben, denn …
Da/Dem kann ich mich nur anschließen.
Ich kann die Ansicht gut verstehen, denn …
Ich vertrete auch die Position, dass …
Dem kann ich zustimmen, weil …
… stimme ich zu.
Das kann ich nur bestätigen.
Ja, das kann ich mir (gut) vorstellen.
Ich stimme dir/Ihnen/… zu, denn/da …
Ich finde es auch (nicht) richtig, dass …
Ich bin der gleichen Meinung/Ansicht wie …, da …
Für mich klingt einleuchtend/überzeugend, wie …
Das leuchtet mir ein und ich finde auch, dass …
… hat nicht ganz unrecht, wenn er/sie auf … hinweist.
Die Sichtweise würde ich unterstützen, denn …

Widerspruch/Ablehnung ausdrücken

B1+K1M4/B1+K2M4/B1+K3M2/B1+K5M4/B1+K8M2/B1+K9M2/B2K1M4/C1K2M4/C1ABK8M2/C1K8M4

Ich finde aber, dass …
… finde ich gut, aber …
Das finde ich nicht so gut.
Das ist sicher richtig, allerdings …
Der Meinung bin ich auch, aber …
Dem / Dieser Meinung kann ich nicht / nur bedingt / nur teilweise zustimmen, da …
Das stimmt meiner Meinung nach nicht.
Es ist ganz sicher nicht so, dass …
Das kann ich mir überhaupt nicht vorstellen, weil …
Dazu habe ich eine andere Meinung, und zwar …
Zu dem Thema bin ich ganz anderer Meinung, nämlich …
Dieser Aussage würde ich entgegenhalten, dass …
Es ist doch eher so, dass …
Dem könnte man entgegnen, dass …
Ich sehe das etwas anders, denn …
Das ist nicht richtig.
Es kann nicht sein, dass …
… halte ich für übertrieben/problematisch.
Ich denke, diese Einstellung ist falsch, denn …
Da / Dieser Aussage muss ich wirklich widersprechen, denn …
Dagegen kann man einwenden, dass …
Gegen diese Behauptung spricht, dass …
Ich kann nicht nachvollziehen, wie/warum …
Das überzeugt mich nicht, weil …
Ich bin mir nicht sicher, ob man wirklich sagen kann, dass …
Mir ist noch unklar, ob …
Ein Problem sehe ich in …
… halte ich für problematisch.
Ich fände es logischer, … als Konsequenz daraus zu ziehen.

Beispiele anführen C1K2M4

Das kann man beispielsweise an … sehen.
Dazu möchte ich folgende Beispiele anführen: …
Man kann das mit den folgenden Beispielen verdeutlichen: …

Konsequenzen nennen C1K4M3

Als Konsequenz ergibt sich daraus, dass …
… ist eine logische Folge.
Daraus lässt sich ableiten/folgern, dass …
Aus … kann man schließen, dass …
Daraus ergibt sich, dass …
… führt zu …

Äußerungen bewerten B2ABK4M4/B2K9M2

positiv/negativ
Ich halte diese Meinung für richtig/falsch, weil …
Ich bin anderer Meinung, denn …
Es stört (mich), wenn …
Ich kann (nicht) zustimmen, weil …
Ich sehe einen Vorteil/Nachteil darin, dass …
Von … kann keine Rede sein.
… ist ein/kein Gewinn.
Ich schätze es (nicht), wenn …
Wir haben endlich erreicht, dass …
… ist ein entscheidender Vorteil/Nachteil.

skeptisch
Es ist fraglich, ob …
… ist noch unklar.
Ich bezweifle, dass …
… ist ein problematischer Punkt.
Einige Zweifel gibt es noch bei …
Es bleibt abzuwarten, ob …

(starke) Zweifel ausdrücken B1+K1M4/B1+K2M4/B1+K9M2/C1K8M4

Also, ich weiß nicht …
Ob das wirklich so ist?
Ich glaube/denke kaum, dass …
Ich sehe das völlig anders, da …
Versteh mich nicht falsch, aber …
Ich habe da so meine Zweifel, denn …
Stimmt das wirklich?
Ich bezweifle, dass …
Sag mal, wäre es nicht besser …?
Ja, aber ich bin mir noch nicht sicher …

Wichtigkeit ausdrücken B1+K1M2/B1+K1M4/B1+K6M3/B2K3M2

Bei … ist … am wichtigsten.
Für mich ist es wichtig, dass …
Entscheidend für … ist …
… bedeutet viel/wenig für mich.
Am wichtigsten ist für mich, dass …
Ein wichtiger Punkt ist …

etwas bewerten/einschätzen C1K3M4

Bei uns wird auf … großen/wenig Wert gelegt.
Besonders wichtig ist …
Ganz oben / An erster Stelle steht …
Primär sollte man …
Eher sekundär ist …
… ist nebensächlich.
… (nicht) von großer Bedeutung.
Das Schlusslicht bildet …

Argumente/Gegenargumente nennen B1+K5M2/B2K2M2

Ein großer/wichtiger Vorteil von … ist, dass …
Ein weiterer Aspekt ist …
Es ist (auch) anzunehmen, dass …
Gerade bei … ist wichtig, dass …
Viel wichtiger als … finde ich …
Es ist logisch, dass …
Untersuchungen/Studien zeigen, dass …
Sicher sollten …
An erster Stelle steht für mich, dass …
Es stimmt zwar, dass …, aber …
Ich sehe ein Problem bei …
Das Gegenteil ist der Fall: …
Dagegen spricht, dass …
Im Prinzip ist das richtig, trotzdem …

Argumente verbinden — B1+K5M2/B1+K7M2

Zunächst einmal denke ich, dass …
Außerdem/Weiterhin ist für mich wichtig, dass …
Nicht zu vergessen ist …
Ein weiterer Vorteil/Nachteil ist, dass man …
Ich glaube darüber hinaus, dass man so besser …
Schließlich möchte ich noch darauf hinweisen, dass …

Argumente austauschen — B2K10M1

Das stimmt zwar, aber …
Es gibt noch den Aspekt, dass …
… ist sicherlich sinnvoll, da …
Man darf aber nicht vergessen, dass …
Wie meinst du / meinen Sie das genau?
Das kann man zwar sagen, doch …
Ich finde, ein weiterer Vorteil/Nachteil ist …
Ein anderes Argument dafür/dagegen ist …
Man muss auch daran denken, dass …
Vielleicht ist das so, aber …
Deine/Ihre Argumente finde ich einleuchtend.
Ich stimme dir/Ihnen zu, dass …

Vor- und Nachteile nennen — B2K1M2/C1K3M2

Ein großer/wichtiger/entscheidender Vorteil/Nachteil ist, dass/wenn …
Ich bin davon überzeugt, dass … gut/schlecht ist.
Ich finde es praktisch, dass …
Einerseits ist es positiv, dass …, andererseits kann es auch problematisch sein, wenn …
… wird als sehr positiv/negativ angesehen.
Aus meiner Sicht ist es sehr nützlich/hilfreich, dass …
Man darf auch nicht vergessen, dass … hilfreich/problematisch sein kann.
Die Tatsache, dass …, spricht dagegen/dafür.
Ein weiterer Aspekt, der für/gegen … spricht, ist …

Vor- und Nachteile abwägen — C1K3M2

Insgesamt wiegen die Argumente dafür/dagegen schwerer, deshalb …
… hat zu viele Nachteile, deshalb ziehe ich … vor.
In meinen Augen überwiegen die Vorteile/Nachteile von …
Betrachtet man alle Vorteile/Nachteile, fällt … am meisten ins Gewicht.

Vermutungen ausdrücken — B1+K5M1/B1+K6M1/B1+K6M4/B1+K8M3/C1K8M3

Etwas ist sicher.
Ich bin sicher, dass …
Ich bin überzeugt, dass …
Alles deutet darauf hin, dass …
Alle Anzeichen sprechen dafür, dass …
Bestimmt/Sicher/Gewiss/Zweifellos …
Er/Sie wird … sein.

Etwas ist möglich.
Es ist möglich/denkbar/vorstellbar / nicht ausgeschlossen, dass …
Vielleicht/Möglicherweise/Eventuell/Angeblich …
Es besteht die Möglichkeit, dass …
… lässt darauf schließen, dass …
… lässt vermuten, dass …

Etwas ist sehr wahrscheinlich.
Ich kann/könnte mir gut vorstellen, dass …
Es kann/könnte (gut) sein, dass …
Aller Wahrscheinlichkeit nach …
Wahrscheinlich/Vermutlich ist/macht …
Ich vermute/glaube / nehme an, dass …
Ich bin ziemlich sicher, dass …
Es sieht so aus, als ob …
Er/Sie wird vermutlich/wahrscheinlich …

höfliche Bitten ausdrücken — B1+K8M3

Könnten Sie … bitte …?
Dürfte ich … bitte …?
Hätten Sie bitte … für mich?
Würden Sie … bitte …?
Ich würde Sie bitten, …
Ich bräuchte …

jemanden überzeugen C1K1M2

jemanden überreden

Ich würde vorschlagen, dass du …
Wie wäre es, wenn du mal …?
Du könntest doch einfach mal zu … mitkommen?
Spring doch einfach über deinen Schatten und komm mit zu …!
Hättest du nicht mal Lust, …?

Argumente anführen

Das Besondere daran ist, dass man …
Beim/Im … kannst du viele interessante/lustige/… Dinge lernen/machen.
Im Gegensatz zu anderen Organisationen kannst du hier …
Wichtig für uns ist, dass …
Für uns spricht …

Vorschläge machen B1+K2M4/B1+K4M4/B1+K5M4/B1+K8M3/B2K1M4/B2K5M4/B2K6M4/C1K7M4

Ich würde vorschlagen, dass …
Wir könnten doch … / Man könnte doch …
Dann kannst du ja jetzt …
Ich könnte …
Ich finde, man sollte … / wir sollten auch …
Könnten Sie sich vorstellen, dass …? / Ich könnte mir vorstellen, dass …
Ich würde … gut finden, weil …
Hast/Hättest du (nicht) mal Lust …?
Was hältst du / halten Sie von … / von folgendem Vorschlag: … / davon, wenn …?
Wenn du möchtest, kann ich …
Wie wäre es, wenn wir …?
Ich hätte da eine Idee: …
Aus diesem Grund würde ich vorschlagen, dass …
Wie finden Sie folgende Idee: …?
Wären Sie einverstanden, wenn wir …?
Ich fände es gut, wenn …
Ich hatte den Gedanken, dass …
Mir scheint in diesem Fall … am geeignetsten.

Gegenvorschläge machen B1+K4M4/B1+K5M4/B2K1M4/B2K6M4

Meinst du nicht, wir sollten lieber …?
Lass uns doch lieber …
Ich hätte einen anderen Vorschlag: …
Es wäre bestimmt viel besser, wenn wir …
Ich würde es besser finden, wenn …
Keine schlechte Idee, aber wie wär's, wenn wir …?

Vorschläge annehmen B2K1M4/B2K5M4/C1K7M4

Warum eigentlich nicht?
Das klingt gut / hört sich gut an.
Gut, dann sind wir uns ja einig.
Ich kann diesem Vorschlag nur zustimmen.
Ich denke, das könnte man umsetzen.
Meinetwegen können wir das so machen.
Ja, das könnte man so machen.
Das ist eine hervorragende Idee.
Das halte ich für eine gute Idee, weil …
Das kann ich gut nachvollziehen, denn …
Ja, dafür spricht …

Vorschläge ablehnen B2K5M4/C1K7M4

Das halte ich für keine gute Idee, weil …
Wie soll das funktionieren?
Das lässt sich nicht realisieren.
Dieser Vorschlag ist nicht durchführbar.
Das kann man so nicht machen.
Das klingt gut, aber …
Ich verstehe Ihren/deinen Standpunkt, aber sollten wir nicht lieber …
Nein, dagegen spricht …
Das kann ich nicht so richtig nachvollziehen, denn …

sich einigen B2K5M4/B2K6M4/C1K7M4

Wir könnten uns vielleicht auf Folgendes einigen: …
Dann können wir also festhalten, dass …
Schön, dann einigen wir uns also auf …
Wie wäre es mit einem Kompromiss: …?
Wären Sie / Wärst du damit einverstanden, wenn …?
Gut, dann machen wir es so.
Dann sind wir uns einig und machen …, oder?
Dann machen wir also Folgendes: …
Schön, dann können wir festhalten, dass …
Dann können wir uns also auf … einigen, richtig?

Redemittel

Wünsche, Ziele und Pläne ausdrücken B1+K2M3/B1+K5M1/C1ABK5M2

Ich hätte Lust / Spaß daran, …
Ich habe vor, …
Ich würde gern …
Ich finde … super.
Wenn ich Zeit hätte, dann …
Ich wünsche mir, …
Für mich wäre es gut / ist es wichtig, …
Bis … möchte ich …
Ich denke mir das so: …
Ich habe Folgendes vor: …

Gefühle und Wünsche ausdrücken B2K2M4

Ich würde mir wünschen, dass …
Ich würde mich freuen, wenn …
Ich fühle mich / Mir geht es …, wenn …
Ich glaube/denke, dass …
Ich finde es traurig, wenn …
Verlange ich zu viel, wenn …?
Für mich ist es schön/gut/leicht/…, wenn …
Ich bin echt davon enttäuscht, dass …
… macht mich sauer/wütend/…
Für mich ist wichtig, dass …

Verhalten bewerten C1K4M2

positiv
Ich finde es anständig/lobenswert/anerkennenswert, dass …
Es ist vollkommen in Ordnung, wenn …
Ich schätze es / erkenne es an, wenn …
Ich heiße ein solches Verhalten / diese Einstellung/ Haltung gut, denn …
Ich finde es nicht unmoralisch, wenn …

negativ
Ich finde es falsch / nicht in Ordnung, dass …
… wäre für mich undenkbar.
Ich lehne es ab / missbillige, wenn …
Es ist für mich moralisch fragwürdig, wenn …
Ich halte nichts davon, wenn …
Ein solches Verhalten findet vielleicht bei anderen Anerkennung, aber …

Verärgerung ausdrücken / Kritik üben B2K4M4

Du könntest wenigstens mal …
Für mich wäre es leichter, wenn …
Ich verstehe nicht, wieso …
Kannst du mir mal sagen, warum …?
Es ist mir ein Rätsel, warum …
Ich habe keine Lust mehr, …
Ständig muss ich / machst du …

auf Kritik reagieren B2K4M4

Tut mir leid, das ist mir gar nicht aufgefallen.
Ich kann dich schon verstehen, aber …
Was ist denn los? Ich habe/bin doch nur …
Deine Vorwürfe nerven total. Ich finde …
Du hast ja recht, aber …
Ich verstehe, was du meinst, aber …
Immer bist du am Meckern, dabei …

Ratschläge/Tipps geben B1+K2M4/B1+K3M4/B1+K5M3/B1+K5M4/B2K9M4/C1ABK5M2/C1ABK9M3

Am besten wäre es, …
An deiner Stelle würde ich …
Da sollte man am besten …
Ich kann euch/dir nur raten, …
Mir hat … sehr geholfen.
Versuch doch mal, …
… ist wirklich empfehlenswert.
Dabei sollte man beachten, dass …
Es ist besser, wenn …
Es ist höchste Zeit, dass …
Es ist einen Versuch wert, …
Um das zu erreichen, solltest du …
Probier doch mal …
Wie wäre es, wenn du …?
Wenn ich du wäre, …
Auf keinen Fall solltest du …
Ich rate dir, … / Ich würde dir raten, …
Meiner Meinung nach solltest/könntest du …
Oft hilft …
Wenn du mich fragst, dann …
Wir schlagen vor, …
Wir haben den folgenden Rat für euch: …
Sinnvoll/Hilfreich/Nützlich wäre, wenn …
Ich würde dir empfehlen, dass du …
Hast du schon mal über … nachgedacht?
Du solltest auf alle Fälle …
Es hat sich bewährt, …
Was hältst du davon, wenn …?

Erstaunen/Überraschung ausdrücken B1+K3M1/B1+K4M1

Mich hat total überrascht, dass …
Erstaunlich / Besonders interessant finde ich …
Ich finde es komisch, dass …
Für mich war neu, …

Situationen einschätzen B2K9M4

Welches Gefühl hast du, wenn du an … denkst?
Wie geht es dir bei dem Gedanken, …?
Was sagt … zu …?
Wie würde … reagieren, wenn …?

Verständnis zeigen B1+K3M4/B2K9M4/C1ABK9M3

Ich kann gut verstehen, dass …
Es ist verständlich, dass …
Ich habe großes Verständnis für …
Es ist leicht nachvollziehbar, dass …
Es ist ganz natürlich, dass …
Es ist / Ich finde es ganz normal, dass …
Es ist ja klar, dass …

Unsicherheit/Sorge ausdrücken B1+K2M4

Ich bin mir noch nicht sicher.
Ich befürchte nur, …
Ich kann dir nicht versprechen, …
Überleg dir das gut.
Ich habe wohl keine Wahl.
Es ist nicht einfach, …

sich rückversichern C1ABK5M2

Dazu wüsste ich noch gerne, …
Was machst du, wenn …?
Mir ist da noch etwas unklar: …

Probleme beschreiben B1+K5M4

Für viele ist es problematisch, wenn …
… macht vielen (große) Schwierigkeiten.
Ich habe große Probleme damit, dass …
Es ist immer schwierig, …
… ist ein großes Problem.

über Erfahrungen berichten B1+K3M4/B1+K5M4/B2K2M2/B2K3M2/C1ABK8M2

Ich habe ähnliche Erfahrungen gemacht, als …
Mir ging es ganz ähnlich, als …
Wir haben oft bemerkt, dass …
Wir haben gute/schlechte Erfahrungen mit … gemacht.
In meiner Kindheit habe ich … / war es so, dass …
Ich habe die Erfahrung gemacht, dass …
Es gibt viele Leute, die …
Bei mir war das damals so: …
Uns ging es mit/bei … so, dass …
Meine Erfahrungen haben mir gezeigt, dass …
Im Umgang mit … habe ich erlebt, dass …
Ich habe festgestellt, dass …
Bei meiner Familie kann ich sagen, dass …
Ich habe die Erfahrung gemacht, dass …
Ich habe noch nie / oft erlebt, dass …
Während meiner Schulzeit habe ich …
Wenn ich mein Umfeld ansehe, dann …

über interkulturelle Missverständnisse berichten B2K1M3

In … gilt es als sehr unhöflich, wenn …
Wir konnten nicht verstehen, warum/dass …
Wir hatten kein Verständnis dafür, dass …
Von einem Freund aus … weiß ich, dass man dort leicht missverstanden wird, wenn man …
Ich habe gelesen, dass man in … nicht …
Als wir einmal Besuch von Freunden aus … hatten, …
Niemand wollte …
Als ich einmal in … war, ist mir etwas sehr Lustiges/Peinliches passiert: …

Redemittel

etwas vergleichen B1+K3M4/B1+K6M3/B2K1M2

Im Gegensatz zu ... mache ich immer ...
Während ..., mache ich ...
In meinem Land ist die Situation ähnlich / ganz anders / nicht zu vergleichen, denn ...
Bei uns ist ... am wichtigsten.
Bei uns ist das ähnlich. Wir ...
Bei mir ist das ganz anders: ...
Während in ..., ist die Situation in ...

Beschwerden ausdrücken und darauf reagieren B1+K8M3/B1+K9M3/C1ABK1M4

sich beschweren
Könnte ich bitte Ihren Chef sprechen?
Darauf hätten Sie hinweisen müssen.
Wenn Sie ... hätten, hätte ich jetzt kein Problem.
Es kann doch nicht sein, dass ...
Ich finde es nicht in Ordnung, dass ...
Ich habe da ein Problem: ...
Es kann doch nicht in Ihrem Sinn sein, dass ...
Ich muss Ihnen leider sagen, dass ...
... lässt zu wünschen übrig.
Es stört mich sehr, dass ...
Ich möchte mich darüber beschweren, dass ...
Wir finden / haben gemerkt, dass ...
Keiner hat etwas getan, aber ...
Einige Dinge in/an ... sind kaputt.
... geht nicht / funktioniert nicht gut.
Tun Sie schnell etwas.
Es ist ganz wichtig, dass ...
Könnten Sie ... bitte in Ordnung bringen?
Wir haben schon gesagt, dass ...

auf Beschwerden reagieren
Ich würde Sie bitten, sich an ... zu wenden.
Wir könnten Ihnen ... geben.
Könnten Sie bitte zu uns kommen?
Wir würden Ihnen eine Gutschrift geben.
Würden Sie mir das bitte alles schriftlich geben?
Entschuldigung, wir überprüfen das.
Ich kann Ihnen ... anbieten.
Einen Moment bitte, ich regele das.
Oh, das tut mir sehr leid.
Wir kümmern uns sofort darum.

einen Beschwerdebrief schreiben B2K10M4/C1K1M4

Erwartungen beschreiben
In Ihrer Anzeige schreiben Sie ...
Die Erwartungen, die Sie durch die Anzeige wecken, sind ...
Durch Ihre Anzeige wird der Eindruck geweckt, dass ...
Unseres Erachtens ...

Forderungen stellen
Ich muss Sie daher bitten, ...
Ich erwarte, dass ...
Deshalb möchte ich Sie auffordern, ...
Bitte ..., andernfalls/sonst werde ich ...
Bitte kümmern Sie sich darum, dass ...
Eine Behebung der Mängel sollte ...
Kommen Sie unserer Aufforderung umgehend / bis ... nach.
... ist dringend notwendig.
Könnten Sie bitte die Mängel an ... beseitigen?

Probleme schildern
Leider musste ich feststellen, dass ...
Wir müssen Sie darüber informieren, dass ...
Wir möchten uns darüber beschweren, dass ...
Meines/Unseres Erachtens ist es nicht in Ordnung, dass ...
Es sind mehrere Mängel in/an ... aufgetreten.
... ist defekt / funktioniert nicht einwandfrei.
Ich finde es völlig unangebracht, dass ...
Ich war sehr enttäuscht, als ...
Wir haben darauf hingewiesen, dass ...
Wir sind enttäuscht, dass ...
Es wurde nichts / bisher leider nichts / wenig unternommen.

sich zu einem Event äußern B2K3M3

ein Event beschreiben
Bei dem Event sollen alle …
Man baut gemeinsam …, um …

Gefallen/Missfallen ausdrücken
Ich finde das Event …
Besonders gefällt mir daran …
Nicht so gut finde ich, dass …

Vorschläge für andere Events machen
Ich würde lieber …, als …
Anstatt … zu machen, sollte/könnte man …
Um ein gut funktionierendes Team zu bilden, müssen meiner Meinung nach vor allem …
Bei … lernt man … auch mal ganz anders kennen. Das finde ich …

eine Diskussion führen B1+K10M2/C1K1M4/C1K7M2/C1K8M4

ein Problem ansprechen
Ich finde es nicht gut, wenn …
Es gefällt mir nicht, dass …
Ich habe ein Problem mit …
Es ist nicht fair / in Ordnung, wenn …
Ich ärgere mich immer, wenn …
Es ist doch ungerecht, wenn …

eine Lösung vorschlagen
Vielleicht könnten wir das Problem lösen, indem …
Ich schlage vor, dass wir …
Könnten wir uns darauf einigen, dass …?
Wie wäre es, wenn …?

widersprechen
Es stimmt, dass … Trotzdem finde ich …
Aus meiner Sicht ist es aber wichtig, dass …
Ich sehe das (ganz) anders, denn …
Ich kann verstehen, dass Sie …, aber ich …
Das ist Ihre Meinung. Ich bin aber der Ansicht, dass …
Aus Ihrer Sicht ist das vielleicht richtig. Trotzdem …
Ich sehe ein, dass … Dennoch …
Ich möchte bezweifeln, dass …
Das ist eine gängige Sichtweise, aber …
Da möchte ich widersprechen, weil …
Man kann … beobachten, aber trotzdem …
So einseitig kann man das nicht sehen, denn …

einen Standpunkt vertreten/differenzieren
Ich bin der Ansicht, dass …
Für mich ist ganz klar, dass …
Einerseits kann man beobachten, dass …
Andererseits darf man nicht unterschätzen, dass …
Das Problem hat mehrere Seiten/Aspekte, z. B. …

um das Wort bitten / das Wort ergreifen
Dürfte ich dazu auch etwas sagen?
Ich möchte dazu etwas ergänzen.
Ich verstehe das schon, aber …
Glauben/Meinen Sie wirklich, dass …?
Da muss/möchte ich kurz einhaken: …
Wenn ich da kurz einhaken/unterbrechen darf, …
Entschuldigung, dass ich unterbreche, aber …
Eine kurze Bemerkung zum Stichwort …
Nur kurz zu …

sich nicht unterbrechen lassen
Lassen Sie mich bitte ausreden.
Ich möchte nur noch eines sagen: …
Einen Moment bitte, ich möchte nur noch …
Augenblick noch, ich bin gleich fertig.
Lassen Sie mich noch den Gedanken/Satz zu Ende bringen.

eine Bewerbung schreiben B2K3M4/C1ABK3M1

Einleitung
in Ihrer oben genannten Anzeige …
da ich mich beruflich verändern möchte, …
vielen Dank für das informative und freundliche Telefonat.
in Ihrer Anzeige vom …

bisherige Berufserfahrung/Erfolge
Nach erfolgreichem Abschluss meines …
In meiner jetzigen Tätigkeit als … bin ich …
Im Praktikum bei der Firma … habe ich gelernt, wie/dass …
Durch meine Tätigkeit als … weiß ich, dass …

Erwartungen an die Stelle
Von einem beruflichen Wechsel zu Ihrer Firma erhoffe ich mir, …
Mit dem Eintritt in Ihr Unternehmen verbinde ich die Erwartung, …
Mit der Aufnahme der Tätigkeit in Ihrem Unternehmen erwarte ich …

Eintrittstermin
Mit der Tätigkeit als … kann ich zum … beginnen.

Schlusssatz
Ich freue mich darauf, Sie in einem persönlichen Gespräch kennenzulernen.

eine Grafik beschreiben B1+K2M1/B2ABK7M3/C1ABK6M2/C1ABK7M2/C1K9M2

Einleitung
Die Grafik zeigt, …
Die Grafik informiert über … / stellt … dar.
Thema der Grafik ist …
Die Grafik stammt von … / aus dem Jahr …
In der Grafik wird/werden … verglichen/ unterschieden.
Die Angaben erfolgen in … / werden in Prozent gemacht.
Es wird über die Jahre … berichtet.

auf Ähnlichkeiten verweisen
Vergleicht man … und … erkennt man große Übereinstimmungen.
Genauso verhält es sich auch bei …
… ist vergleichbar mit …
Ähnlich/Genauso ist es bei …

Überraschendes nennen
Auffällig/Interessant/Bemerkenswert/… ist, dass …
Überraschend ist die Tatsache, dass …
Völlig neu war/ist für mich, dass …
Die Ergebnisse von/aus … sind für mich sehr überraschend.
Ich hätte nicht erwartet, dass …
Erstaunlich finde ich, dass …

Hauptpunkte beschreiben
Es ist festzustellen, dass …
An erster/letzter Stelle steht/stehen …
Die meisten/wenigsten … / Am meisten/wenigsten …
Über die Hälfte der …
… Prozent finden/sagen/meinen …
Am wichtigsten/unwichtigsten …
Im Vergleich zu … / Verglichen mit …
Die Zahl der … ist wesentlich/erheblich höher/niedriger als die Zahl der …
Man kann deutlich sehen, …
Besonders hohe/niedrige … gibt es bei …
Die Kurve zeigt … in Zahlen/Prozent/…
Seit … ist … nur schwach gesunken/gestiegen.
In der Gruppe der … gehört … zu …

Unterschiede hervorheben
Ganz anders stellt sich … dar.
… und … unterscheiden sich klar/deutlich voneinander.
Im Gegensatz/Unterschied zu …
Die größten/geringsten Unterschiede …
Anders als bei/in … kann man bei … feststellen, dass …
Im Unterschied zu …
Die Werte von … unterscheiden sich deutlich von …

eine Buch- oder Filmbesprechung schreiben B1+K4M4/C1K9M4

Rubrik/Genre nennen
Man kann das Werk folgender Rubrik zuordnen: …
Das Buch / Der Film gehört zum Genre …
Es/Er ist ein Krimi / ein klassisches Familiendrama / …
Der Film „…" ist eine moderne Komödie / ein Spielfilm / …
Die Regisseurin/Autorin ist …
Den Regisseur/Autor kennt man bereits von …

Inhalt/Handlung zusammenfassen
In dem Buch/Film „…" geht es um Folgendes: …
Es/Er handelt von …
Zur Handlung kann man sagen, dass …
Das Buch / Der Film spielt in …
Schauplatz des Buchs/Films ist (dabei) …
Spannung wird dadurch aufgebaut, dass …
Im Mittelpunkt (des Geschehens) steht …
Die Hauptpersonen sind … / Der Hauptdarsteller ist …
In wechselnden Szenen erfährt man …
… führt uns in die Welt der …

eine positive/negative Bewertung abgeben
Das Buch liest sich / Der Film ist spannend/kurzweilig/ unterhaltsam/…
Ich halte … für ein sehr lesenswertes/überbewertetes/… Buch.
Die Geschichte ist tiefsinnig / gut durchdacht / …
Auf mich wirkt die Handlung oberflächlich/ unrealistisch / nicht schlüssig / …
Man kann sich auf gute Unterhaltung / Spannung freuen.
Die Vielfalt und Verschiedenartigkeit der Einfälle von … sind immer wieder überraschend.
Besonders die Schauspieler sind überzeugend/hervorragend/…
Man sieht deutlich, dass …
… stört nicht, denn …

einen Forumsbeitrag schreiben C1K10M2

Verständnis zeigen
Ich habe auch schon mal erlebt, dass/wie …
Es ist nicht ungewöhnlich, wenn …
Es kommt öfter vor, dass …
Es ist schon vielen Leuten passiert, dass …
Mach dir bloß keine Sorgen, weil …

auf etwas Bezug nehmen
Ich habe gehört, dass …
Nach Aussagen von Wissenschaftlern …
Wie man herausgefunden hat, …
Laut den neuesten Forschungen von …

etwas erklären
Das liegt daran, dass …
Die Ursache ist, dass …
Ein Grund dafür könnte sein, dass …
Dafür lässt sich durchaus ein Grund finden, z. B. …

einen Leserbrief schreiben B2K5M4/C1ABK2M4

eine Reaktion einleiten
Mit großem Interesse habe ich Ihren Artikel „…" gelesen.
Ihr Artikel „…" spricht ein interessantes/wichtiges Thema an.
Ihr Artikel „…" ist bei mir auf großes Interesse gestoßen.

Meinung äußern und Argumente abwägen
Ich vertrete die Meinung / die Ansicht / den Standpunkt, dass …
Meiner Meinung nach …
Man sollte bedenken, dass …
Ein wichtiges Argument für/gegen … ist die Tatsache, dass …
Zwar …, aber …
Einerseits …, andererseits …
Dafür/Dagegen spricht …
Andererseits muss ich auch zugeben, dass …

Beispiele und eigene Erfahrungen anführen
Ich kann dazu folgendes Beispiel nennen: …
Man sieht das deutlich an folgendem Beispiel: …
An folgendem Beispiel kann man besonders gut sehen, dass/wie …
Meine eigenen Erfahrungen haben mir gezeigt, dass …
Aus meiner Erfahrung kann ich nur bestätigen, …
So kann es beispielsweise bei/in … von Vorteil sein, wenn …
Aus meiner Erfahrung heraus kann ich nur unterstreichen, dass …

zusammenfassen
Insgesamt kann man feststellen, …
Zusammenfassend lässt sich sagen, …
Abschließend möchte ich sagen / nochmals betonen, …

einen Kommentar schreiben C1K6M4

einen Kommentar einleiten
Mein Kommentar bezieht sich auf …
Die Meldung / Der Text … behandelt das Thema …

auf Argumente/Aussagen eingehen
Sicher ist … für viele … sinnvoll, aber …
In der Meldung wird zwar gesagt, dass …, aber …
Man sollte bedenken, dass …
Dieser Gedanke ist für viele sicher richtig/hilfreich, trotzdem …

Konsequenzen für das eigene Handeln darlegen / Resümee ziehen
Meine persönliche Schlussfolgerung ist, …
Für mich kommt nur … in Frage.
Ich würde niemals/jederzeit …

die eigene Ansicht argumentierend darlegen
Ich bin der Meinung/Ansicht/Auffassung, dass …
Ich halte diese Idee für …, weil …
In meinen Augen ist dieses Konzept / diese Methode …, denn …
Für/Gegen … spricht zum Beispiel das Argument, dass …

die eigenen Hauptgründe hervorheben
Für mich persönlich ist … am wichtigsten.
Mein Standpunkt zu … lautet ganz klar: …
Das entscheidende Argument dafür/dagegen ist …

einen Text zusammenfassen und darüber diskutieren — B2K4M4/B2ABK5M4/B2K9M2/B2K10M2/C1K7M4

Zusammenfassung einleiten / Aussagen wiedergeben
In dem/diesem Text geht es um … / um das Thema …
Der Text/Artikel handelt von …
Das Thema des Textes ist …
Der Text behandelt die Themen … / die Frage, …
Die Hauptaussage / wichtigste Aussage ist: …
Der Text befasst sich mit dem Thema …

interessante Inhalte nennen
Ich finde besonders auffällig/bemerkenswert, dass …
Am besten gefällt mir …
Ein wichtiges Ergebnis aus dem Text ist für mich …
Ein wesentlicher Aspekt / Eine wichtige Aussage ist …

über eigene Erfahrungen berichten
Ich habe erlebt, dass …
Aus meiner Erfahrung kann ich dazu nur sagen, dass …
Ich habe immer wieder festgestellt, dass …

zustimmen
Aus meiner Position kann ich zustimmen, dass …
Auch ich glaube, dass …
Ich sehe es genauso, dass …
Ich verstehe das völlig/gut/…
Ich halte diese Meinung/Aussage/Vorstellung/… für richtig/einleuchtend/…

widersprechen/bezweifeln
Dazu habe ich eine andere Meinung: …
Ich bin nicht sicher, ob …
Da möchte ich widersprechen, denn …
Ich verstehe das überhaupt nicht.
Ich kann dem nicht zustimmen.
Ich halte diese Meinung/Aussage/Vorstellung/… für falsch/verkehrt/…

Informationen/Inhalte wiedergeben
Im ersten/zweiten/nächsten Abschnitt geht es um …
Der Abschnitt … handelt von …
Anschließend/Danach / Im Anschluss daran wird … beschrieben/dargestellt/erläutert / darauf eingegangen, …
Der Text nennt folgende Beispiele: …
Im Text wird behauptet, dass …
Es wird erklärt/erläutert/beschrieben/dargelegt, …
Zunächst wird … dargestellt/erklärt, dann folgt …
Folgendes Beispiel wird angeführt: …
Die Beispiele zeigen / machen deutlich, …
Laut … / Nach Meinung von …

die eigene Meinung äußern
Zum Thema … bin ich der Ansicht, dass …
Ich meine/finde, dass …
Meiner Meinung/Ansicht nach …

eigene Beispiele nennen
Dazu fällt mir folgendes Beispiel ein: …
Ich möchte folgendes Beispiel anführen: …
Ein Beispiel hierfür ist: …
Als Beispiel kann man Folgendes nennen: …
Ich muss da an … denken.

Zusammenfassungen abschließen
Zusammenfassend kann man sagen, dass …
Als Hauptaussage lässt sich festhalten, dass …
Insgesamt zeigt sich …
Abschließend kann man sagen, …

eine Kurzbiografie schreiben — B1+K1M3/C1ABK9M4

Herkunft/Biografisches
Ich möchte gern … vorstellen.
Er/Sie kommt aus … und wurde am … in … geboren.
Er/Sie studierte/lebte in …
Von Beruf war er/sie …
Seine/Ihre Eltern waren …
Er/Sie kam aus einer … Familie.
In seiner/ihrer Jugend … danach … und arbeitete/schrieb/… dann von … bis …
… in den darauf folgenden Jahren …
Sein/Ihr erfolgreichster Roman erschien …
Er/Sie (ver)starb am … in …

Leistungen
Er/Sie wurde bekannt, weil …
Er/Sie entdeckte/erforschte/untersuchte/experimentierte …
Er/Sie kämpfte für/gegen … / engagierte sich für … / setzte sich für … ein.
Er/Sie rettete/organisierte/gründete …
Er/Sie ist einer/eine der erfolgreichsten/bedeutendsten/meistgelesenen Autoren/Forscher …
In seinem/ihrem bekanntesten Werk/Buch … beschreibt er/sie … / geht es um …
Seine/Ihre Werke/Romane/… zeichnen sich durch … aus.
Er/Sie erhielt zahlreiche Auszeichnungen und Ehrungen/Preise u. a. …

einen Aufsatz schreiben C1K5M4

Einleitung
Dieses Thema ist von besonderer Aktualität, weil …
Eine heute viel diskutierte Frage ist …
Die Auseinandersetzung mit diesem Thema ist wichtig, da …
Mit diesem Thema muss man sich befassen, denn …

mit Beispielen verdeutlichen
… ist dafür beispielhaft.
Das lässt sich mit folgendem Beispiel verdeutlichen: …
Als Beispiel kann … dienen.
Ein treffendes Beispiel dafür ist die Tatsache, dass …
Ein Beispiel, das man hier unbedingt anführen sollte, ist …

etwas wiederholen
Wie bereits erwähnt, …
Wie schon beschrieben, …
Wie bereits dargelegt/dargestellt, …

Argumente/Gedanken hervorheben
Hierbei muss man besonders betonen/hervorheben, dass …
Besonders wichtig aber erscheint …
Ausschlaggebend ist …
Man darf auch nicht übersehen, dass …
Außerdem spielt noch … eine wichtige Rolle.
Weitaus wichtiger / Von besonderer Bedeutung jedoch ist …

etwas ergänzen
Darüber hinaus ist zu erwähnen, …
… sollte auch gesagt werden.
Hinzuzufügen wäre noch …
Nicht zu vergessen ist die Tatsache, dass …

Schluss
Zusammenfassend/Abschließend lässt sich sagen, …
Mich überzeugen am stärksten diese Gründe: …
Meiner Einschätzung nach …
In Anbetracht der aktuellen Situation …

Historisches präsentieren B2K8M2/B2K8M4

Präsentation einleiten
Ich werde von … berichten.
Ich stelle heute … vor.

über Vergangenes berichten
Damals war es so, dass …
Anders als heute …
Wenn man früher … wollte, musste man …
Häufig/Meistens war es normal, dass …
In dieser Zeit …

historische Daten nennen
Im Jahr … / Am … / Vor 50/100/… Jahren …
… Jahre früher/davor/vorher …
… Jahre später/danach …
… begann/endete / ereignete sich …
Das erste/zweite/… Ereignis passierte …

von einem historischen Ereignis berichten
Es begann damit, dass …
Die Ereignisse führten dazu, dass …
Nachdem … bekannt gegeben worden war, …
Dank … kam es (nicht) zu …
Zunächst meldete … noch, dass …, aber …

ein Ereignis kommentieren
Ich habe … ausgesucht, weil …
Ich fand … besonders interessant, deshalb …
Eigentlich finde ich das Thema Geschichte nicht so interessant, aber …
Meines Erachtens war besonders erstaunlich/überraschend, dass …
Ich denke, … ist auch für … interessant/wichtig, weil …
Die Ereignisse zeigen, wie …
Für mich persönlich hat … keine besondere Bedeutung, denn …

von Erinnerungen berichten C1K10M4

Ich erinnere mich noch genau, wie …
Mir kommt es vor, als wenn es gestern gewesen wäre: …
Als … ständig im Radio lief, war ich …
Als ich zum ersten Mal … hörte, …
Damals / Zu dieser Zeit war ich oft …
Ich weiß noch genau, wie ich …
Ich war damals … und konnte mir nicht vorstellen, dass …
Es war in/bei …, als ich … das erste Mal hörte.
Mir wird immer in Erinnerung bleiben, wie …

ein Referat / einen Vortrag halten

B1+K10M4/B2ABK10M2/C1K3M4/C1K6M4

ein Referat / einen Vortrag einleiten
Das Thema meines Referats/Vortrags lautet/ist …
Ich spreche heute über das Thema …
Ich möchte euch/Ihnen heute folgendes Thema präsentieren: …
In meinem Vortrag/Referat geht es um …
Heute möchte ich mich der Frage / dem Thema … widmen.
In meinem Vortrag/Referat befasse ich mich mit dem Thema …

zum nächsten Punkt überleiten
Nun spreche ich über …
Ich komme jetzt zum zweiten/nächsten Teil/Beispiel.
Soweit der erste Teil. Nun möchte ich mich dem zweiten Teil zuwenden.
Viele sind des Weiteren davon überzeugt, dass …
Ein weiterer Punkt ist auch die Frage, ob …
Als Nächstes möchte ich auf … eingehen.
Häufig hört man auch, dass …

Argumente nennen / eigene Meinung äußern
Ich bin fest davon überzeugt, dass …
Ich bin der Auffassung, …
Dagegen spricht natürlich …
Ein wichtiger Vorteil dabei ist …

Bedeutung des Themas im eigenen Land erklären
In meinem Land spielt dieses Thema (k)eine wichtige Rolle.
Bei uns in … ist es besonders wichtig, …

auf Folien/Abbildungen verweisen
Ich habe einige Folien zum Thema vorbereitet.
Auf dieser / der nächsten Folie sehen Sie …
Wie Sie auf der Folie sehr gut erkennen können, ist/sind …

auf Fragen antworten
Das ist eine gute Frage, die ich mir bei der Recherche auch schon gestellt habe. Es ist so: …
Danke für diese Frage, auf die ich gerne eingehe: …
Das will ich gerne erklären: …
Tut mir leid, leider weiß ich nicht, …

ein Referat / einen Vortrag strukturieren
Mein Referat/Vortrag besteht aus drei/vier/… Teilen: …
Ich möchte einen kurzen Überblick über … geben.
Zuerst spreche ich über …, dann komme ich im zweiten Teil zu … und zuletzt befasse ich mich mit …
Zuerst möchte ich über … sprechen und dann etwas zum Thema … sagen. Im dritten Teil geht es dann um … und zum Schluss möchte ich noch auf … eingehen.

Interesse wecken
Wussten Sie eigentlich, dass …?
Ist Ihnen schon mal aufgefallen, dass …?
Finden Sie nicht auch, dass …?

wichtige Punkte hervorheben
Das ist besonders wichtig/interessant, weil …
Ich möchte betonen, dass …
Man darf nicht vergessen, dass …

Beispiele / eigene Erfahrungen nennen
Meine eigenen Erfahrungen haben mir gezeigt, …
Ein treffendes Beispiel dafür ist …

ein Referat / einen Vortrag abschließen
Ich komme jetzt zum Schluss.
Zusammenfassend möchte ich sagen, …
Zusammenfassend ist festzuhalten, dass …
Abschließend möchte ich noch einmal erwähnen/hervorheben, dass …
Schließlich kann man zu dem Ergebnis kommen, dass …
Fazit des gerade Gesagten ist …
Lassen Sie mich zum Schluss noch sagen, dass …
Zum Abschluss möchte ich also die Frage stellen, ob …
Gibt es noch Fragen?
Vielen Dank für Ihre Aufmerksamkeit.

auf Einwände reagieren / Zeit (zum Nachdenken) gewinnen
Mit diesen kritischen Überlegungen haben Sie bestimmt recht, dennoch möchte ich noch mal darauf zurückkommen, dass …
Ich verstehe Ihren Einwand, möchte aber darauf hinweisen, dass …
Vielen Dank für diesen Hinweis! Das ist ein weiterer interessanter Punkt.
Darf ich später auf Ihre Frage zurückkommen und zunächst …?

auf ein Referat / einen Vortrag reagieren C1K6M4

Fragen stellen
Eine Sache ist mir nicht ganz klar geworden: …
Könnten Sie bitte noch einmal erklären, wie/warum …?
Mich würde noch interessieren, ob/warum/wie …
Ich würde gerne noch mehr über … wissen.

Einwände erheben
Ich bin nicht sicher, ob man … so sagen kann.
Ich finde es wichtig, auch zu bedenken, dass …
Haben Sie bei Ihren Recherchen auch bedacht, dass …?

ein Thema präsentieren B2K7M4

Sport-/Musikveranstaltung
Die Veranstaltung war letzten Sommer / letztes Wochenende / im … / in der … / …
Der FC … hat gegen … gespielt.
Das Konzert war von …
… hat/haben gespielt.
… war auch mit dabei.
Natürlich habe ich mir auch … angesehen.

Buch/Film
Es geht um … / Dabei geht es um …
Die Schauspieler sind … / … spielt mit.
Der Autor/Regisseur ist …
Das Buch / Der Film ist von …
… hat/haben gespielt.

Reise
Ich wollte nach … fahren.
Ich war in …
Ich bin mit dem Bus/Flugzeug/Zug/Schiff/Rad … nach … gefahren.
Eine bekannte/berühmte Attraktion ist …
Natürlich habe ich mir auch … angesehen.
Ich war … Wochen unterwegs.
… war auch mit dabei.

einen Begriff definieren/erklären C1K4M3/C1K9M2

„…" ist …
„…" wird definiert als …
Unter „…" versteht man …
Ich möchte erklären, was es bedeutet, wenn man „…" sagt: …
Mit dem Begriff „…" bezeichnet man …
Von „…" spricht man, wenn …
„…" bedeutet/heißt, dass …
„…" verwendet/sagt man, wenn man ausdrücken möchte, dass …
Mit „…" meint man, dass jemand/etwas …

etwas beschreiben/vorstellen B1+K3M1/B1+K8M1

Aussehen/Art beschreiben
Das macht man aus/mit …
Es ist/besteht aus …
Es ist ungefähr so groß/breit/lang wie …
Es ist rund/eckig/flach/oval/hohl/gebogen/…
Es ist schwer/leicht/dick/dünn/…
Es ist aus Holz/Metall/Plastik/Leder/…
Es ist … mm/cm/m lang/hoch/breit.
Es ist billig/preiswert/teuer/…
Es schmeckt/riecht nach …

Funktion beschreiben
Ich habe es gekauft, damit …
Besonders praktisch ist es, um …
Es eignet sich sehr gut zum …
Ich finde es sehr nützlich, weil …
Ich brauche/benutze es, um …
Dafür/Dazu verwende ich …
Dafür braucht man …
Das isst man an/zu …

ein Bild beschreiben B2ABK7Auftakt

Lage im Bild
im Vordergrund/Hintergrund
am oberen/unteren/rechten/linken Bildrand
die Bildhälfte / das obere/untere Drittel
am Rand / im Zentrum
vor/hinter/über/unter/neben / rund um …
Oben/Unten/Rechts/Links sieht man …

Beschreibung von Details
… ist schwarz-weiß/grau/bunt/…
… erinnert an …
… könnte man als … beschreiben.
… hat die Form von …
… wirkt traurig/wütend/fröhlich/…

ein Telefongespräch führen B2K6M2

sich vorstellen und begrüßen
Ja, guten Tag, mein Name ist …
Hallo, hier spricht …

sich verbinden lassen
Könnten Sie mich bitte mit Herrn/Frau … verbinden?
Ich würde gern mit … sprechen.
Könnten Sie mir vielleicht die Durchwahl geben?

das Gespräch einleiten
Ich rufe an wegen …
Es geht um Folgendes: …
Ich hätte gern Informationen zu …
Ich interessiere mich für …

sich vergewissern
Könnten Sie das bitte noch einmal wiederholen?
Ich bin mir nicht ganz sicher, ob ich Sie richtig verstanden habe.
Sie meinen also, …

kurze Zusammenfassung/Rückversicherung
Gut, dann können wir festhalten: …
Wir verbleiben also so: …
Also, dann machen wir das so: …

falsch verbunden
Entschuldigung, mit wem spreche ich?
Oh, da habe ich mich verwählt, Verzeihung.
Ich glaube, ich bin falsch verbunden, entschuldigen Sie.
Spreche ich nicht mit …?

eine Nachricht hinterlassen
Könnte ich eine Nachricht für … hinterlassen?
Könnten Sie Herrn/Frau … bitte etwas ausrichten und zwar: …?

Fragen stellen
Ich würde gern wissen, …
Mich würde auch interessieren, …
Wie ist das denn, wenn …?
Ich wollte auch noch fragen, …

auf Fragen antworten
Ja, also, das ist so: …
Dazu kann ich Ihnen sagen: …
Normalerweise machen wir das so: …

das Gespräch beenden und sich verabschieden
Gut, vielen Dank für die Auskunft.
Das hat mir sehr geholfen, vielen Dank.
Ich melde mich dann noch mal.
Auf Wiederhören!

eine E-Mail einleiten/beenden B1+K2M4

einleiten
Danke für deine/Ihre E-Mail.
Schön, von dir/Ihnen zu hören …
Ich habe mich sehr über deine/Ihre E-Mail gefreut.

beenden
Ich freue mich auf eine Nachricht von dir/Ihnen.
Mach's gut und bis bald!
Mach dir noch eine schöne Woche und alles Gute.

gute Wünsche aussprechen / gratulieren B1+K1M4

Herzlichen Glückwunsch!
Ich wünsche … viel Glück!
Ich schicke euch die herzlichsten Glückwünsche!
Es freut mich, dass …
Ich freue mich sehr/riesig für euch.
Alles Gute!
Ich sende euch die allerbesten Wünsche!
Ich möchte euch zu … gratulieren.
Das ist eine tolle Nachricht!
Ich bin sehr froh, dass …

Spannung aufbauen B2K7M2

Schlagartig wurde ihm/ihr klar/bewusst, …
Ihm/Ihr schlug das Herz bis zum Hals.
Was war hier los?
Was war das?
Eigentlich wollte … gerade …, als aus heiterem Himmel …
Was sollte er/sie jetzt nur machen?
Ihm/Ihr blieb vor Schreck der Atem weg.
Wie aus dem Nichts stand plötzlich …
Warum war es auf einmal so …?
Ohne Vorwarnung war … da / stand … vor ihm/ihr.
Damit hatte er/sie nicht im Traum gerechnet: …

Verb

objektive Modalverben

B1+K5M3

Bedeutungen

Modalverb	**Bedeutung**	**Alternativen (immer mit *zu* + Infinitiv)**
dürfen	Erlaubnis	*es ist erlaubt, es ist gestattet, die Erlaubnis / das Recht haben*
nicht dürfen	Verbot	*es ist verboten, es ist nicht erlaubt, keine Erlaubnis haben*
können	a) Möglichkeit b) Fähigkeit	*die Möglichkeit/Gelegenheit haben, es ist möglich* *die Fähigkeit haben/besitzen, in der Lage sein, imstande sein*
möchten	Wunsch, Lust	*Lust haben, den Wunsch haben*
müssen	Notwendigkeit	*es ist notwendig, es ist erforderlich, gezwungen sein, haben*
sollen	Forderung	*den Auftrag / die Aufgabe haben, aufgefordert sein, verpflichtet sein*
wollen	eigener Wille, Absicht	*die Absicht haben, beabsichtigen, vorhaben, planen*

Tempus

Präsens: *Simon kann nicht an der Prüfung teilnehmen. Er ist krank.*
Präteritum: *Simon konnte nicht an der Prüfung teilnehmen. Er war krank.*
Perfekt: *Simon hat nicht an der Prüfung teilnehmen können. Er war krank.*

Wenn man über die Vergangenheit spricht, benutzt man die Modalverben meist im Präteritum.
Ausnahme: *möchte* hat kein Präteritum. Man verwendet dann das Präteritum von *wollen*.

subjektive Modalverben

C1K8M1/C1K8M3

Behauptungen ausdrücken

Mit den Modalverben *wollen* und *sollen* wird eine Behauptung ausgedrückt, die man nicht überprüfen kann oder vielleicht bezweifelt.

Bedeutung	**Behauptung mit Modalverb**	**Umschreibung ohne Modalverb**
Eine Person gibt wieder, was sie gelesen oder gehört hat.	***sollen:*** *Die Probanden mit rotem Teller* ***sollen*** *weniger gegessen haben.*	*In der Zeitung / Im Artikel steht/stand, dass …* *Man sagt/berichtet/behauptet, dass …* *In der Studie stand, dass die Probanden mit rotem Teller weniger gegessen haben.*
Eine Person gibt wieder, was jemand von sich selbst sagt.	***wollen:*** *Die Probanden mit rotem Teller* ***wollen*** *weniger gegessen haben.*	*Er/Sie erzählt/behauptet / gibt vor, dass …* *Er/Sie sagt von sich selbst, dass …* *Die Probanden mit rotem Teller gaben an, dass sie weniger gegessen haben.*

Vermutungen ausdrücken

hoch ↑ niedrig

Grad der Sicherheit	Modalverb + Infinitiv	Umschreibung ohne Modalverb
Etwas ist sicher.	***müssen:*** Die Diagnose des Psychologen **muss** falsch sein. ***nicht können:*** Er **kann nicht** zu den besonders Begabten gehören.	Ich bin sicher, dass … Ich bin überzeugt, dass … Alles deutet darauf hin, dass … Alle Anzeichen sprechen dafür, dass … Bestimmt/Sicher/Gewiss/Zweifellos …
Etwas ist sehr wahrscheinlich.	***dürfen*** (nur Konjunktiv II): Jonas **dürfte** zu den hochbegabten Kindern gehören. ***können:*** Jonas **kann** hochbegabt sein.	Aller Wahrscheinlichkeit nach … Wahrscheinlich/Vermutlich … Ich vermute / nehme an, dass … Ich bin ziemlich sicher, dass … Es sieht so aus, als ob …
Etwas ist möglich.	***können*** (nur Konjunktiv II): Die Eltern **könnten** durchaus recht haben.	Es ist möglich/denkbar / nicht ausgeschlossen, dass … Vielleicht/Möglicherweise/Eventuell/Angeblich … Es besteht die Möglichkeit, dass … … lässt darauf schließen, dass … … lässt vermuten, dass …

Bildung subjektive und objektive Modalverben C1K8M1

Im Präsens Aktiv und Passiv unterscheiden sich die objektive und die subjektive Form nicht. Der Kontext entscheidet, welche Form gemeint ist:
objektiv: *Der Kranke soll Suppe essen.*
subjektiv: *Von roten Tellern soll man weniger essen.*

In der Vergangenheit wird in der objektiven Form das Hilfsverb *haben* konjugiert, in der subjektiven Form das Modalverb.
objektiv: *Der Kranke hat Suppe essen sollen.*
subjektiv: *Von roten Tellern sollen sie weniger gegessen haben.*

		objektiv	**subjektiv**
Aktiv	**Gegenwart**	Modalverb + Infinitiv	
	Vergangenheit	*haben* + Infinitiv + Infinitiv Modalverb*	Modalverb + Partizip II + *haben/sein*
Passiv	**Gegenwart**	Modalverb + Partizip II + *werden*	
	Vergangenheit	*haben* + Partizip II + *werden* + Infinitiv Modalverb	Modalverb + Partizip II + *worden sein*

* Meistens wird das Präteritum verwendet: *Er sollte weniger essen.*

Konjunktiv II B1+K8M3/B2K6M3/C1K7M1

Funktionen

Wünsche ausdrücken	*Ich würde gern einen neuen Laptop kaufen.*
Bitten höflich ausdrücken	*Könnten Sie mir das Problem bitte genau beschreiben?*
Irreales ausdrücken	*Hätten Sie die Ware doch früher abgeschickt.*
Vermutungen ausdrücken	*Es könnte sein, dass der Laptop einen Defekt hat.*
Vorschläge machen	*Ich könnte Ihnen ein Leihgerät anbieten.*

Bildung

	Konjunktiv II Gegenwart					
Aktiv	*würde* + Infinitiv *sie würde anrufen*	*wäre* *hätte*	*sollte* *wollte*	*müsste* *könnte*	*dürfte* *bräuchte*	*wüsste*
Passiv	Modalverb + Partizip II + *werden* *sie könnte angerufen werden*					

Viele unregelmäßige Verben können den Konjunktiv II wie die Modalverben bilden, meistens verwendet man jedoch die Umschreibung mit *würde* + Infinitiv: *Ich **käme** gern zu euch.* → *Ich **würde** gern zu euch **kommen**.*

	Konjunktiv II Vergangenheit	**Konjunktiv II Vergangenheit mit Modalverb**
Aktiv	*hätte/wäre* + Partizip II *sie hätte angerufen*	*hätte* + Infinitiv + Modalverb *sie hätte anrufen müssen*
Passiv	*wäre* + Partizip II + *worden* *sie wäre angerufen worden*	*hätte* + Partizip II + *werden* + Modalverb *sie hätte angerufen werden können*

Konjunktiv I – Redewiedergabe B2K8M3/C1K2M1

In der indirekten Rede verwendet man den Konjunktiv I, um deutlich zu machen, dass man die Worte eines anderen wiedergibt und nicht seine eigene Meinung ausdrückt. Sie wird vor allem in der Wissenschaftssprache, in Zeitungsartikeln und in Nachrichtensendungen verwendet.
In der gesprochenen Sprache benutzt man in der indirekten Rede häufig den Indikativ.

	sein	***haben***	**Modalverben**	**andere Verben**
ich	sei	habe → hätte	könne	sehe → würde sehen
er/es/sie	sei	habe	könne	sehe
wir	seien	haben → hätten	können → könnten	sehen → würden sehen
sie/Sie	seien	haben → hätten	können → könnten	sehen → würden sehen

Der Konjunktiv I wird meist in der 3. Person verwendet. Sind die Formen von Konjunktiv I und Indikativ identisch, verwendet man den Konjunktiv II oder *würde* + Infinitiv: *Er sagt, sie **haben** keine Zeit.* → *Er sagt, sie **hätten** keine Zeit.* Die Formen in der 2. Person *(du habest, ihr könnet)* sind sehr ungebräuchlich. Hier wird meist der Konjunktiv II verwendet.

Bildung des Konjunktiv I der Vergangenheit
Im Konjunktiv I gibt es nur eine Vergangenheitsform: Konjunktiv I von *haben/sein* + Partizip II:
*Man sagt, Gutenberg **habe** den Buchdruck **erfunden** und mit 40 Jahren **sei** man im Mittelalter sehr alt **gewesen**.*

Weitere Möglichkeiten der Redewiedergabe C1K2M1

Präpositionen mit Dativ

vorangestellt	**nachgestellt**	
laut		*Laut der Autorin des linken Textes …*
nach	nach	*Nach Angabe von …* *Ihrer Meinung nach …*
	zufolge	*Dem zweiten Text zufolge …*

Nebensätze mit *wie*
***Wie** Kerstin Cuhls berichtet, wird durch moderne Kommunikationsmittel vieles möglich.*
***Wie** im rechten Text beschrieben wird, braucht der Mensch auch Auszeiten.*
***Wie** es im ersten Text heißt, ist der ständige Zugriff auf Daten ein großer Vorteil.*

Passiv mit *werden* – Vorgangspassiv B1+K10M1/B2K5M1/C1K7M1

Man verwendet das Passiv mit *werden*, wenn ein Vorgang oder eine Aktion im Vordergrund stehen (und nicht eine handelnde Person).

Aktiv-Satz	**Passiv-Satz**
Der Architekt plant das Öko-Haus. Nominativ Akkusativ	*Das Öko-Haus wird (vom Architekten) geplant.* Nominativ (von + Dativ)

Die meisten Verben mit Akkusativ können das Passiv bilden. Der Akkusativ im Aktivsatz wird im Passivsatz zum Nominativ. Andere Ergänzungen bleiben im Aktiv und im Passiv im gleichen Kasus.

Zu viel Müll schadet der Umwelt. Nominativ Dativ	*Der Umwelt wird geschadet.* Dativ

Tempusformen

Präsens	*werde/wirst/wird/...* + Partizip II	*Die Begeisterung wird geweckt.*
Präteritum	*wurde/wurdest/wurde/...* + Partizip II	*Die Begeisterung wurde geweckt.*
Perfekt	*bin/bist/ist/...* + Partizip II + *worden*	*Die Begeisterung ist geweckt worden.*
Plusquamperfekt	*war/warst/war/...* + Partizip II + *worden*	*Die Begeisterung war geweckt worden.*

Tempusformen mit Modalverb

Präsens	Modalverb im Präsens + Partizip II + *werden*	*Der Täter muss gefasst werden.*
Präteritum	Modalverb im Präteritum + Partizip II + *werden*	*Der Täter musste gefasst werden.*
Perfekt	*haben* + Partizip II + *werden* + Infinitiv Modalverb	*Der Täter hat gefasst werden müssen.*

Im Nebensatz steht im Präsens und Präteritum das konjugierte Modalverb wie üblich am Ende:
Die Polizei gab bekannt, dass der Täter gefasst werden konnte.

Im Perfekt steht das konjugierte Verb vor dem Partizip II:
Die Zeitung schrieb, dass der Täter hat gefasst werden können.

Um Vergangenheit auszudrücken, wird im Passiv vor allem das Präteritum verwendet.
Im Konjunktiv II der Vergangenheit entspricht die Stellung der Verben dem Passiv Perfekt:
Der Täter hätte gefasst werden können.
Die Zeitung schrieb, dass der Täter hätte gefasst werden können.

Unpersönliches Passiv C1K7M1

In Passivsätzen ohne Subjekt steht das Pronomen *es* als stellvertretendes Subjekt auf Position 1. Wenn möglich, wird *es* durch ein anderes Satzglied ersetzt.
***Es** wurde eingebrochen.* → *In viele Wohnungen wurde eingebrochen.*
***Es** wurde ermittelt.* → *In diesem Fall wurde ermittelt.*

es steht nur im Hauptsatz, nicht im Nebensatz.
***Es** wurde eingebrochen.* → *Die Nachbarn sahen, dass eingebrochen wurde.*

Passiversatzformen

B2K5M1

Passiv *Die Experimente können bereits von Kindergartenkindern durchgeführt werden.*
Passiv mit *müssen/können/sollen* → *sein* + *zu* + Infinitiv *Die Experimente sind bereits von Kindergartenkindern durchzuführen.*
Passiv mit *können* → *sich lassen* + Infinitiv *Die Experimente lassen sich bereits von Kindergartenkindern durchführen.*
Passiv mit *können* → *sein* + Adjektiv mit Endung *-bar/-lich* *Die Experimente sind bereits von Kindergartenkindern durchführbar.* *Naturwissenschaftliche Phänomene sind so viel besser verständlich.*

Passiv mit *sein* – Zustandspassiv

B2K6M1

Das Passiv mit *sein* beschreibt einen neuen Zustand / das Resultat einer Handlung.

	Vorgangspassiv: *werden* + Partizip II	**Zustandspassiv:** *sein* + Partizip II
Präsens	*Die Ware **wird** verschickt.*	*Die Ware **ist** verschickt.*
Präteritum	*Die Ware **wurde** verschickt.*	*Die Ware **war** verschickt.*

Modalitätsverben

C1K10M3

Modalitätsverb + *zu* + Infinitiv	**Beispielsatz**	**Umschreibung**	**Bedeutung (je nach Kontext)**
sein*	Das Missverständnis **ist** schnell auf**zu**klären.	Das Missverständnis kann schnell aufgeklärt werden.	können
	Das Problem **ist** unbedingt **zu** lösen.	Das Problem muss unbedingt gelöst werden.	müssen
	Das Risiko **ist** nicht **zu** unter-schätzen.	Das Risiko darf nicht unter-schätzt werden.	nicht dürfen
haben*	Er **hat** was gut**zu**machen.	Er muss was gutmachen.	müssen
	Du **hast** hier nichts **zu** kritisieren.	Du darfst hier nichts kritisieren.	nicht dürfen
nicht brauchen	Er **braucht** gar **nicht** nett **zu** lächeln.	Er soll gar nicht nett lächeln.	nicht sollen
	Du **brauchst** dich **nicht** zu entschuldigen.	Du musst dich nicht entschul-digen.	nicht müssen
scheinen	Es **scheint** sich um eine Ver-wechslung **zu** handeln.	Anscheinend handelt es sich um eine Verwechslung.	anscheinend, scheinbar
drohen	Unsere Freundschaft **droht** kaputt**zu**gehen.	Unsere Freundschaft ist in Gefahr kaputtzugehen.	in Gefahr sein, Gefahr laufen
verstehen/ wissen	Er **versteht/weiß** mich zum Lachen **zu** bringen.	Er kann mich zum Lachen bringen.	können

* Sätze mit dem Modalitätsverb *sein* werden mit einem Passivsatz (oder einer Passiv-Ersatzform) umschrieben, Sätze mit dem Modalitätsverb *haben* mit einem Aktivsatz.

Nomen-Verb-Verbindungen

B2K4M3

Nomen-Verb-Verbindungen bestehen aus einem Verb, das nur eine grammatische Funktion hat, und einem Nomen, das die Bedeutung trägt. Manchmal kommt eine Präposition dazu. Es gibt zwei Typen:

Typ 1	Das Nomen und das zugrunde liegende Verb haben die gleiche Bedeutung: *jmd. in Aufregung versetzen = jmd. aufregen* *die Flucht ergreifen = fliehen* *eine Wirkung haben = wirken* *den Anfang machen = anfangen* *sich Hoffnungen machen = hoffen*
Typ 2	Die Bedeutung der Nomen-Verb-Verbindung kann man nicht direkt vom Nomen ableiten: *unter Druck stehen = gestresst sein* *eine Rolle spielen = relevant/wichtig sein* *in Betracht kommen = möglich sein* *sich vor etw. in Acht nehmen = vorsichtig sein* *etwas in Frage stellen = etw. bezweifeln*

Nomen-Verb-Verbindungen können eine aktivische oder passivische Bedeutung haben:
Aktiv: *jmd. eine Frage stellen = jmd. fragen* Passiv: *Beachtung finden = beachtet werden*

Eine Liste mit wichtigen Nomen-Verb-Verbindungen finden Sie im Anhang des Arbeitsbuchs.

trennbare und untrennbare Verben

C1K1M3

Die Vorsilben *durch-*, *über-*, *um-*, *unter-*, *wider-* und *wieder-* können trennbar oder untrennbar sein.
Die Betonung der Vorsilbe kann eine Verstehenshilfe sein:
- Vorsilbe betont → Verb trennbar
- Vorsilbe nicht betont → Verb untrennbar

	trennbar	**untrennbar**	**trennbar und untrennbar**
durch-	*durchfallen, durchführen, durchhalten, durchkommen, durchmachen, durchsehen*	*durchleben, durchqueren*	*durchbrechen, durchdenken, durchdringen, durchfahren, durchlaufen, durchschauen, durchsetzen*
über-	*überlaufen, übersiedeln, überkochen*	*(sich) überarbeiten, überblicken, überdenken, überfordern, übergeben, überraschen, überreden, überrennen, übertreiben*	*übergehen, übersetzen, überstehen, übertreten, überziehen*
um-	*umbauen, umdenken, umfallen, umkehren, umladen, umsteigen, umstoßen, umtauschen, umziehen*	*umarmen, umgeben, umkreisen, umzäunen*	*umfahren, umfliegen, umgehen, umschreiben, umstellen*
unter-	*unterbringen, untergehen, unterordnen*	*unterbrechen, unterdrücken, unterschätzen, unterscheiden, unterschreiben*	*unterhalten, unterstellen, unterziehen*
wider-	*widerhallen, widerspiegeln*	*widerfahren, widerlegen, sich widersetzen, widersprechen, widerstehen*	
wieder-	*wiederfinden, wiederkommen, wiedersehen*		*wiederholen*

Nomen

Deklination

B1+K2M3

Singular	Maskulinum		Neutrum	Femininum
Nominativ	der Traum	der Mensch	das Haus	die Unterkunft
Akkusativ	den Traum	den Mensch**en**	das Haus	die Unterkunft
Dativ	dem Traum	dem Mensch**en**	dem Haus	der Unterkunft
Genitiv	des Traum**es**	des Mensch**en**	des Haus**es**	der Unterkunft
Plural				
Nominativ	die Träume	die Menschen	die Häuser	die Unterkünfte
Akkusativ	die Träume	die Menschen	die Häuser	die Unterkünfte
Dativ	den Träume**n***	den Menschen	den Häuser**n***	den Unterkünfte**n***
Genitiv	der Träume	der Menschen	der Häuser	der Unterkünfte

* Im Dativ Plural enden die meisten Nomen auf *-n*. Ausnahme: Nomen, die im Nominativ Plural auf *-s* enden *(Kommt ihr mit den Auto**s**?)*

Zur n-Deklination gehören:

- nur **maskuline** Nomen mit folgenden Endungen:

-e:	der Junge, der Name	*-soph*:	der Philosoph	*-graf*:	der Fotograf	*-ent*:	der Student
-and:	der Doktorand	*-it*:	der Bandit	*-at*:	der Soldat	*-loge*:	der Psychologe
-ant:	der Praktikant	*-ot*:	der Pilot, der Chaot	*-ist*:	der Polizist, der Artist	*-agoge*:	der Pädagoge

- einige **maskuline** Nomen ohne Endung: *der Mensch, der Herr, der Nachbar, der Held, der Bauer …*

Einige Nomen haben im Genitiv Singular die Endung *-ns* (Mischformen): *der Name, des Namens; der Glaube, des Glaubens; der Buchstabe, des Buchstabens; der Wille, des Willens;* ***das*** *Herz, des Herzens*

Pluralbildung

B1+K3M1

Pluralendung	Welche Nomen?	Beispiel
-(¨)	• maskuline Nomen auf *-en/-er/-el* • neutrale Nomen auf *-chen/-lein*	*der Laden – die Läden* *das Mädchen – die Mädchen*
-(e)n	• fast alle femininen Nomen (ca. 96 %) • maskuline Nomen auf *-or* • alle Nomen der n-Deklination	*die Tafel – die Tafeln* *der Konditor – die Konditoren* *der Junge – die Jungen*
-(¨)e	• die meisten maskulinen und neutralen Nomen (ca. 70 %)	*der Bestandteil – die Bestandteile* *die Nuss – die Nüsse*
-(¨)er	• einsilbige neutrale Nomen • Nomen auf *-tum*	*das Kind – die Kinder* *der Irrtum – die Irrtümer*
-s	• viele Fremdwörter • Abkürzungen • Nomen mit *-a/-i/-o/-u* im Auslaut	*der Fan – die Fans* *der Lkw – die Lkws* *der Kaugummi – die Kaugummis*

Im Dativ Plural enden die meisten Nomen auf *-n*. Ausnahme: Nomen, die im Plural auf *-s* enden (*Wo sind die Auto**s**? – Kommt ihr mit den Auto**s**?)*

Nominalisierung von Verben

B2K9M1

Es gibt viele Möglichkeiten, ein Verb zu nominalisieren. Häufige Endungen und Veränderungen sind:

Endung/Veränderung	Verb	Nomen
Verb ohne Endung (mit/ohne Vokaländerung)	*abbauen* *wählen*	*der Abbau* *die Wahl*
***das* + Infinitiv**	*erkennen*	*das Erkennen*
die* + *-ung	*entstehen* *wahrnehmen*	*die Entstehung* *die Wahrnehmung*
der* + *-er	*lernen*	*der Lerner*
die/der* + *-e **(mit/ohne Vokaländerung)**	*folgen* *helfen* *glauben*	*die Folge* *die Hilfe* *der Glaube*
die/das* + *-(t)nis	*erkennen* *erleben*	*die Erkenntnis* *das Erlebnis*
die* + *-(t)ion	*reagieren*	*die Reaktion*

*Der Körper **reagiert** auf Musik.* → *die **Reaktion** des Körpers auf Musik*
Nominativ Genitiv

Bei Verben mit Akkusativ wird die Akkusativergänzung auf zwei Arten umgeformt:

mit Artikelwort: *Musik **verändert** den Blutdruck.* → *die **Veränderung** des Blutdrucks durch Musik*
Nominativ Akkusativ Genitiv *durch* + Akkusativ

ohne Artikelwort: *Musik **baut** Stress **ab**.* → *der **Abbau** von Stress durch Musik*
Nominativ Akkusativ *von* + Dativ *durch* + Akkusativ

Adjektiv

Deklination der Adjektive

B1+K3M3

Typ I: bestimmter Artikel + Adjektiv + Nomen

	der Körper	das Fachgebiet	die Wirkung	Körper (Pl.)
N	der menschlich**e**	das neu**e**	die therapeutisch**e**	die menschlich**en**
A	den menschlich**en**	das neu**e**	die therapeutisch**e**	die menschlich**en**
D	dem menschlich**en**	dem neu**en**	der therapeutisch**en**	den menschlich**en**
G	des menschlich**en**	des neu**en**	der therapeutisch**en**	der menschlich**en**

auch nach: Fragewörtern *(welcher, welches, welche)*; Demonstrativartikeln *(dieser, dieses, diese; jener, jenes, jene)*; Indefinitartikeln *(jeder, jedes, jede; alle (Pl.))*; Negationsartikeln und Possessivartikeln im Plural *(keine, meine)*

Typ II: unbestimmter Artikel + Adjektiv + Nomen

	der Körper	das Fachgebiet	die Wirkung	Körper (Pl.)
N	ein menschlich**er**	ein neu**es**	eine therapeutisch**e**	menschlich**e**
A	einen menschlich**en**	ein neu**es**	eine therapeutisch**e**	menschlich**e**
D	einem menschlich**en**	einem neu**en**	einer therapeutisch**en**	menschlich**en**
G	eines menschlich**en**	eines neu**en**	einer therapeutisch**en**	menschlich**er**

auch nach: Negationsartikeln *(kein, kein, keine (Sg.))*; Possessivartikeln *(mein, mein, meine … (Sg.))*

Typ III: ohne Artikel + Adjektiv + Nomen

	der Körper	das Fachgebiet	die Wirkung	Körper (Pl.)
N	menschlich**er**	neu**es**	therapeutisch**e**	menschlich**e**
A	menschlich**en**	neu**es**	therapeutisch**e**	menschlich**e**
D	menschlich**em**	neu**em**	therapeutisch**er**	menschlich**en**
G	menschlich**en**	neu**en**	therapeutisch**er**	menschlich**er**

auch nach: Zahlen (*zwei, drei, vier …*); Indefinitartikeln im Plural *(viele, einige, wenige, andere)*

Adjektive und Partizipien können zu Nomen werden. Sie werden aber wie Adjektive dekliniert:
*Der Arzt hilft **k**rank*<u>*en*</u> *Menschen. → Der Arzt hilft **K**rank*<u>*en*</u>*.*

Partizipien als Adjektive

B2K10M1

Partizipien können als Adjektive gebraucht werden und geben dann nähere Informationen zu Nomen. Wenn sie vor Nomen stehen, brauchen sie eine Adjektivendung. Man kann sie durch Relativsätze wiedergeben:

Bildung	Bedeutung	Beispiel	Umformung Relativsatz
Partizip I Infinitiv + *d* + Adjektivendung	aktive Handlungen oder Vorgänge, die gleichzeitig mit der Haupthandlung des Satzes passieren	*Bald sind auf unseren Straßen **selbstfahrende** Autos unterwegs.*	*Bald sind auf unseren Straßen Autos, **die selbst fahren**, unterwegs.*
Partizip II Partizip II + Adjektivendung	meist passive Handlungen oder Vorgänge, die gleichzeitig mit oder vor der Haupthandlung des Satzes passieren	*Ein schnell **ausgelöster** Notruf kann Leben retten.* *Der auf der Messe **vorgestellte** Roboter wird nun ausprobiert.*	*Ein Notruf, **der** schnell **ausgelöst wird**, kann Leben retten.* *Der Roboter, **der** auf der Messe **vorgestellt worden ist**, wird nun ausprobiert.*

Vor Partizipien können Erweiterungen stehen: *der* <u>*schnell von Robotern*</u> *ausgelöste Notruf*

Modales Partizip

C1K7M3

Das modale Partizip wird aus *zu* + Partizip I gebildet. Es steht vor Nomen, deshalb muss es wie ein Adjektiv dekliniert werden: *eine **zu** beachten**de** Regel, die **zu** beachten**den** Regeln*

In seiner Bedeutung entspricht das modale Partizip einem Relativsatz im Passiv mit Modalverb. Es drückt eine Notwendigkeit (*muss/soll*), eine Möglichkeit (*kann*) oder ein Verbot (*darf nicht*) aus.
eine nicht <u>*zu erkennende*</u> *Person = eine Person, die nicht erkannt werden kann*
die <u>*zu beachtenden*</u> *Regeln = die Regeln, die beachtet werden müssen*

Das modale Partizip kann bei transitiven, passivfähigen Verben gebildet werden.
Im Relativsatz können auch Passiv-Ersatzformen verwendet werden.

Passiv + *können*	*eine Person, die*	*nicht* <u>*zu*</u> <u>*erkennen*</u> *ist* *nicht erkenn*<u>*bar*</u> <u>*ist*</u> <u>*sich*</u> *nicht* <u>*erkennen*</u> <u>*lässt*</u> <u>*man*</u> *nicht* <u>*erkennen*</u> <u>*kann*</u>
Passiv + *müssen*	*die Regeln, die*	<u>*zu*</u> <u>*beachten*</u> <u>*sind*</u> <u>*man*</u> <u>*beachten*</u> <u>*muss*</u>

Modale Partizipien findet man meist in formellen Texten wie z. B. Gesetzen, Regelungen, Anweisungen, formellen Schreiben, wissenschaftlichen oder juristischen Texten im Nominalstil.

Präpositionaladverbien und Fragewörter

davon, daran, darauf … und wovon, woran, worauf … B1+K6M3/B2K8M1

wo(r)… und *da(r)…* verwendet man bei Sachen und Ereignissen.
Präposition + Pronomen/Fragewort verwendet man bei Personen und Institutionen.
da(r)… steht auch vor Nebensätzen (*dass*-Satz, Infinitiv mit *zu*, indirekter Fragesatz).

Nach *wo…* und *da…* wird ein *r* eingefügt, wenn die Präposition mit einem Vokal beginnt: *auf* → *wo**r**auf/da**r**auf*

Sachen/Ereignisse	**Personen/Institutionen**
wo(r) **+ Präposition**	**Präposition + Fragewort**
○ ***Worauf*** *bist du stolz?* ● ***Auf*** *mein Examen!* ○ ***Wovon*** *redet er?* ● ***Vom*** *neuen Projekt.*	○ ***Auf wen*** *bist du stolz?* ● ***Auf*** *meine Kinder.* ○ ***Mit wem*** *redet er?* ● ***Mit*** *dem Projektleiter.*
da(r) **+ Präposition**	**Präposition + Pronomen**
○ *Erinnerst du dich* ***an dein Bewerbungsgespräch****?* ● *Natürlich erinnere ich mich* ***daran****. Ich erinnere mich auch gut* ***daran****, wie nervös ich war.*	○ *Erinnerst du dich* ***an Sabine****?* ● *Natürlich erinnere ich mich* ***an sie****.*

Eine Übersicht über Verben, Nomen und Adjektive mit Präpositionen finden Sie im Anhang des Arbeitsbuchs.

Partikel

Modalpartikeln B2K9M3

Modalpartikeln sind typisch für die mündliche Sprache. Man benutzt sie, um seine Ansichten, Absichten und Gefühle zu verstärken oder abzuschwächen. In Aussagesätzen stehen die Modalpartikeln meist hinter dem Verb. Die Bedeutung ist vom Kontext und von der Betonung des Satzes abhängig.

Satzart	**Partikel**	**Bedeutung**	**Beispiel**
Aussagen und Ausrufe	***aber***	Freundlichkeit	*Das ist aber schön, dich zu sehen.*
		Überraschung	*Der sieht aber sympathisch aus!*
	doch	Freundlichkeit	*Das mache ich doch gerne.*
		Empörung	*Das ist doch unmöglich!*
		Vorschlag/Ermunterung	*Komm doch mit ins Kino!*
	ja	Freundlichkeit	*Das ist ja nett.*
		Überraschung	*Du bist ja auch hier!*
		Empörung	*Das ist ja gemein!*
Aufforderungen, Aussagen, Fragen	***mal***	Aufforderung/Befehl	*Hilf mir mal!*
Fragen	***denn***	Freundlichkeit/Interesse	*Wie geht's dir denn?*
		Überraschung	*Sprecht ihr denn wieder miteinander?*

Manche Modalpartikeln haben eine ähnliche Bedeutung: *Dein Kleid ist* ***aber/ja*** *sehr schön!*

Pronomen

Indefinitpronomen B2K5M3

Indefinitpronomen beziehen sich auf Personen, Orte, Zeiten und Dinge, die nicht genauer definiert werden. So bekommen Aussagen mit Indefinitpronomen einen allgemeinen Charakter.

Nominativ	*man*	*(k)einer/(k)eins/(k)eine*	*niemand*	*jemand*	*irgendwer*
Akkusativ	*einen*	*(k)einen/(k)eins/(k)eine*	*niemanden**	*jemanden**	*irgendwen*
Dativ	*einem*	*(k)einem/(k)einem/(k)einer*	*niemandem**	*jemandem**	*irgendwem*

* In der gesprochenen Sprache wird im Akkusativ und Dativ auch die Form des Nominativs benutzt:
○ *Hast du **jemand** getroffen, den du kennst?* ● *Nein, **niemand**.*

	Indefinitpronomen		**Negation**
Person	*man, jemand, einer, irgendwer*	→	*niemand, keiner*
Ort	*irgendwo, irgendwoher, irgendwohin*	→	*nirgendwo, nirgendwoher, nirgendwohin, nirgends*
Zeit	*irgendwann*	→	*nie, niemals*
Dinge	*irgendwas, etwas, eins*	→	*nichts, keins*

Das Wort es B2K2M3

es als Subjekt oder Objekt (obligatorisch)

	***es* als Subjekt**	***es* als Objekt**
Wetterverben	*es nieselt, es regnet, es hagelt, es schneit, es donnert, es blitzt, es gewittert, es stürmt*	
Tages- und Jahreszeiten	*Es ist Morgen. Es wird Nacht. Es wird Frühling.*	
Natur- und Zeiterscheinungen	*Es ist schon spät. Im Winter bleibt es lange dunkel. Es wird hell. Es zieht.*	
feste lexikalische Verbindungen	*es geht, es gibt, es ist, es eilt mit* + D, *es fehlt an* + D, *es geht um* + A, *es handelt sich um* + A, *es klappt mit* + D, *es kommt an auf* + A	*es abgesehen haben auf* + A, *es eilig haben, es ernst/leicht/schwer nehmen, es ernst meinen, es gut/schlecht haben, es gut/schlecht meinen mit* + D, *es in sich haben, es sich gut gehen lassen, es weit bringen*

Wenn *es* Objekt ist, steht *es* niemals auf Position 1.

es als Stellvertreter von dass-Sätzen oder Infinitivkonstruktionen

1	2		
Es	ist	verwunderlich,	**dass** viele Menschen Smalltalk nicht mögen.
Dass viele Menschen Smalltalk nicht mögen,	ist	verwunderlich.	

1	2			
Viele	lehnen	**es**	ab,	ein nichtssagendes Gespräch **zu** beginnen.
Ein nichtssagendes Gespräch **zu** beginnen,	lehnen	viele	ab.	

Steht der dass-Satz oder die Infinitivkonstruktion auf Position 1, entfällt *es*.

Präposition

Präpositionen (Zusammenfassung)

B1+K9M3/B1+K10M3/B2K10M3

	Ort		Zeit	Grund/Folge	Gegengrund	Art und Weise
	Wohin?	**Wo?**				
mit Akkusativ	**bis** zur Brücke **durch** den Bahnhof **gegen** die Mauer **um** die Ecke	den Bach **entlang*** **um** den Baum **herum**	**bis** nächstes Jahr **für** drei Tage **gegen** fünf Uhr **um** Viertel nach sieben **um** Ostern **herum** **über** eine Woche	**durch** die Krankheit		**ohne** Nach-denken
mit Dativ	**zur** Straße	**ab** der Ampel **an** der Straße **entlang** **bei** der Kreuzung **entlang*** dem Bach **gegenüber** der Schule **nach** der Brücke **vom** Flughafen **aus**	**ab** vier Wochen **an** den schönsten Tagen **beim** Packen der Koffer **in** der Nacht **nach** der Reise **seit** einem Monat **von** jetzt **an** **von** morgens **bis** abends **vor** der Buchung **zu** Weihnachten **zwischen** Montag und Mittwoch	**aus** Verlegenheit **vor** Furcht **bei** Gefahr		**mit** Eleganz **aus** Erfahrung **nach** Gefühl
Wechselpräpositionen mit Akkusativ (Wohin?) oder Dativ (Wo?)	**an** die Wand **auf** den Tisch **hinter** das Regal **in** den Abfalleimer **neben** die Bücher **über** die Uhr **unter** das Bett **vor** den Teppich **zwischen** die Stühle	**an** der Wand **auf** dem Tisch **hinter** dem Regal **im** Abfalleimer **neben** den Büchern **über** der Uhr **unter** dem Bett **vor** dem Teppich **zwischen** den Stühlen				
mit Genitiv		**außerhalb** des Geländes **entlang*** des Bachs **innerhalb** der Gebäude **jenseits** der Mauer **inmitten** des Zimmers **unweit** der Uni	**außerhalb** der Saison **innerhalb** eines Monats **während** des Urlaubs **inmitten** der Ferien	**wegen** ihres Studiums **dank** einer Ausbildung **infolge** ihrer Recherchen **aufgrund** des Interesses **anlässlich** des Jubiläums **angesichts** der Nachfrage	**trotz** fehlender Ausbildungs-möglichkeiten	

* *Wir gehen den Bach entlang.* nachgestellt mit Akkusativ
Wir gehen entlang dem Bach / des Bachs. vorangestellt mit Dativ oder Genitiv

Die Präpositionen *dank, trotz, während* und *wegen* werden in der gesprochenen Sprache auch mit Dativ verwendet: *wegen dem schlechten Wetter*

Nomen, Verben und Adjektive mit Präpositionen B2K8M1

Viele Nomen, Verben und Adjektive haben dieselbe Präposition. Manchmal gibt es nur ein Nomen und ein Verb mit derselben Präposition, manchmal nur ein Nomen und ein Adjektiv mit derselben Präposition.

Verb	Nomen	Adjektiv	Präposition
abhängen	die Abhängigkeit	abhängig	von + D.
sich freuen	die Freude	erfreut	über + A.
helfen	die Hilfe	hilfreich	bei + D.
sich sorgen	die Sorge	besorgt	um + A.

Verb	Nomen	Präposition
sich ängstigen	die Angst	vor + D.
antworten	die Antwort	auf + A.
sich begeistern	die Begeisterung	für + A.
bitten	die Bitte	um + A.
sich erinnern	die Erinnerung	an + A.
sich interessieren	das Interesse	für + A.
suchen	die Suche	nach + D.
teilnehmen	die Teilnahme	an + D.

Nomen	Adjektiv	Präposition
die Bekanntschaft	bekannt	mit + D.
die Eifersucht	eifersüchtig	auf + A.
der Neid	neidisch	auf + A.
die Neugier	neugierig	auf + A.
die Wut	wütend	auf + A.
die Verwandtschaft	verwandt	mit + D.

Nomen, Verben und Adjektive können auch mit Präpositionaladverbien verwendet werden.

Sache/Ereignis
- ○ **Worauf** bist du stolz? ● Auf mein Examen.
- ○ Bist du stolz auf deine Leistung? ● Nein. Wieso sollte ich **darauf** stolz sein?

Eine Übersicht über Verben, Nomen und Adjektive mit Präpositionen finden Sie im Anhang des Arbeitsbuchs.

Negation

Negation B2K1M3

etwas ↔ nichts
jemand/alle ↔ niemand
irgendwo/überall ↔ nirgendwo/nirgends
schon/bereits ↔ noch nicht

schon (ein)mal ↔ noch nie
immer ↔ nie/niemals
(immer) noch ↔ nicht mehr / nie mehr

Negation mit Wortbildung

	verneint	Beispiele
des-/dis-/miss-	Nomen, Adjektive, Verben	*das Desinteresse, disqualifiziert, missverstehen*
un-/in-/il-/ir-/a-/ non-	Nomen, Adjektive	*das Unverständnis, die Intoleranz, illegal, irreal, atypisch, der Nonsens*
-los/-frei/-leer	Adjektive	*arbeitslos, alkoholfrei, inhaltsleer*
Nicht-	Nomen	*Nichtschwimmer*

Position von *nicht*

Wenn *nicht* einen ganzen Satz verneint, steht es am Ende des Satzes, vor dem zweiten Teil der Satzklammer (z. B. Partizip, Infinitiv, trennbarer Verbteil), vor Adjektiven, vor Präpositionen und Präpositionalergänzungen oder vor lokalen Angaben.

Wenn *nicht* einen Satzteil verneint, steht es direkt vor diesem Satzteil: ***Nicht*** *sie hat das erlebt, sondern ihre Freundin.*

Satz

Wortstellung im Satz B1+K1M3/B2K1M1

Angaben im Mittelfeld
Merkformel: tekamolo

		MITTELFELD				
Ich	*bin*	*letztes Jahr*	*aus Liebe*	*ziemlich spontan*	*nach Australien*	*ausgewandert.*
1	2	**te**mporal (Wann?)	**ka**usal (Warum?)	**mo**dal (Wie?)	**lo**kal (Wo?/Wohin?/Woher?)	Ende

Wenn man eine Angabe besonders betonen möchte, kann man sie z. B. auf Position 1 stellen. Dann steht das Subjekt direkt hinter dem Verb. Die Reihenfolge der übrigen Angaben bleibt gleich:
Aus Liebe bin ich letztes Jahr ziemlich spontan nach Australien ausgewandert.

Ergänzungen und Angaben im Mittelfeld

		MITTELFELD						
Ich	*habe*	*ihnen*	*täglich*	*aus Heimweh*	*sehnsüchtig*	*mehrere SMS*	*nach Hause*	*geschickt.*
1	2	**Dativ**	**temporal**	**kausal**	**modal**	**Akkusativ**	**lokal**	

Die Dativergänzung steht meistens vor der temporalen Angabe. Die Akkusativergänzung steht hinter den temporalen, kausalen und modalen Angaben und vor oder hinter der lokalen Angabe.

Stellung der Objekte im Satz
Die Reihenfolge der Objekte im Satz ist von der Wortart der Objekte abhängig:

Die Objekte sind:	Beispiele	Reihenfolge
Nomen	*Ich erkläre den Reisenden ihre Verbindung.*	erst Dativ, dann Akkusativ
Nomen und Pronomen	*Ich erkläre ihnen ihre Verbindung.* *Ich erkläre sie den Reisenden.*	erst Pronomen, dann Nomen
Pronomen	*Ich erkläre sie ihnen.*	erst Akkusativ, dann Dativ

Präpositionalergänzungen
Präpositionalergänzungen stehen normalerweise am Ende des Mittelfelds.
Ella hat sich während eines Urlaubs unerwartet ***in David*** *verliebt.*
Sie wartet seit Monaten sehnsüchtig ***auf den Besuch ihrer besten Freundin****.*

Nominal- und Verbalstil C1K2M3

Der Verbalstil wird vor allem in erzählenden Texten und in der mündlichen Sprache verwendet. Verben und Nomen werden ungefähr gleich oft benutzt. Die Verben haben eine starke eigene Bedeutung. Texte im Verbalstil klingen lebendiger.
Der Nominalstil wird vor allem in Fachtexten und in wissenschaftlichen Texten verwendet. Es werden besonders viele Nomen benutzt. Die Nomen tragen die Hauptbedeutung. Texte in Nominalstil sind eher abstrakt.

Verbalform		**Nominalform**
Akkusativ-/Dativergänzung	→	**Präpositionalattribut**
Die Forschung beobachtet dabei den Spracherwerb und das Sprachenlernen.		In der Forschung gibt es Beobachtungen zum Spracherwerb und zum Sprachenlernen.
Personalpronomen	→	**Possessivartikel**
Sie erwerben auch Sprachregeln, die nur selten vorkommen.		Ihr Erwerb umfasst auch Sprachregeln, deren Vorkommen selten ist.
Präpositionalergänzung	→	**Präpositionalattribut**
…, dass sie dabei von den Normen der Muttersprache abweichen.		Abweichungen von den Normen der Muttersprache sind …
transitive Verben: **→ Akkusativergänzung im Aktivsatz** **→ Subjekt im Passivsatz** } **→ handelnde „Person"**		**→ Genitiv** **→ oft *durch* + „Person"**
Selbst wenn Eltern Fehler nicht korrigieren, erwerben Kinder …		Selbst ohne Korrektur der Fehler durch die Eltern ist der Erwerb …
intransitive/reflexive Verben: **Subjekt im Aktivsatz**	→	**Genitiv**
Daher nimmt man an, dass sich das Sprachvermögen verbessert, wenn …		Es besteht daher die Annahme, dass eine Verbesserung des Sprachvermögens eintritt, wenn …
Adverb	→	**Adjektiv vor der Nominalisierung**
Bei Erwachsenen kann man jedoch allgemein feststellen, dass …		Bei Erwachsenen gibt es jedoch die allgemeine Feststellung, dass …

Subjekt- und Objektsätze C1K3M1

Subjekte und Akkusativobjekte können zu dass-Sätzen erweitert werden, indem das Nomen verbalisiert wird. Dann entstehen Subjekt- bzw. Objektsätze.
Anstelle eines dass-Satzes kann auch ein Infinitivsatz benutzt werden, wenn das Subjekt des Nebensatzes mit einer Ergänzung im Hauptsatz identisch ist oder das Subjekt des Nebensatzes das Indefinitpronomen *man* ist. Manchmal muss man den dass-Satz ins Passiv setzen, um einen Infinitivsatz zu bilden.

Subjektsatz		
Im Gespräch ist	***die Angabe** erfundener Erklärungen*	*nicht ratsam.*
Im Gespräch ist es nicht ratsam,	*dass man erfundene Erklärungen **angibt**.*	
Im Gespräch ist es nicht ratsam,	*erfundene Erklärungen **anzugeben**.*	

Objektsatz	
Viele Bewerber fürchten	***die Kritik** des Personalchefs an ihrem bunten Lebenslauf.*
Viele Bewerber fürchten,	*dass der Personalchef ihren bunten Lebenslauf **kritisiert**.* (Aktiv) *dass sie vom Personalchef für ihren bunten Lebenslauf **kritisiert werden**.* (Passiv)
Viele Bewerber fürchten,	*vom Personalchef für ihren bunten Lebenslauf **kritisiert zu werden**.*

Nominalisierung und Verbalisierung (Zusammenfassung)

C1K4M1/C1K4M3/
C1K5M3/C1K6M3

	Verbalform: Konnektor	Nominalform: Präposition
konditional (Bedingung)	***wenn, falls, sofern*** *__Wenn__ man gutes Futter verwendet, …*	***bei*** **+ Dat.** *__Bei__ Verwendung von gutem Futter …*
	wenn … nicht *__Wenn__ die Kontrollen __nicht__ erhöht werden, …*	***ohne*** **+ Akk.** *__Ohne__ Erhöhung der Kontrollen …*
final (Absicht, Zweck oder Ziel)	***um … zu, damit*** *__Um__ das Vorhaben besser bewältigen __zu__ können, …* *__Damit__ man das Vorhaben besser bewältigen kann, …*	***zu*** **+ Dat. /** ***für*** **+ Akk.** *__Zur__ besseren Bewältigung des Vorhabens …* *__Für__ die bessere Bewältigung des Vorhabens …*
temporal (Zeit)	***seitdem*** *__Seitdem__ die Steinkohle entdeckt wurde, …*	***seit*** **+ Dat.** *__Seit__ der Entdeckung der Steinkohle …*
	nachdem *__Nachdem__ der Krieg beendet worden war, …*	***nach*** **+ Dat.** *__Nach__ dem Ende des Krieges …*
	als *…, __als__ die Wirtschaft der Bundesrepublik wieder aufgebaut wurde.*	***bei*** **+ Dat.** *… __beim__ wirtschaftlichen Wiederaufbau der Bundesrepublik.*
	bis *__Bis__ der wirtschaftliche Abschwung begann, …*	***bis zu*** **+ Dat.** *__Bis zum__ Beginn des wirtschaftlichen Abschwungs …*
	bevor *__Bevor__ die Kohlekrise begann, …*	***vor*** **+ Dat.** *__Vor__ dem Beginn der Kohlekrise …*
	während *__Während__ man Kohle förderte, …*	***während*** **+ Gen.** *__Während__ der Kohleförderung …*
kausal (Grund)	***weil, da*** *__Weil/Da__ die Konkurrenz stark ist, …*	***wegen*** **+ Gen. /** ***aufgrund*** **+ Gen.** *__Wegen__ der starken Konkurrenz …* *__Aufgrund__ der starken Konkurrenz …*
	deshalb, deswegen, darum *Die Konkurrenz ist stark, __deshalb__ …*	
modal (Art und Weise)	***indem*** *…, __indem__ sie Produktionsstätten ins Ausland verlegen.*	***durch*** **+ Akk.** *__Durch__ die Verlegung von Produktionsstätten ins Ausland …*
	dadurch, dass *__Dadurch, dass__ sie Produktionsstätten ins Ausland verlegen, …*	
konzessiv (Gegengrund oder Einschränkung)	***obwohl*** *__Obwohl__ sie sehr motiviert sind, …*	***trotz*** **+ Gen.** *__Trotz__ großer Motivation …*
	trotzdem/dennoch *Viele sind sehr motiviert, __trotzdem/dennoch__ …*	
	zwar …, aber *Sie sind __zwar__ sehr motiviert, __aber__ …*	

Nominalisierung und Verbalisierung von Präpositionalergänzungen C1K9M1

Präpositionalergänzungen können in einen dass-Satz oder Infinitivsatz umgeformt werden. Einen Infinitivsatz kann man nur bilden, wenn das Subjekt des Nebensatzes mit einer Ergänzung des Hauptsatzes identisch oder das Subjekt des Nebensatzes *man* ist.
Bei der Umformung wird die Präposition zu einem Präpositionaladverb im Hauptsatz. Bei vielen Verben kann das Präpositionaladverb weggelassen werden.

Nominalform	**Verbalform**
Brainstorming **setzt** man **für** die Entwicklung neuer Ideen **ein**.	Brainstorming **setzt** man **dafür ein**, neue Ideen zu entwickeln.
Ihr Umfeld wird **sich** über Ihre Kreativität **freuen**.	Ihr Umfeld wird **sich** (**darüber**) **freuen**, dass Sie kreativ sind.

Uneingeleitete Konditionalsätze C1K10M1

Konditionalsatz mit *wenn*	Verb am Ende	***Wenn*** *unser Gedächtnis etwas Neues speichert, dann verstärken sich die Verbindungen zwischen bestimmten Neuronen.*
Konditionalsatz ohne *wenn*	Verb auf Position 1	*Speichert unser Gedächtnis etwas Neues, dann verstärken sich die Verbindungen zwischen bestimmten Neuronen.*

Partizipialgruppen C1K10M1

Partizipialgruppen sind oft verkürzte Konditionalsätze und werden als feste Wendung gebraucht.

Partizipialgruppe	**Konditionalsatz**
Genau betrachtet kann das Langzeitgedächtnis noch weiter unterteilt werden.	**Wenn man es genau betrachtet**, kann das Langzeitgedächtnis noch weiter unterteilt werden.
Unser Hirn besteht, **grob geschätzt**, aus etwa 100 Milliarden Nervenzellen.	**Wenn man grob schätzt**, besteht unser Hirn aus etwa 100 Milliarden Nervenzellen.

Dem Partizip kann manchmal eine Präpositionalergänzung oder ein dass-Satz folgen:
verglichen ***mit*** + Dat., *abgesehen* ***von*** + Dat., *ausgehend* ***von*** + Dat., *angenommen,* ***dass***

Häufige Partizipialgruppen: *genau/kurz/anders gesagt, anders formuliert, genauer/oberflächlich betrachtet, genau/streng / im Grunde genommen, grob geschätzt*

Negative Konsekutivsätze C1K5M1

Konsekutivsätze mit *zu …, um zu* und *zu …, als dass* drücken eine negative Folge aus. Sie bestehen aus zwei Teilen: *zu* steht im Hauptsatz vor einem Adjektiv oder Partizip, *um zu* und *als dass* leiten den Nebensatz ein. Nach *um zu* steht der Infinitiv, nach *als dass* steht das Verb im Konjunktiv II.

Konsekutivsatz mit *zu …, als dass* + Konjunktiv II	**Konsekutivsatz mit *so …, dass* + Negation**
Hinsichtlich der Datensicherheit wurde schon **zu** oft gelogen, **als dass** man den Betreibern von Netzwerken glauben könnte.	Hinsichtlich der Datensicherheit wurde schon **so** oft gelogen, **dass** man den Betreibern von Netzwerken **nicht** glauben kann.
Konsekutivsatz mit *zu …, um zu* + Infinitiv	**Konsekutivsatz mit *so …, dass …* + Negation**
Persönliche Daten sind **zu** wichtig, **um** sie bedenkenlos ins Netz **zu** stellen.	Persönliche Daten sind **so** wichtig, **dass** man sie **nicht** bedenkenlos ins Netz stellt.

Infinitivsätze in Gegenwart und Vergangenheit

C1K6M1

dass-Satz in der Gegenwart → Infinitiv Präsens	
Aktiv	
Die Moderatorin bittet Frau Dr. Schill,	**dass** sie den Zuhörern eine Definition für Placebos gibt. → den Zuhörern eine Definition für Placebos **zu** geben.
Passiv	
Es ist für die Patienten wichtig,	**dass** sie über die Wirksamkeit des Präparats informiert werden. → über die Wirksamkeit des Präparats informiert **zu** werden.
dass-Satz in der Vergangenheit → Infinitiv Perfekt	
Aktiv	
Die Forschung ist der Ansicht,	**dass** sie interessante Erkenntnisse gewonnen hat. → interessante Erkenntnisse gewonnen **zu** haben.
Patienten berichten,	**dass** sie für die Gespräche sehr dankbar gewesen sind. → für die Gespräche sehr dankbar gewesen **zu** sein.
Passiv	
Viele erinnern sich sicher,	**dass** sie bei Schmerzen getröstet worden sind. → bei Schmerzen getröstet worden **zu** sein.

Die Umformung in einen Infinitivsatz ist nur möglich, wenn das Subjekt des dass-Satzes mit einer Ergänzung im Hauptsatz identisch ist oder das Subjekt des dass-Satzes das Indefinitpronomen *man* ist.
Es ist sinnvoll, ***dass man*** *den Einfluss von Placebos auf die Heilung untersucht.*
→ den Einfluss von Placebos auf die Heilung ***zu*** *untersuchen.*

Bildung des Infinitivs

	Aktiv	**Passiv**
Präsens	*zu* + Infinitiv	Partizip II + *zu werden*
Perfekt	Partizip II + *zu haben / zu sein*	Partizip II + *worden zu sein*

Im Präsens verwendet man dass-Sätze und Infinitivsätze auch mit Modalverben:
Der Arzt bestätigt, ***dass*** *er den Patienten mit Placebos heilen kann.*
→ den Patienten mit Placebos heilen ***zu*** *können.*
In der Vergangenheit wird der Infinitiv mit Modalverb selten verwendet. Meistens werden dass-Sätze mit Modalverb im Präteritum bevorzugt.
Der Arzt bestätigt, ***dass*** *er den Patienten heilen konnte.*
→ den Patienten geheilt haben ***zu*** *können.*

Zweiteilige Konnektoren

B2K3M1

Aufzählung	*Jetzt habe ich* ***nicht nur*** *nette Kollegen,* ***sondern auch*** *interessantere Aufgaben.* *Ich muss mich* ***sowohl*** *um das Design* ***als auch*** *um die Produktion kümmern.*
„negative" Aufzählung	*Ich habe* ***weder*** *in der Zeitung* ***noch*** *im Internet eine neue Stelle gefunden.*
Vergleich	***Je*** *mehr Absagen ich bekam,* ***desto/umso*** *frustrierter wurde ich.*
Alternative	***Entweder*** *kämpft man sich durch das Praktikum* ***oder*** *man findet wohl nie eine Stelle.*
Gegensatz/ Einschränkung	*Im Praktikum verdiene ich* ***zwar*** *nichts,* ***aber*** *ich sammle Berufserfahrung.* ***Einerseits*** *hat mir der Job gefallen,* ***andererseits*** *suche ich neue Herausforderungen.*

Zweiteilige Konnektoren können Sätze oder Satzteile verbinden. *weder … noch, nicht nur …, sondern auch* und *sowohl … als auch* verbinden meistens Satzteile. Zwischen diesen zweiteiligen Konnektoren steht immer ein Komma: *nicht nur …, sondern auch – je …, desto/umso – zwar …, aber – einerseits …, andererseits*

Konnektoren

C1K1M1/C1K9M3

Konnektoren machen Texte flüssiger und abwechslungsreicher.

Konditionale Konnektoren

Konnektor	leitet ein	Bedeutung	Beispiel
wenn	Nebensatz	Bedingung	*Ich achte nicht auf die Zeit, **wenn** ich einen spannenden Krimi lese.*
falls			*Ändere deine Routinen, **falls** die Zeit zu schnell vergeht.*
außer wenn	Nebensatz	Bedingung, die die vorangehende Aussage einschränkt (= *wenn … nicht*)	*Die Zeit vergeht schnell, **außer wenn** man jung ist.*
es sei denn	Hauptsatz		*Die Zeit vergeht schnell, **es sei denn**, man ist jung.*

Konsekutive, adversative und temporale Konnektoren

Diese Konnektoren leiten immer einen Hauptsatz ein.

Konnektor	Bedeutung	Beispiel
dann	meist positive Folge	*Man muss auch mal nichts tun, **dann** kommen viele neue Gedanken.*
demnach	Folge	*Routinen lassen die Zeit schnell vergehen, **demnach** sollten wir sie vermeiden.*
folglich		*Viele denken heute schon an morgen, **folglich** spüren sie die Gegenwart kaum.*
infolgedessen		*Viele denken heute schon an morgen, **infolgedessen** spüren sie die Gegenwart kaum.*
somit		*Ein Kind erlebt täglich Neues, **somit** empfindet es die Zeit sehr intensiv.*
andernfalls	negative Folge	*Auch mal nichts zu tun ist wichtig, **andernfalls** kommt man seltener auf neue Ideen.*
sonst		*Der Mensch braucht Abwechslung im Leben, **sonst** wird ihm langweilig.*
allerdings	Einschränkung	*Ein Künstlerleben bedeutet finanzielle Unsicherheit. **Allerdings** will ich ohne dieses Kribbeln, wenn ich meine Ideen entwickle, nicht leben.*
dagegen	Gegensatz	*Meine Freunde haben alle Karriere gemacht. **Dagegen** dreht sich bei mir immer noch alles darum zu überleben.*
demgegenüber		*Die Karriere winkt am Horizont. **Demgegenüber** steht die harte Realität.*
stattdessen		*Ich hätte einfach Medizin studieren können. **Stattdessen** habe ich mich für die oft brotlose Kunst entschieden.*
vielmehr		*Mit Romantik hat ein Künstlerleben wenig zu tun. **Vielmehr** ist es vor allem harte Arbeit.*
bis dahin	Zeit	*Noch kann ich von meiner Kunst nicht leben. **Bis dahin** brauche ich noch die finanzielle Unterstützung meiner Eltern.*
daraufhin		*Neulich habe ich ein Bild verkauft. **Daraufhin** habe ich mir gleich viele neue Materialien angeschafft.*
gleichzeitig		*Manchmal bin ich ein bisschen verzweifelt. **Gleichzeitig** bekomme ich viele positive Reaktionen auf meine Werke.*
inzwischen		*Künstler haben einen unsicheren Weg gewählt. **Inzwischen** setzen viele Schulen deshalb auf eine möglichst breite Ausbildung.*
mittlerweile		*Manchmal frage ich mich, ob das der richtige Weg ist. **Mittlerweile** haben meine alten Freunde alle Karriere gemacht.*
währenddessen		*Eine Ausbildung im Kunstbereich verlangt einem einiges ab. **Währenddessen** sollte man sich bereits ein breites Netzwerk aufbauen.*

Relativsätze

B1+K7M3/B2K4M1

Relativpronomen *der, die, das*

Genus und Numerus des Relativpronomens richten sich nach dem Bezugswort.
Der Kasus richtet sich nach dem Verb im Relativsatz oder der Präposition.

Sie war die erste Frau, die ich getroffen habe. (+ Akk.)

*Sie war die erste Kollegin, **mit** der ich gearbeitet habe.* (**mit** + Dat.)

Relativpronomen *wo, wohin, woher*

Gibt ein Relativsatz einen Ort, eine Richtung oder einen Ausgangspunkt an, kann man statt Präposition und Relativpronomen *wo, wohin, woher* verwenden. Bei Städte- und Ländernamen benutzt man immer *wo, wohin, woher.*

Ich habe Anne in der Stadt kennengelernt,	*… **wo** wir gearbeitet haben.*	Ort
	*… **wohin** ich gezogen bin.*	Richtung
	*… **woher** mein Kollege kommt.*	Ausgangspunkt

Relativpronomen *was*

Stehen die Pronomen *das, etwas, alles* und *nichts* im Hauptsatz, dann verwendet man das Relativpronomen *was.*
*Das, **was** du suchst, gibt es nicht.*
*Meine Beziehung ist etwas, **was** mir viel bedeutet.*

Relativsätze mit *wer*

Relativsätze mit *wer* beschreiben eine unbestimmte Person näher. Der Nebensatz beginnt mit dem Relativpronomen *wer*, der Hauptsatz mit dem Demonstrativpronomen *der.* Der Kasus der Pronomen richtet sich nach dem Verb im jeweiligen Satz. Wenn beide Pronomen im gleichen Kasus stehen, kann *der/den/dem* entfallen.

Bildung

Jemand	*hat Eintragungen bei der Polizei.*	*Er*	*hat sich seine Zukunft verbaut.*
Wer Nominativ	*Eintragungen bei der Polizei hat,*	*[**der**]* Nominativ	*hat sich seine Zukunft verbaut.*
Jemand	*kommt ins Taekwondo-Training.*	*Ihn*	*bringt der Trainer nicht zur Polizei.*
Wer Nominativ	*ins Taekwondo-Training kommt,*	***den*** Akkusativ	*bringt der Trainer nicht zur Polizei.*
Jemandem	*bringt der Trainer Taekwondo bei.*	*Er*	*lernt Respekt und Fairness.*
Wem Dativ	*der Trainer Taekwondo beibringt,*	***der*** Nominativ	*lernt Respekt und Fairness.*

Weiterführende Nebensätze

C1K3M3

Weiterführende Nebensätze beziehen sich auf die Gesamtaussage des Hauptsatzes, die so kommentiert oder weitergeführt wird.
Die Nebensätze werden mit *was, wo(r)* + Präposition oder *weshalb/weswegen* eingeleitet und stehen immer nach dem Hauptsatz.

Der Mensch kann nicht erfolgreich mehrere Dinge auf einmal tun, **was** Wissenschaftler in neuen Untersuchungen bestätigen.

Beim Arbeiten werde ich ständig unterbrochen, **worüber** ich mich oft ärgere.

Durch Multitasking wird viel Zeit verschwendet, **weswegen** man es vermeiden sollte.

Vergleichssätze

B2K2M1/B2K6M3

Vergleichssätze mit *als* und *wie*

Nebensätze mit *als* und *wie* hängen immer von einem Adjektiv ab. Sie werden bei Gleichheit mit *wie*, bei Ungleichheit und nach *ander(e)s* mit *als* eingeleitet:

Gleichheit: *so/genauso* + Grundform + *wie*

Ungleichheit: Komparativ + *als*, *anders* + *als* oder *etwas/nichts anderes* + *als*

Botschaften der Körpersprache nehmen wir ***so schnell*** *wahr,* ***wie*** *wir gesprochene Sprache aufnehmen.*

Wir achten instinktiv viel ***mehr*** *auf die Körpersprache,* ***als*** *wir meinen.*

Körpersignale aus anderen Kulturen bedeuten oft etwas ***anderes, als*** *man denkt.*

Vergleichssätze mit *je …, desto/umso …*

Je *eindeutiger die Signale sind,*	***desto/umso*** *besser verstehen wir sie.*
Nebensatz: *je* + Komparativ	Hauptsatz: *desto/umso* + Komparativ

Vergleichssätze mit *je …, desto/umso …* haben oft konditionale Bedeutung.

Wenn die Signale eindeutig sind, (dann) verstehen wir sie besser.

Irreale Vergleichssätze mit *als, als ob* und *als wenn*

Sätze mit *als, als ob* und *als wenn* drücken einen irrealen Vergleich aus. Deswegen wird der Konjunktiv II verwendet. Der Vergleichssatz kann dem Hauptsatz nicht vorangestellt werden.

Der Chef behandelt uns,	***als ob*** *wir alle perfekt wären.*	Nebensatz
	als wenn *wir uns schon lange kennen würden.*	Nebensatz
	als *wären wir gleichberechtigte Partner.*	Hauptsatz

Irreale Vergleichssätze stehen nach Verben des Wahrnehmens, Fühlens und Verhaltens:

Ich fühle mich, … – Ich habe das Gefühl, … – Es kommt mir so vor, … – Es sieht so aus, … – Es hört sich so an, … – Er benimmt sich, … – Er verhält sich, …

Textzusammenhang

B2K7M1

Funktion	Beispiele
Artikelwörter … machen deutlich, ob ein Wort im Text bereits genannt wurde. Possessivartikel verweisen auf andere Nomen.	bestimmter Artikel: *der, das, die …* Demonstrativartikel: *dieser, dieses, diese …* Possessivartikel: *sein, sein, seine …*
Pronomen … verweisen auf Nomen, Satzteile oder ganze Sätze.	Personalpronomen: *er, es, sie …* Possessivpronomen: *seiner, seines, seine …* Relativpronomen: *der, das, die …* Indefinitpronomen: *man, niemand, jemand …* Demonstrativpronomen: *dieser, dieses, diese …*
Orts- und Zeitangaben … machen Zeitbezüge deutlich und ordnen die Ereignisse räumlich ein.	Temporaladverbien: *damals, heute …* Verbindungsadverbien: *zuerst, dann …* andere Zeitangaben: *im selben Moment, im 18. Jahrhundert …* Lokaladverbien: *hier, dort …*
Konnektoren … geben Gründe, Gegengründe, Bedingungen, Folgen, Zusammenhänge usw. wieder.	*weil, doch, deshalb, obwohl, trotzdem, nachdem, sowohl … als auch, nicht nur …, sondern …*
Präpositionaladverbien … stehen für Sätze und Satzteile.	*darüber, daran, darauf …* *worüber, woran, worauf …*
Synonyme und Umschreibungen … vermeiden Monotonie und machen den Text interessanter.	*das Schloss Schönbrunn – die Hauptattraktion der Stadt Wien – das imposante Bauwerk – der Palast*

Prüfungsvorbereitung

Im Lehrbuch sowie im Arbeitsbuch finden Sie Aufgaben, die auf die Prüfungen zum C1-Niveau des Goethe-Instituts und von TELC vorbereiten.
Eine Modellprüfung passend zum Titel finden Sie hier: www.klett-sprachen.de
Bitte geben Sie in das Suchfeld auf der Webseite den folgenden Online-Zugangscode ein: uxfe8de

Fertigkeit	Goethe-Zertifikat C1	telc Deutsch C1
Leseverstehen		
Aufgabe/Teil 1	**AB** K3, M4, Ü2a **AB** K6, M2, Ü2	**LB** K5, M4, A2a
Aufgabe/Teil 2	**AB** K5, M4, Ü1 **AB** K9, M2, Ü1	**LB** K8, M4, A2b → Arbeitsblatt unter www.aspekte.biz
Aufgabe/Teil 3	**AB** K1, M2, Ü1	**AB** K10, M4, Ü2a → Arbeitsblatt unter www.aspekte.biz
Sprachbausteine		
		AB K1, M4, Ü4 → Arbeitsblatt unter www.aspekte.biz
Hörverstehen		
Aufgabe/Teil 1	**LB** K3, M2, A3a	**LB** K1, M2, A2b
Aufgabe/Teil 2	**LB** K2, M2, A2 **LB** K10, M2, A2a	**LB** K2, M2, A2 → Arbeitsblatt unter www.aspekte.biz
Aufgabe/Teil 3		**LB** K4, M1, A2a → Arbeitsblatt unter www.aspekte.biz
Schriftlicher Ausdruck		
Aufgabe 1	**AB** K2, M4, Ü3 **LB** K9, M2, A3b	**LB** K4, M3, A4 → Arbeitsblatt unter www.aspekte.biz
Aufgabe 2	**LB** K4, M4, A6 **AB** K7, M2, Ü2	
Mündlicher Ausdruck		
Aufgabe/Teil 1 A und B	**LB** K3, M4, A6	**LB** K8, M4, A6
Aufgabe/Teil 2	**LB** K7, M4, A5	**LB** K2, M4, A3

Lösungen zu Kapitel 5, Filmseiten, Aufgabe 1

A 22, 37; B 1,3; C 10; D 11, 40; E 270

Auswertung zum Gesundheits-Check, Kapitel 6, Auftakt

Markieren Sie in der Tabelle Ihre Antworten und zählen Sie Ihre Punkte zusammen. Lesen Sie dann die Auswertung zu Ihrer Punktzahl:

	a	b	c	d	e	f
A	0	1	2			
B	1	2	3	4		
C	2	1	0			
D	1	1	4	2		
E	2	2	1	2	1	1
F	1	2	3	4		
G	3	2	3	3	1	
H	3	3	2	1		

25–31 Punkte: Sie sind offensichtlich sehr munter. Sie interessieren sich nicht nur für Ihre Gesundheit, sondern Sie tun auch etwas dafür. Bleiben Sie dabei, aber bitte nicht übertreiben. Entspannen tut der Gesundheit nämlich auch gut.
18–24 Punkte: Sie fühlen sich eigentlich ganz gut. Aber Ihnen ist es auch nicht besonders wichtig, etwas für Ihre Gesundheit zu tun. Man ist gesund, so einfach ist das. Achten Sie ein bisschen mehr auf sich. Besonders regelmäßige Bewegung und gesunde Ernährung halten Sie auch in Zukunft fit.
11–17 Punkte: Vermutlich sind Sie ein Lust-Mensch. Sie essen und tun, worauf Sie Lust haben. Wenn Sie keine Lust haben, dann lassen Sie es. Manchmal tut das sogar gut. Auf Dauer muss man zum Gesundbleiben aber auch ein paar Dinge tun, die etwas Zeit und Disziplin erfordern. Sport, regelmäßige Vorsorge und gesunde Ernährung werden Ihnen Ihre Fitness erhalten.
6–10 Punkte: Da ist noch mehr drin für Ihre Fitness! Kümmern Sie sich um sich selbst, damit Sie auch in Zukunft gesund und munter bleiben. Im Moment achten Sie nicht besonders auf ausreichend Bewegung oder darauf, Dinge zu tun, die Ihr Körper mag. Also runter vom Sofa, raus an die frische Luft. Weniger Auto fahren und mehr zu Fuß gehen. Einfach etwas tun!

Fortsetzung „Struwwelpeter", Kapitel 8, Modul 4, Aufgabe 1

Am nächsten Tag – ja, sieh nur her! –
da war er schon viel magerer.
Da fing er wieder an zu schrei'n:
„Ich esse keine Suppe! Nein!
Ich esse meine Suppe nicht!
Nein, meine Suppe ess' ich nicht!"

Am dritten Tag, o weh und ach!
wie ist der Kaspar dünn und schwach!
Doch als die Suppe kam herein,
gleich fing er wieder an zu schrei'n:
„Ich esse keine Suppe! Nein!
Ich esse meine Suppe nicht!
Nein, meine Suppe ess' ich nicht!"

Am vierten Tage endlich gar
der Kaspar wie ein Fädchen war.
Er wog vielleicht ein halbes Lot –
und war am fünften Tage tot.

Ergebnis zum Experiment, Kapitel 8, Filmseiten, Aufgabe 4

Diejenigen, die ihre Entscheidung innerhalb der ersten zehn Sekunden getroffen haben, gaben im Durchschnitt 67 Prozent ihres Lohns in die Gemeinschaftskasse. Wer länger überlegte, gab hingegen nur 53 Prozent. Die Psychologen der Harvard-Universität gehen davon aus, dass wir für intuitive Entscheidungen weniger Zeit benötigen als für rationale. Für rationale Entscheidungen brauchen wir deutlich länger, denn wir müssen uns bemühen, unsere Gefühle aus dem Spiel zu lassen.

Vorlagen

Vorlage für eigene Porträts einer Person

Name, Vorname(n)	
Nationalität	
geboren/gestorben am	
Beruf(e)	
bekannt für	
wichtige Lebensstationen	
Was sonst noch interessant ist (Filme, Engagement, Hobbies…)	

Vorlage für eigene Porträts eines Unternehmens / einer Organisation

Name	
Hauptsitz	
gegründet am/in/von	
Tätigkeitsfeld(er)	
bekannt für	
wichtige Daten/Entwicklungen	
Was sonst noch interessant ist (Engagement, Sponsoren …)	

Bild- und Textnachweis

S. 8	1: „Scheidungsgrund" von Jakob Arjouni aus: Ruckzuck – Die schnellsten Geschichten der Welt, Copyright © 2008 Diogenes Verlag AG Zürich; 2: Christian Futscher, Ein Traumtag, © Verlag Volk und Welt, München in der Verlagsgruppe Random House GmbH
S. 9	3: Franz Hohler
S. 10	Foto: Nagy-Bagoly Arpad – shutterstock.com; Text: Auszug aus einem Interview mit Marc Wittmann vom 1.12.2013 (www.hna.de), © Peter Klebe / Hessische/Niedersächsische Allgemeine
S. 12	Oliver Missbach – www.modellraketen.info
S. 13	links: Albert Washüttl; Mitte: Miriam Doerr – shutterstock.com; rechts: jennyt – shutterstock.com
S. 14	Syda Productions – shutterstock.com
S. 14/15	Text: „Die Zeit-Raffer" von Patrick Bauer aus SZ-Magazin Nr. 43/2014
S. 16	Oli Hilbring
S. 18	links: Fechner – laif; rechts: Westend61 – picture-alliance
S. 20	Nähmaschine: Kruglov_Orda – shutterstock.com; Schnuller: Igor 72 – shutterstock.com; Strandkorb: papillondream – shutterstock.com; Aspirin: Bayer AG; Klettverschluss: Joris van den Heuvel – shutterstock.com; Kaffeefilter: mayakova – shutterstock.com
S. 22/23	Michael Würfel; Rest: Lizenz durch www.zdf-archive.com / ZDF Enterprises GmbH – Alle Rechte vorbehalten.; Text: Auszug aus einem Interview mit Michael Würfel („Gemeinschaft statt Freiheit") in Heft 03/12 (Die modernen Sklaven) des Magazins „enorm, Wirtschaft für den Menschen", © Lillian Siewert / SOCIAL PUBLISHING VERLAG, Hamburg
S. 24	A: Uli Stein; B: © Fernandez/Distr. Bulls; C: Tobias Schülert
S. 25	D: Til Mette; E: Copyright: Peter Gaymann, Köln; F: Tom Körner
S. 26	Text und Foto links: Dr. Kerstin Cuhls; Text und Foto rechts: Prof. Miriam Meckel
S. 32	Klett-Langenscheidt Archiv
S. 32/33	Text: aus: ZEITmagazin LEBEN, Nr. 26/2008 (gekürzt), © Matthias Stolz
S. 33	Kzenon – shutterstock.com
S. 35	links: Minerva Studio – shutterstock.com; rechts: Creativa Images – shutterstock.com
S. 36	Gulliver Theis / LaBrassBanda
S. 38	Lizenz durch www.zdf-archive.com/ZDF Enterprises GmbH – Alle Rechte vorbehalten.
S. 39	oben und unten: Lizenz durch www.zdf-archive.com/ZDF Enterprises GmbH – Alle Rechte vorbehalten.; A und B: Audioline GmbH; C: HGT B&K GmbH
S. 40	oben: Monkey Business Images – shutterstock.com; unten: Boris Ryaposov – shutterstock.com
S. 41	oben: Tilo G – shutterstock.com; unten: aldegonde – shutterstock.com
S. 42	Bild: Ingmar Decker / www.achecht.de; Text: Dr. Frank Stefan Becker, Siemens AG (gekürzt)
S. 44	oben: arek_malang – shutterstock.com; Mitte: wavebreakmedia – shutterstock.com; unten: ndoeljindoel – shutterstock.com
S. 46/47	Text: Süddeutsche Zeitung Wissen, 16/2007, Katrin Blawat (gekürzt)
S. 50	Foto: Rawpixel – shutterstock.com; Text A: Frankfurter Allgemeine Zeitung, Hochschulanzeiger Nr. 92, 2007; Katja Kasten (gekürzt) © Alle Rechte vorbehalten. Frankfurter Allgemeine Zeitung GmbH, Frankfurt. Zur Verfügung gestellt vom Frankfurter Allgemeine Archiv; Text B: www.staufenbiel.de/bewerbungswissen. Tipps und Informationen rund um den Bewerbungsprozess gibt es auf www.staufenbiel.de/bewerbungswissen (gekürzt)
S. 52	links: © myboshi GmbH 2015; rechts: spottster.com; unten: Konstantin Hert, Athletia Sports GmbH, Köln
S. 54	A: auremar – shutterstock.com; B: Burben – shutterstock.com; C: wavebreakmedia – shutterstock.com; D: Monkey Business Images – shutterstock.com; Rest: Lizenz durch www.zdf-archive.com/ZDF Enterprises GmbH – Alle Rechte vorbehalten.
S. 55	unten: ElenaGaak – shutterstock.com; Rest: Lizenz durch www.zdf-archive.com/ZDF Enterprises GmbH – Alle Rechte vorbehalten.
S. 58	oben: Grafik: RUHR.2010; unten: Takashi Images – shutterstock.com
S. 60	Foto: dpa – picture-alliance; Text: SZ Magazin, Heft 33/2006, Dr. Dr. Rainer Erlinger
S. 61	Text: SZ Magazin, Heft 41/2005, Dr. Dr. Rainer Erlinger
S. 62	Texelart – shutterstock.com
S. 64	Nikolai Sorokin – Fotolia.com
S. 65	Text und Foto: © Stilbruch GbR
S. 66	l i g h t p o e t – shutterstock.com
S. 67	Asier Romero – shutterstock.com
S. 68	Stephan Rappo
S. 70/71	Candy Frame Filmproduktion GbR, Alexander Vafiopoulos
S. 72	A: Jan Mika – shutterstock.com; B: eurobanks – shutterstock.com; C: Maria Sbytova – shutterstock.com
S. 73	links: picture-alliance; Mitte: akg-images – picture-alliance; rechts: United Archives/WHA – picture-alliance
S. 74	Hilch– shutterstock.com
S. 77	oben: Matthias Enter – Fotolia.com.; unten: JiSign – Fotolia.com.
S. 78	von oben nach unten: www.BillionPhotos.com – shutterstock.com; Daxiao Productions – shutterstock.com; okaoka0820 – Thinkstock; Bufo – shutterstock.com; YanLev – shutterstock.com; Text aus www.berliner-zeitung.de von Stephanus Parmann (gekürzt) © Berliner Verlag
S. 80	Thomas Plaßmann
S. 81	links: Alexander Raths – shutterstock.com; rechts: bikeriderlondon – shutterstock.com
S. 83	von oben nach unten: michaeljung – shutterstock.com; Pressmaster – shutterstock.com; l i g h t p o e t – shutterstock.com; Stasique – shutterstock.com
S. 84	Foto: dpa – picture-alliance; Text: www.planet-wissen.de © WDR / SWR / ARD-alpha 2014, Marika Liebsch
S. 86/87	Lizenz durch www.zdf-archive.com/ZDF Enterprises GmbH – Alle Rechte vorbehalten.
S. 88	Frau: Pressmaster – shutterstock.com; Äpfel: Nattika – shutterstock.com; Rest: Dieter Mayr
S. 89	Stethoskop: blackpixel – shutterstock.com; Rest: Dieter Mayr
S. 90	Westend61 – Imago
S. 92	Randy Faris – Corbis
S. 92/93	Text: „Der Eva-Faktor" (gekürzt) von Harro Albrecht aus DIE ZEIT, Nr. 28/2008 © Zeitverlag Gerd Bucerius, Hamburg
S. 93	Image Point Fr – shutterstock.com
S. 94	oben: Stokkete – shutterstock.com; unten: Jon Beard – shutterstock.com
S. 94/95	Text: „Was kann ich noch essen" (stark gekürzt) von Nadine Oberhuber aus http://www.faz.net/aktuell/gesellschaft/gesundheit/lebensmittel-was-kann-ich-noch-essen-1580979.html, Erstveröffentlichung: 15.01.2011 © Alle Rechte vorbehalten. Frankfurter Allgemeine Zeitung GmbH, Frankfurt. Zur Verfügung gestellt vom Frankfurter Allgemeine Archiv
S. 95	Visionsi – shutterstock.com
S. 96	Wellness: luiggi33 – shutterstock.com; Wasser: wang song – shutterstock.com; Fisch Spa: Maridav – shutterstock.com; Salat: Andrey Starostin – shutterstock.com; Smoothie: Lukas Gojda – shutterstock.com; Text A: aus www.wellnessverband.de © Lutz Hertel
S. 97	Text und Foto: © Anka Zink, www.ankazink.de
S. 100	Foto: Frank Eidel; Text: Forum 1/08, Hrsg. MLP Finanzdienstleistungen AG, Melanie Contoli (gekürzt)
S. 102/103	Lizenz durch www.zdf-archive.com/ZDF Enterprises GmbH – Alle Rechte vorbehalten.
S. 106	oben: ASSOCIATED PRESS – picture-alliance; unten: Triggerhappy901 – shutterstock.com
S. 108	dpa-infografik – picture-alliance
S. 109	links: Nadino – shutterstock.com; Mitte: wernerimages – shutterstock.com; rechts: Eugenio Marongiu – shutterstock.com
S. 110	oben: JotKa/toonpool.com; links: HUK-COBURG / Olaf Tiedje; rechts: Stokkete – shutterstock.com
S. 112	ostill – shutterstock.com
S. 112/113	Text: © Juliane Lutz, Textauszug aus Berner Zeitung vom 8. August 2011: http://www.bernerzeitung.ch/kultur/buecher/Warum-uns-das-Boese-im-Buch-so-fasziniert/story/31601814

Bild- und Textnachweis

S. 113 oben: Lasse Kristensen – shutterstock.com; unten: Jacob Lund – shutterstock.com
S. 116 Sven Simon – ullstein bild
S. 118 oben: Dmitry Kalinovsky – shutterstock.com
S. 118/119 Lizenz durch www.zdf-archive.com/ZDF Enterprises GmbH – Alle Rechte vorbehalten.
S. 120/121 Fotos: Dieter Mayr; Musik und Text: „MENSCH", Herbert Grönemeyer, mit freundlicher Genehmigung von: Grönland Musikverlag
S. 122 1 Helder Almeida – shutterstock.com; 2 Patryk Kosmider – shutterstock.com; 3 Serg Zastavkin – shutterstock.com; 4 PathDoc – shutterstock.com; 5 Andresr – shutterstock.com; 6 ElenaGaak – shutterstock.com
S. 124 Dieter Mayr
S. 125 von oben nach unten: Natalia Skripko – shutterstock.com; HitToon.Com – shutterstock.com; Tomacco – shutterstock.com; Diego Schtutman – shutterstock.com
S. 128 akg-images
S. 129 Comstock – Thinkstock
S. 130 oben: © Rich & Joe Luxton; A: Lars Zahner – shutterstock.com; B: Peter Bernik – shutterstock.com; C: Goodluz – shutterstock.com; D: IR Stone – shutterstock.com
S. 131 Monkey Business Images – shutterstock.com
S. 132 Foto: Chris Iseli; Text: SPIEGEL ONLINE, Birger Menke, 16. November 2010 http://www.spiegel.de/schulspiegel/wissen/erziehungsexperte-remo-largo-bildungspolitiker-sollten-entmachtet-werden-a-728539.html mit freundlicher Genehmigung von Remo Largo
S. 134/135 Lizenz durch www.zdf-archive.com/ZDF Enterprises GmbH – Alle Rechte vorbehalten.
S. 136 A: Katja Xenikis; B: Purestock – Thinkstock; C: Frazer Harrison – getty images; D: Meissen®
S. 137 E: © Düsseldorf Marketing & Tourismus GmbH; F: Arthur Evans, courtesy of MASS MoCA, © VG Bild-Kunst, Bonn 2015; G: Jakob Mayr; H: andreasmetallerreni – pixabay; I: Konstantin Grcic Industrial Design
S. 139 1: -slav- – Thinkstock; 2: amenic181 – Thinkstock; 3: Howard Shooter – Thinkstock
S. 140 A: Warner Bros. Entertainment GmbH; B: Spotlight Media Productions AG; C: Majestic Filmverleih GmbH
S. 141 Statista
S. 142 moodboard – mauritius images
S. 143 Fancy – mauritius images
S. 144 Lennart Preiss – getty images
S. 144/145 Copyright © Doris Dörrie und Diogenes Verlag AG Zürich
S. 146 Peter von Felbert
S. 147 Bild: Diogenes Verlag; Text: aus www.leselupe.de vom 11.03.2015 © Claudine Borries (gekürzt)
S. 148 links: Mark Niedermann; rechts: maschekS. 2009; unten: Jörg Koopmann
S. 150 oben: Lizenz durch www.zdf-archive.com/ZDF Enterprises GmbH – Alle Rechte vorbehalten.; A: legna69 – Thinkstock; B: Dana Neely – Thinkstock; C: 3quarks – Thinkstock; D: kortemeyer – Thinkstock; E: Viktoria Makarova – Thinkstock; F: fergregory – Thinkstock
S. 151 oben: Lizenz durch www.zdf-archive.com/ZDF Enterprises GmbH – Alle Rechte vorbehalten.; unten: De Agostini Picture Library – getty images
S. 152 A: Telekom; B: ullstein bild; 2: Arina P Habich – shutterstock.com; C: abaca – picture-alliance
S. 153 D: Mercedes-Benz Classic Archive; E: Patryk Kosmider – Fotolia.com
S. 154 Andrey_Kuzmin – shutterstock.com
S. 154/155 Text: Julia Ucsnay
S. 155 Andrea Danti – shutterstock.com
S. 156 links: Teutopress – ullstein bild; Mitte: Boness/IPON – ullstein bild; rechts: Sven Simon – ullstein bild
S. 157 drubig-photo – Fotolia.com
S. 159 Fotos von links nach rechts: Gelpi JM – shutterstock.com; Blend Images – shutterstock.com; Klett-Langenscheidt Archiv; shutterstock.com; Imagery Majestic – shutterstock.com; Text: SPIEGEL ONLINE, Christian Stöcker, 02.06.2006 http://www.spiegel.de/wissenschaft/mensch/gesichtsblindheit-wenn-alle-gleich-aussehen-a-419266.html
S. 160-162 Text: aus „Der Geschmack von Apfelkernen" von Katharina Hagena © 2008, 2009, Verlag Kiepenheuer & Witsch GmbH & Co. KG, Köln
S. 161 Bild: Verlag Kiepenheuer & Witsch GmbH & Co. KG
S. 163 © Sven Sindt
S. 164 Foto: Mit freundlicher Genehmigung von Aleida und Jan Assmann; Text: Textauszug aus „Das kulturelle Gedächtnis" von Jan Assmann © Verlag C.H.Beck
S. 166/167 Brüder Grimm: akg-images – picture-alliance; Rosen: Alexey Vl B – shutterstock.com; Wörterbuch: Wikimedia Commons / Quelle: Raimond Spekking / Urheber: Brothers Grimm, Verlag von S. Hirzel, Leipzig; Rest: Lizenz durch www.zdf-archive.com/ZDF Enterprises GmbH – Alle Rechte vorbehalten.
S. 205 akg-images

Quellennachweis zur DVD

Kapitel	Name	Länge	Quelle
1	Dorf der Nachhaltigkeit	2:28	Lizenz durch www.zdf-archive.com/ZDF Enterprises GmbH – Alle Rechte vorbehalten.
2	Mit den Händen sprechen	5:46	
3	Wie wird man Landwirt? Foodstylist	2:00 2:51	
4	Perfektes Timing – ein Crowdfunding-Video	7:24	Candy Frame Filmproduktion GbR, Alexander Vafiopoulos
5	Lügendetektor der Zukunft	2:50	Lizenz durch www.zdf-archive.com/ZDF Enterprises GmbH – Alle Rechte vorbehalten.
6	Lernen, richtig zu essen	6:11	
7	Computer vor Gericht	4:26	
8	Intuition – das schlaue Gefühl	6:53	
9	Der Schimmelreiter	2:56	
10	Es war einmal …	3:03	

Musik Kapitel 2: „Vegas Terrace" v. Aleksander Terris © Koka Media / Universal; „Dr. Huxtable" v. Jason Glover, Dominic Glover, Gary James Crockett © Bruton Musik Ltd. / Universal; "Get down and dirty" v. Jason Glover, Dominic Glover, Gary James Crockett © Chappell Recorded Music Library Ltd. / Universal; „If a Fish" v. Billy Conrad, Sam Keaton © Atmosphere Music Ltd. / Universal; „Purely distorted" v. Rik Carter © Atmosphere Music Ltd. / Universal; „Time Windows" v. Stephen Joseph Celi, Frederick Jaso Kron © First Digital Music, ZFC Music / Universal; „City of Light" v. Anthony Edwin Phillips © Atmosphere Music Ltd. / Universal; „Round the Block" v. Jimmy Jeremie Delsart © Koka Media / Universal; „Gossip" v. Guy Jaques Skornik, Elisabeth Dominique Caron © Frederic Leibovitz Editeur Sarl.; „Deserted Mirage" v. Chris Wells © Chappell Recorded Music Library Ltd. / Universal
Musik Kapitel 7: „Cat and Mouse" v. Chris Hajan © Intervox / 4Elements; „Dead Percussion" v. Robert Reale © Intervox/8118 Music; „Quickdraw Driving" v. Ethan Deppe © Intervox / 4Elements; „Spectacular Discovery" v. Didier Viseux © Intervox; „The Arc" v. Francisco Becker u. Moritz Binting © Intervox; „The Monument" v. Ralf Gscheidle © Intervox
Musik Kapitel 10: „Unknown God" v. Milan Pilar © EMI Production Music GmbH / Selected Sound; „My only Love" v. Thomas Eichenbrenner © EMI Production Music GmbH / Selected Sound; „Ascensions" v. Stephen Julian Baker © EMI Production Music GmbH / KPM Music Ltd.; „Ilios Mera" v. Sergios Roth © TonVision